电商产品经理兵法
基于SaaS的电商系统设计与实践

程亮◎著

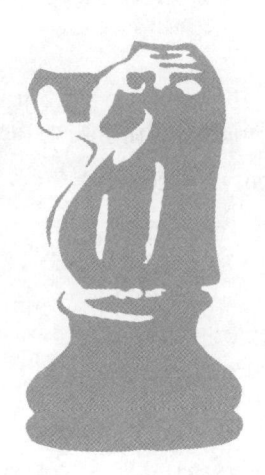

电子工业出版社
Publishing House of Electronics Industry
北京·BEIJING

内 容 简 介

本书全面解构了电商的业务和产品,讲述了业务原理、产品架构、基础系统、支撑系统等产品本质和基本逻辑知识,解密了电商中台和后台系统的核心要素,将理论与实战完美结合。本书可以作为电商产品经理的入门书,也可以帮助对电商行业感兴趣的读者了解电商系统的方方面面。对于其他行业的产品经理来说,本书也可以作为设计系统,如虚拟物品交易系统等与订单购物流程类似的系统的有益参考。

本书作者程亮老师在国内大型电商企业有过丰富的电商系统实践经验,经历过前台、中台、后台等多个系统的设计,现在又在某知名大型互联网企业,面对全国数亿个终端用户。这是难得的从 0 到 1 再到 10,从头构造一个电商系统的经历。相信他的作品不会让读者失望。

未经许可,不得以任何方式复制或抄袭本书之部分或全部内容。
版权所有,侵权必究。

图书在版编目(CIP)数据

电商产品经理兵法:基于 SaaS 的电商系统设计与实践 / 程亮著. —北京:电子工业出版社,2019.10

ISBN 978-7-121-37439-5

Ⅰ.①电… Ⅱ.①程… Ⅲ.①电子商务—企业管理—产品管理 Ⅳ.①F713.365

中国版本图书馆 CIP 数据核字(2019)第 201603 号

责任编辑:张彦红 特约编辑:田学清
印　　刷:天津千鹤文化传播有限公司
装　　订:天津千鹤文化传播有限公司
出版发行:电子工业出版社
　　　　　北京市海淀区万寿路 173 信箱　　邮编:100036
开　　本:720×1000　1/16　印张:19.25　字数:345 千字
版　　次:2019 年 10 月第 1 版
印　　次:2019 年 10 月第 1 次印刷
定　　价:69.00 元

凡所购买电子工业出版社图书有缺损问题,请向购买书店调换。若书店售缺,请与本社发行部联系,联系及邮购电话:(010)88254888,88258888。

质量投诉请发邮件至 zlts@phei.com.cn,盗版侵权举报请发邮件至 dbqq@phei.com.cn。
本书咨询联系方式:010-51260888-819,faq@phei.com.cn。

推荐语

本书从产品、技术、运营等视角,将作者过往丰富的行业与项目经验进行了梳理和提炼,内容具有很高的借鉴价值。尤其是对于对电商感兴趣、想深入了解电商的人来说,这更是一本不可多得的好书。

——《架构设计的第一课》作者　蔡学镛

整合产品技术和数据能力来构建中台,使前线业务变得足够小,中台变得足够强大,使整个公司拥有快速创新的能力,是很多规模较大的公司的实际命题。从传统架构到符合互联网时代的数字化架构,更像是一场思想转型,"大中台""小前台"的背后对产品经理的架构能力、设计能力提出了更高的要求。本书从系统、逻辑、结构、实操等方面,很好地剖析了产品经理背后的能力,是一本值得一看的好书。

——阿里巴巴前资深产品专家、
《产品经理修炼之道》作者　费杰

做好产品的前提是理解用户和业务,做好电商产品的前提是掌握业务逻辑和系统架构。本书全面梳理了电商产品经理应该掌握的系统化知识和技能,并且通过作者多年的实战经验为电商产品经理的成长和发展提供了非常有效的路径。

——知名产品自媒体人、
畅销书《产品经理必懂的技术那点事儿》作者　唐韧

程亮老师所编写的新书为 B 端电商领域提供了新的知识体系和方法论。本书从业务运营、产品架构、基础系统落地、搭建基础系统，以及产品经理的工作和成长等多个角度，介绍了电商产品的各个方面的知识。本书是 B 端电商领域不可多得的好书，也希望能够涌现出更多这样的好书。

——《B 端产品经理必修课》作者　李宽

作为一名数据产品经理，我一直对业务数据的产生源头——业务系统比较感兴趣。一个业务系统设计得好坏，将直接影响公司的生产力和效率。这本书结合作者多年的实战经验，将其做过的产品和业务串联起来，"干货"满满，希望你能够通过这本书，使公司的后端产品建设迈上新的台阶。

——摩拜数据产品专家、
《数据产品修炼手册——从零基础到大数据产品实践》作者　梁旭鹏

最近一年，我越来越强烈地感受到，各种互联网创业方向中，电商是最适合普通人"逆袭"的领域。相应地，互联网企业及传统零售企业在涉足电商业务的过程中，对于产品、运营人才的需求缺口仍在扩大。在这个高速发展的赛道上，像程亮这样的资深电商产品人分享经验的机会是很难得的。所以，无论你是电商领域的创业者，还是电商企业的从业者，本书都值得拥有。

——资深产品经理、《产品觉醒》作者　判官

互联网下半场将深入产业互联网时代，电商是产业互联网的前端基础设施，也是经济咽喉和服务闭环，是每家公司都必须配备的企业能力。希望这本书能给你启发。

——增长官研究院创始人、《增长黑客》作者　范冰

序　言

　　一个综合性电商系统是由前台、中台、后台等多个系统构成的，涉及购物客户的浏览、下单、售后体验，以及公司内部各职能部门的业务流程。电商系统的设计涉及几十个系统模组，以及很多复杂的系统逻辑的处理，与其他互联网工具或社交产品相比，其复杂度比较大，涉及的经济利益较多，还要考虑实物流转与线上流程的结合。这时就要求产品经理不仅具备设计能力，更要对实际业务流程有所了解，对于常见的物流、供应链、金融等知识有所认知，并且能够将其运用到产品设计中。

　　在设计电商产品和系统的时候，"新手"往往容易产生顾此失彼、挂一漏万的情形，尤其是在主流程之外的分支流程，如产品结构设计、退换货逻辑和促销逻辑，更可谓步步惊心，处处是"坑"，一不小心就可能被人利用，造成公司的重大损失。

　　在我创办聚美优品时，整个电商系统是由我的团队来进行设计、搭建和管理的。我们经历了从自己设计，到采购第三方系统进行模仿，再到自主创新的过程，走了很多弯路。在整个过程中，我深感市面上关于电商系统的普及性书籍资料缺乏，导致人才培养的时间较长。当业务飞速发展时，不完善的系统设计一旦发生问题，就会给公司造成重大损失，给业务造成麻烦。这个时候，我们就需要一本深入浅出的入门指导书，来作为产品经理培训和自学的资料。

　　程亮老师在京东等大型电商企业有过丰富的电商系统实践经验，经历过前台、后台等多个系统的设计，现在又在某知名大型互联网企业，面对全国数亿个终端用户。这是难得的从 0 到 1 再到 10，从头构造一个电商系统的经历。本书对电商数个前台和后台系统的设计，从大到小提供了详细的说明，可以作为电商产品经理的入门书，也可以帮助对电商行业感兴趣的读者了解电商系统的方方面面。书中从大处着眼，简明扼要地介绍了电商系统的架构组成，同时又从小处着手，对很多电商产品细节的处理，没有相关经验的产品经理在首次实践时可能发生的错误，都给予了比较好的提示。

随着电商网站变得越来越复杂，入行不久的产品经理很难在短时间内了解整个系统的全貌，行业越来越呈现分工的专业化和深入化的倾向。但某个子系统模块的产品经理在提高自己领域专业能力的同时，加强对整体系统的了解也是大有裨益的，对此本书仍然可以作为很好的入门读物。对于其他行业的产品经理来说，本书也可以作为设计系统，如虚拟物品交易系统等与订单购物流程类似的系统的有益参考。

真格基金

戴雨森

自 序

我的故事

"所有的经历,都是命运最好的安排。"

我毕业后开始从事的工作是嵌入式软件开发程序员。彼时,中国的互联网还处在萌芽阶段,直到一天听到"互联网时代已经来临"后,我毅然决然地"投笔从戎",转行去做互联网产品经理。那时的我年少轻狂,根本不知道什么是产品经理,只是觉得有"经理"二字也许意味着"升职加薪",因此,我义无反顾地辞职,带着"无知者无畏"的心态来到这片土地。但是因为缺少背书和足够的经验,所以我的转行之路非常坎坷。在打拼过程中,我遭遇过重创,不断被淘汰,也体验了绝望。为了生计,我曾经改行做过仓库管理员、合同管理专员、采购专员、微博运营专员、产品专员等,总之所做的工作和想象的千差万别。那是人生的灰暗时刻,我更多的是看着其他的产品经理做出闪亮的产品后欢呼雀跃,而我却自惭形秽。当时,我的心里总有个声音在说:"如果那个人是我就好了。"但随后我更多的心声却是:"彼可取而代之也。"于是,我拒绝沉浸在别人的"江湖"里,而选择主动出击开始思考自己的人生。

在机缘巧合的情况下,我接触到了做电商后台产品的机会。虽然那时无人愿意做后台产品,觉得这项工作枯燥且不出彩,但是对于当时的我来说却是弥足珍贵的机会,实属"救命稻草"。然而就是这个微不足道的机会竟然打通了我的"任督二脉":后台产品将我以往的各种经历(如程序开发、仓储管理、合同管理、采购管理、业务运营等)全部串联起来。我突然感受到了一种"核聚变式"的巨大能量,产品的大门终于向我打开,并且机会很多。

于是,我深深地爱上了中台和后台产品,无论零售领域还是服务领域。我喜欢那种在业务、产品和技术之间自由切换的感觉,也喜欢越来越多的难关被我攻克的感觉。后来,在京东开放平台的建设中,我接触到了更多业务和产品逻辑,同时也越来越觉得自己对产品的理解已经逐渐上升到了一种思维,一种感觉。

事实证明,短暂的成就感往往会让人膨胀,而市场却是最好的"照妖镜"。2015年,感觉良好的我出去创业,在此期间,我又一次被"撕碎",残酷的创业战场和资本的商业逻辑分分钟让我认清自己。我发现,原来自己引以为傲的产品思维并不足以"笑傲江湖"。在公司面临着现金流断裂的巨大压力下,我又一次思考如何突出重围,而在无数次的市场反馈中,我浅薄的产品思维被硬生生地拓宽,形成了商业思维。在从"天使轮"开始到最后"C轮融资"博弈的过程中,通过不断地实战和复盘总结,我逐渐回归了自己,也懂得了谦卑。同时,我发现做后台产品其实是"一辈子的事儿"。因为当我们怀着"空杯心态"来做产品时,就会发现在这个领域中,数学、统计、会计、财务、金融、宏观经济、物流、运筹学、人力资源管理等基础学科都是需要具备的元知识,还会不知不觉地发现自己已经有质变的感觉了,而且很多以前不理解的事情也"无师自通"了。然后,我们会逐渐形成自己的知识体系,甚至有可能解决很多跨行业、跨学科的问题。最重要的是这种多学科、多维度的思考方式对于个人成长来说是一种无穷的滋养!

如果让我来总结这个领域的话,我认为中台和后台产品包括三个层级:第一个层级是战术层级,即如何做好更多的产品和功能;第二个层级是技术层级,即如何理解并运用技术做更少、更精致、更克制的产品;第三个层级是业务层级,即如何通过探索更多的业务模式来引领产品和技术的进化。

现在的我依旧倾听内心的声音,仍然致力于探索中台、后台产品和业务。我相信,向着理想的生活每前进一步,都伴随着跳出舒适区的苦和痛,但是随之而来的又有突破自己极限的笑和泪。

为什么写这本书

近年来,我经常会遇到一些产品经理或者电商相关从业者来咨询有关产品逻辑和业务的问题。诚然,B端产品(To Business,面向商家、企业级、业务部门的产品)没有C端产品(To Customer,面向个人用户的产品)那样爆发式的增长,但是每一个企业,在业务运营过程中必然离不开一个逻辑完整、体验完美的后台系统产品。然而，无论在创业中还是在日常沟通中，我发现很多产品经理在设计中往往存在两类问题：第一类问题是一些产品经理不能形成合适的方法论，会很简单地将中台和后台系统认为是众多功能的堆砌，从而在产品落地中顾此失彼；第二类问题是一些产品经理对所处业务陌生或有片面认识，认为其所看到的都是表面现象，不能全面地思考产品的本质。

更不幸的是，中台和后台产品经常会因为某个领域业务的特殊性和保密性，导致可供大家借鉴的同类产品不多。所以，这就非常考验产品经理的业务基本功和系统逻辑性。其实，要做一个优秀的产品经理也有其技巧所在：产品经理需要先理出一个业务框架，然后在业务框架的基础上用技术的眼光理解系统，用产品的功底打磨系统。其重点在于产品经理需要先深度理解自身业务的逻辑，再根据业务来审视产品。如果脱离了业务逻辑，即便是借鉴同类产品，也会因为不懂得对方的深层业务灵魂而徒有其表。

这些年来，随着"大中台""小前台"的理念逐渐热门，越来越多的从业者将目光聚焦在这个领域。而其中又以电商产品为典型代表。倘若让我对中台和后台产品做一个总结，过去的我会直接告诉你各种功能怎么搭建，各种逻辑如何设计，然而现在的我会觉得这个问题难以回答，因为这是一种对业务的敬畏，是对产品的负责。所以，为了能让更多的产品经理正确理解中台和后台产品，我想以电商领域为案例，从业务解构入手，到架构设计，再到系统落地来讲解电商中台和后台产品。

而对我自己来说，这本书关闭的是过去，开启的是未来，用文字的方式对以往的工作和思考进行总结沉淀，是一种对我自身工作和生活的总结和回顾。这里也特别感谢小米的李宽（《B端产品经理必修课》作者）分享给我的"公利、他利、私利"理论，让我觉得写一本书对行业、对他人、对我自己都是百利而无一害的事情。于是，当一个模糊的意识逐渐生长，最后蔓延成明确的意志时，我想这就是要做出改变的时候了。所以，当出版社的张彦红老师联系到我的时候，我内心告诉自己："是时候了！"

谁适合阅读本书

本书是写给互联网产品经理的，特别是电商产品、运营岗位的读者。我的目的是"让读者打通业务与产品的任督二脉"。而写书的宗旨讲求理论与实战相结合，因此本书的核心脉络是以电商行业为案例，特别适合电商从业者使用。另外，本人出身于互联网企业，但是也曾经在传统行业中进行创业，整个创业过程对我来说是产品技能和业务理解的大融合，因此，本书的写作过程也结合了我在创业中的经验和反思，同样也适合创业人士从 0 到 1 搭建 SaaS 系统使用。我希望坚持自己真诚学习的态度，在本书中将我所见识到的产品和业务串联在一起，但愿本书能成为读者攀登中台和后台产品三个层级的"梯子"。

如何阅读本书

本书借用《孙子兵法》一书的"兵法"二字，并不是有意抬高自己，而是根据内容的归类：从业务的运营之道，以产品架构为天，用核心系统落地，辅以支撑系统心法，最后落到产品经理为将之路的核心技能，各取每个模块中的一个字，即道、天、地、法、将。因此，我将本书命名为《电商产品经理兵法》，以借古籍之名，喻产品之道，表达个人情怀。

本书第 1 章为业务运营之道，主要介绍线下业务的商品、品类运营等业务基础，实为电商产品系统的第一性原理；第 2 章为产品架构为天，主要介绍根据业务而来的产品架构方面的知识；第 3 章为核心系统落地，主要介绍电商系统核心模块，如商品、订单、售后、促销等一系列模块的搭建及业务逻辑；第 4 章为支撑系统心法，主要介绍电商业务中关于仓储物流、支付清结算等支撑系统的设计原理和落地细节；第 5 章为产品经理为将之路，主要介绍本人对产品经理的一些心得体会，用来作为本书结尾。在初次阅读本书时，建议读者先按照章节快速通读，然后在之后的工作中，如果遇到类似问题再进行针对性阅读并思考。

本书不遵从工具书逻辑，而从实践出发，重业务、重思维、重架构。总的来说，这本书将我本人从业 10 余年以来的工作进行了融会贯通，是对业务和产品本质的解构，希望本书的内容能对读者的工作提供实质性的帮助和启发。

鸣谢

当然，本书的完成要感谢帮助我的各位朋友们，感谢真格基金的戴雨森先生分享给我的各种学习经验，感谢《产品觉醒》的作者李泽澄（判官）先生和《京东店铺装修一本通》的作者吴金志先生鼓励我动笔写作，感谢电子工业出版社能够出版发行本书，从而让这些文字可以分享给更多需要它的朋友们！我更加感谢的是这个时代：这个时代在快速变化的同时，给予了我无限的试错机会和舞台。

最后，在互联网科技行业中，无论创业还是上班，我的家人都给了我无限的支持，让我可以放手一搏，心无挂念地去探索。所以，本书献给我的父母，也献给我的夫人木子和我的女儿Freya，希望我是你们的骄傲！

程 亮

【读者服务】

微信扫码回复：（37439）

- 获取免费增值资源
- 获取精选书单推荐
- 加入读者交流群，与更多读者互动、与本书作者互动

目 录

第 1 章　业务运营之道 1
1.1　概述 1
1.2　企划管理 4
1.2.1　品牌定位 4
1.2.2　品类战略 5
1.3　供应链 8
1.3.1　供应链的定义 8
1.3.2　供应链管理 10
1.3.3　物流 11
1.3.4　库存 13
1.4　OTB 计划 21
1.4.1　OTB 计划介绍 21
1.4.2　OTB 计划详解 24
1.5　补货 27
1.5.1　补货理论概述 27
1.5.2　补货的时机 28
1.5.3　补货的数量 30
1.6　调拨 32
1.7　仓储 34
1.7.1　概述 34
1.7.2　仓储货位 35

1.7.3　仓储规划 39
　　　1.7.4　仓储作业流程 41
　1.8　本章小结 58

第2章　产品架构为天 60
　2.1　概述 60
　2.2　产品经理应该懂得的架构知识 61
　　　2.2.1　产品经理为什么要懂架构 61
　　　2.2.2　什么是架构 62
　　　2.2.3　架构的特点 63
　　　2.2.4　架构设计的原则 66
　　　2.2.5　业务与技术架构的协同发展 68
　　　2.2.6　兼顾业务和技术的架构方法：领域模型 70
　2.3　产品经理建模工具——UML 76
　　　2.3.1　概述 76
　　　2.3.2　UML分类 78
　　　2.3.3　用例图 79
　　　2.3.4　类图 83
　　　2.3.5　流程图 84
　　　2.3.6　包图 85
　　　2.3.7　顺序图 86
　2.4　本章小结 90

第3章　核心系统落地 92
　3.1　概述 92
　3.2　类目系统 94
　　　3.2.1　什么是类目系统 94
　　　3.2.2　类目与叶子类目 95

XIII

3.2.3 类目的属性与子属性 96
3.2.4 前台类目和后台类目 98
3.2.5 类目系统设计策略 99
3.2.6 类目管理系统 101
3.2.7 属性管理系统设计 103

3.3 商品系统 107
3.3.1 什么是商品系统 107
3.3.2 SPU 108
3.3.3 商品 108
3.3.4 SKU 109
3.3.5 创建商品 111
3.3.6 商品基础信息 112
3.3.7 销售属性 113
3.3.8 其他商品信息 114
3.3.9 商品页 115
3.3.10 品牌管理体系 118
3.3.11 商品审核 120
3.3.12 商品管理 122

3.4 订单系统 136
3.4.1 订单的旅程 136
3.4.2 下单前的准备工作 139
3.4.3 订单交易系统 153

3.5 库存系统 178
3.5.1 什么是库存系统 178
3.5.2 库存的"点"——库存分类 178
3.5.3 库存的"线"——库存业务流程 180
3.5.4 库存的"面"——库存与前端销售 186
3.5.5 库存的"体"——库存与仓储配送中心 189

3.6 促销系统 191
3.6.1 什么是促销 191
3.6.2 促销模式浅析 191
3.6.3 促销系统的大脑——促销引擎 195
3.6.4 促销管理系统设计 197
3.7 本章小结 202

第4章 支撑系统心法 203
4.1 概述 203
4.2 供应链系统 205
4.2.1 供应链系统结构 205
4.2.2 供应商退货系统 206
4.2.3 内配调拨系统 210
4.2.4 采购系统 214
4.3 WMS 218
4.3.1 WMS 介绍 218
4.3.2 WMS 设计 219
4.3.3 WMS 库内作业 233
4.4 物流系统 238
4.4.1 物流系统概述 238
4.4.2 物流系统处理流程 238
4.4.3 配送系统设计 240
4.5 支付清结算系统 251
4.5.1 概述 251
4.5.2 交易的历史 251
4.5.3 支付清结算系统设计 255
4.6 本章小结 274

第 5 章 产品经理为将之路 277

5.1 概述 277
5.2 结构化思考方法 278
5.2.1 什么是问题 278
5.2.2 什么是结构化思考 279
5.2.3 如何进行结构化思考 279
5.2.4 明确定义，识别问题 280
5.2.5 目标分解，场景归类 281
5.2.6 结构化表达输出 284
5.3 产品经理的能力模型 285
5.3.1 靠谱的能力 285
5.3.2 职业化的能力 285
5.3.3 协作的能力 286
5.3.4 团队组织的能力 286
5.3.5 风险预见的能力 287
5.4 本章小结 287

后记 289

第 1 章
业务运营之道

1.1 概述

《孙子兵法》有云:"道者,令民于上同意,可与之死,可与之生,而不危也。"其大意是从上到下的想法和行动要一致。在现实中,大到公司管理层面,小到产品设计层面,也是同样的道理:在公司管理层面,领导的意愿需要让下属透彻理解并甘心跟随;而在产品设计层面,则需要产品经理领会公司战略和业务逻辑,使做出来的产品功能与实际需求场景相符合。

所谓"业务",即产品之"道"。理解业务,是做好产品的前提条件。然而,对于电商类的产品经理来说,业务的理解门槛很高。首先,业务一直在不断地变化发展,需要产品经理时刻更新对业务的理解;其次,很多业务场景在线下已经发展多年,其中的钩稽关系、场景分支非常繁杂且专业。这就导致电商产品经理,特别是后台产品经理需要多年的经验沉淀才能对这个领域的产品技术有所领悟。而我们在做产品时又要讲究"唯快不破"。这样一来，业务深度和产品功能实现之间就存在着天然的矛盾。"产品如何做才能更加符合业务逻辑？"这个课题就需要产品经理自己去领悟和突破。

例如，在做电商产品时，虽然很多产品的功能看似可以借鉴京东、淘宝等成熟大平台的功能，但是现实情况是，产品需要根据公司自身的业务特点和战略方向来确定逻辑，而一味遵循"拿来主义"，必定会让产品做得不伦不类，最终需要进行重构。这是因为，无论京东还是淘宝，他们现在的产品体系都是经过多年业务的发展和系统的演化相伴而生的，他们的系统是与当前体量的业务相符合的，但并不是说京东、淘宝的产品逻辑就一定符合其他公司的业务场景，所以，完全的"模仿照抄"往往是行不通的。

因此，产品经理花时间来学习业务流程和逻辑非常重要，只有理解了业务，才能掌握产品之道。鉴于此，作为开篇，本章不进行产品系统的功能讲解，而是从业务出发，以一个线下零售企业的业务模型作为案例，对业务闭环中的每一个核心组成部分进行业务层面的深度讲解，本章内容包括以下几个部分。

- 企划管理：主要介绍每个企业战略的来源，无论线上企业还是线下企业，企划管理阶段都是企业运营必不可少的开端，产品经理应当掌握企划管理阶段的核心工作，即进行品牌定位和品类战略规划的落地。
- 供应链：主要介绍企业经营中非常重要的供应链知识，无论线上企业还是线下企业，供应链都是贯穿整个企业经营的主线，因此，本章会对线下供应链业务进行讲解。
- OTB 计划：主要介绍 OTB 计划的细节，该部分内容意在讲透采购的起步和细节，是理解自营电商的基础。
- 补货：主要介绍线下企业，特别是零售行业的补货逻辑，该部分内容针对线下业务管理的核心进行描述。
- 调拨：主要介绍线下企业，特别是零售行业的调拨要点。
- 仓储：主要介绍线上企业和线下企业都非常重视的仓储业务，理解仓储也是理解电商平台，特别是自营系统的核心要义。

目前，无论"互联网+"还是"新零售"等概念，其实都是在强调"效率"两个字。从经营的角度来看，企业往往是在追求极致的商业效率，同时还要满足用户的极致体验。只有达到良好的商业效率和用户体验，企业才可以持续经营。对于一般零售企业来说，企业的商品运营一直是提升效率的主战场。但是，因为商品运营的可变因素太多，且环节复杂，所以它一直都是研究的重点。传统企业商品运营的管理包括采销、供应链、渠道等众多环节。其中每个环节发展到今天都是一套很完整的知识体系，而这套知识体系就是互联网产品的"土壤"，很多互联网的思想特别是电商的思想就来源于实际的商品运营业务，因此，传统企业的商品运营业务值得每个产品经理去深入学习。

一个完整的线下商品运营业务包括"进、销、存"三大模块，而大部分企业的商品运营工作就是对这三大模块进行精细化管理，从而达到提升效率的目的。随着技术的发展，信息化逐渐成为企业管理中必不可少的手段，例如，从人工记录到电脑，从电脑到互联网，再从互联网到今天的"新零售"，这个过程其实就是技术和业务协调进化的过程。因此，从业务的视角来切入产品的设计是电商产品经理晋级的捷径。

在介绍电商领域的产品技术之前，我们有必要对线下零售商品运营业务有一个框架性的了解。因为对于电商来说，任何产品的本源都是实际线下场景，所以掌握线下业务逻辑，对未来学习产品架构和微观的产品的设计逻辑会起到指导作用。如果我们用电商来横向对比线下业务，则大部分场景都属于零售的商品运营管理环节。

那么，何为商品运营？总体来说，大部分传统企业的商品运营的核心目标是通过降低库存、提高销售额，从而加速提升现金流效率。商品运营是采用高效的管理手段，将"人、货、场"（经典的线下业务三要素）结合起来，从而达到企业效率提升的目的。而在这个管理的落地过程中，核心就是"进、销、存"三大模块。这三大模块就如同3个齿轮，其最佳状态就是紧密咬合、无缝衔接。如果把"进、销、存"映射到传统零售行业中来看落地细节，则整个企业流程一般会分为企划管理、供应链、OTB计划、销售、补货、调拨、清货、仓储几个维度。

在本章，笔者以零售企业为例，描述整个运营闭环的业务逻辑和细节，其中，不乏理论性的框架作为理论基础，但是重点还是放在落地实战层面来理解，运营闭环如图1-1所示。

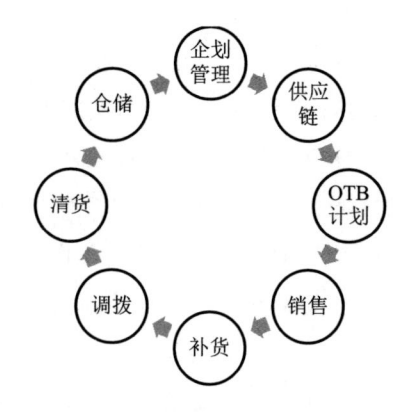

图 1-1　零售运营业务闭环

1.2　企划管理

《孙子兵法》有云："夫未战而庙算胜者，得算多也；未战而庙算不胜者，得算少也。多算胜少算，而况于无算乎！"这说明在军事行动中，"庙算"的统筹规划是必不可少的，而在企业经营中，同样不能缺少"庙算"，也就是我们常说的企划管理。企划管理阶段是企业运营的起点。企划管理阶段的核心工作是进行品牌定位和品类战略规划，主要由企业战略部门和高层管理人员根据目前的流行趋势、历史销量分析、用户的反馈和竞品分析来设计本企业的品牌 DNA 和品牌故事，并确定商品的品类规划事宜。品类战略决定了企业产品或服务的类别。线下企业会根据品类战略划分经营的侧重点，同时，电商平台作为线下企业的逻辑映射，其战略布局是参考线下企业的品类战略的。

1.2.1　品牌定位

如何把企业的产品形象或者服务体验通过某种手段深深地印入消费者心中，让消费者认可其价值，最终形成品牌效益，这个过程是一个产品的品牌营销与用户的心智模型相互打磨、不断深化的过程。一个产品的品牌定位一般可以分为品牌认知、用户体验、口碑传播这三大步骤。因为品牌定位的相关内容涉及企业营销范畴，不在本书所介绍的范围内，所以在此不做细致描述，有兴趣的读者可以自行查阅相关书籍。

1.2.2 品类战略

品类战略即品类管理，是企业和供应商的一种合作方式，是通过用户研究、竞品分析，并以数据为基础，对所经营的商品种类进行数据化、标准化的决策过程。品类管理之所以是企业管理的核心部分，是因为品类的定义涉及后续的供应链、人事管理等。品类管理是从日常运营中提炼的管理方法。同时，品类管理作为系统搭建的底层核心逻辑，是电商系统内类目架构的来源。

一般来说，品类的管理流程主要包括品类的定义、品类角色定位、品类评估与优化等。

1. 品类的定义

通俗来说，品类就是某一类产品的总称，或者是被用户认为相关联或可相互替代、管理的一种分类方法。一般来说，品类的定义是从用户的角度出发，同时考虑企业内部管理方面的需要，因此，品类的定义可以分为品类名称和品类结构两方面。在进行品类定义时，一般需要考虑用户需求、购买决策和企业商品管理逻辑。

2. 品类角色定位

品类角色定位是对品类进行分工，并根据其特性赋予品类不同的角色和目标。例如，有的品类是核心品牌象征，主要作用是吸引用户，在互联网上往往用来引流；有的品类毛利率丰厚，主要作用是盈利，那么将这两类品类进行搭配，就很好地兼顾了外部品牌形象和盈利的两方面需求。因此，在企业的品类战略中，品类角色定位可以通过两种视角进行划分：一种是企业视角；另一种是用户视角。

1）企业视角

如果从企业的视角来看品类的角色定位的话，我们知道企业的核心目标是收入和利润。因此在企业这个维度，品类角色定位是通过销售额和毛利率的指标来划分的。常见的品类角色定位如下所述。

（1）引流品类，即可以吸引用户到店，有一定的品牌认知度，或者商品本身有足够辨识度和吸引力的品类。这类商品一般无须多做营销，只要通过自身吸引力就可以吸引用户，一般对销售贡献巨大，但是普遍毛利偏低。

（2）盈利品类，即利润丰厚的品类。一般通过这类商品进行盈利和收入补充。

（3）旗舰品类，即利润往往非常可观的品类。这类商品自身的品牌知名度非常高，且品牌档次也较高，能在一定程度上消除顾客对企业的陌生感。

（4）竞争策略品类，即面临激烈竞争，需要根据其能力确定不同策略的品类。这类商品一般用来和竞争对手竞争，可以攻击竞争对手的主打商品或转移顾客的注意力，避免"价格战"波及自己的利润商品。例如，当年京东和当当的"图书之战"。

（5）培养观望品类，即当前销量偏低，但是具有成长潜力，需要进行培养的品类。

（6）待替换品类，即利润和销量都很难提升，将来可能会被替换或作为补充的品类。

2）用户视角

品类角色定位的另外一种划分维度是用户，即从用户的视角进行品类角色定位的考量。在用户这个维度，品类角色定位是通过品类的购买频率和商品的需求程度来划分的。一般分为以下几种品类。

（1）主流品类，即核心品类。一般来说，这类商品的价格具有一定的敏感度。

（2）刚需品类，即刚需且普及程度高的品类。这类商品对于库存深度和订单满足率要求很高，也就是要随时有货。

（3）差异化品类，即与竞争对手区分差异化的品类。这类商品往往属于长尾商品（需求不旺或销量不佳的商品），其价格具有一定敏感度。

（4）补充品类，即满足小众用户需求的品类，是品类的补充，占比很小。

除此之外，综合两种视角的划分方法，目前还有较为全面的综合品类划分方法，即考虑企业、用户和市场普及程度等因素对品类的影响而制定的综合指标分析法。该方法将品类划分成旗舰品类、常规品类、季节性品类、便利性品类等。在此不再赘述，总之，品类角色是品类战略的核心，直接影响企业的收入和利润，在制定企业品类战略时，品类角色是需要花费时间和精力去定位的。这时企业的经营数据往往能起到很好的指导作用。同时，我们需要注意：品类角色只有通过组合才能发挥平衡销量和利润的作用。例如，利润高的品类往往是新品牌，顾客对其的接受度较低，销量就比较低；销量大的名牌品类，往往其价格已经透明化了，利润就比较低。想要解决这个问题，就需要进行品类组合。根据每个商品本身的不同特点，使其发挥各自的优势，从而取长补短、形成合力，在吸客、销量、利润等因素之间取得一个平衡。

3. 品类评估与优化

1）品类的评估

品类评估是指根据目前品类的划分和结构，分析当前经营状况与目标的距离，以便为下一步优化提供依据。在操作品类评估时，一般需要经历数据收集准备、数据分析、结果输出这3个阶段。首先，在数据收集准备阶段，需要从供应商、市场销售、竞品等多方面收集数据。其次，在数据分析阶段，需要针对各方面的数据情况，进行分析判断。例如，在市场层面，我们需要了解品类和品类中的细分，它们的销售趋势如何，以及它们的市场份额和占比如何等；在用户层面，我们需要定性和定量描绘用户画像，例如，哪些人在何时通过何种渠道购买了哪些品类，用户对销售整体价值如何等；在销售层面，我们需要判断哪些品类表现得更好、更符合角色定位，以及其价格和促销是否匹配等；在供应商层面，我们需要评估哪些品类为销售提供了很好的品牌机会，以及其表现如何等。最后，在结果输出阶段，需要根据上述数据分析结果对品类进行评估，并输出结果。

2）品类优化

品类优化是指在品类管理中，针对目前划分的角色和结构，基于经营数据层面的优化与调整，并根据结果进行商品、销售资源的分配。作为业务经营管理者，一定要避免进入这样一个误区：品类宽度越宽，销量就越高，即错误地认为每增加一个品类，销量就会自动累加。如果不实行品类优化，则每一个品类所占用的资源都是一样的，如库存、财务、运输、货架、采购……这无疑会导致业绩的不稳定，例如，销量高的商品得不到有效的库存支持，可用库存被动销率低或滞销的品类占用，经营效益自然无法提高。

1.3 供应链

1.3.1 供应链的定义

按照目前理论上的标准定义，供应链的概念最初起源于美国彼得·德鲁克提出的"经济链"。供应链的英文为"Supply Chain"，其中，"Supply"是"供应"的意思，"Chain"是"链"的意思。具体来说，供应链是从采购开始，通过商品生产，再由销售渠道将商品销售到最终用户，在整个商品的生产、运输、销售链路中形成的生产关系和销售关系的网络链路。可以说，在市场上的任何企业都不是孤立存在的，只要有交易往来就存在供应链，只是不同类型的企业，在供应链中的角色和位置不同。比如，常见的生产型企业的供应链涉及供应商、制造商、分销商、零售商，以及最终用户。而服务型企业的上下游企业角色和生产型企业有很大不同，那么不同类型的企业，其供应链到底有什么特点呢？

如果按照企业的经营模式来划分，则企业可以分为生产型企业，如服装生产厂商、OEM（Original Entrusted Manufacture，原始委托生产）商等，以及电商平台或零售型企业，如京东、天猫、一号店等。上述企业的运作逻辑有一定的交集，也有各自的特点。对于生产型企业来说，其供应链环节涉及商品制造、渠道销售、消费者购买。在生产型企业中，商品制造包含很多因素，如原料商、生产商、品牌商。以苹果手机为例，当消费者下了一张订单时，对于企业而言，要完成这张订单需要做什么工作呢？

采购员向相应的原材料生产商（原料商）采购原材料，然后由生产商帮助生产（以前苹果手机由美国本土生产，但随着规模越做越大，越来越多的商品需要一些生产商帮助贴牌生产），最后贴上苹果的品牌销售出去。在这种商业模式下，进行OEM的参与方叫作生产商，苹果公司叫作品牌商。再比如，耐克、阿迪等品牌是把所有的产品线进行分类，包括裤子产品线、女上装产品线和其他产品线，一年可能做四季或两季，并在每个季度招标，哪个公司竞标成功，该产品线就归其生产。在整个生产过程中，耐克、阿迪负责设计，生产商负责生产，并在产品生产完成后，贴上耐克或阿迪品牌对外销售，这是他们的全流程。

在生产环节结束后，进入渠道销售环节，此环节涉及批发商，包括一级批发商和二级批发商,以及经销商,最后进入消费环节,商品到达终端消费者手中。在上述过程中,每个环节都有库存,包括原材料库存、渠道终端的成品库存等,库存管理是整个生产型企业供应链的一个重要组成部分。生产型企业供应链如图 1-2 所示。

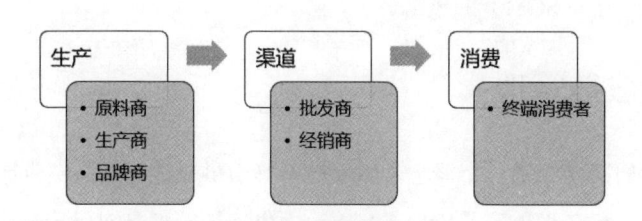

图 1-2 生产型企业供应链

电商平台或零售型企业的供应链就是将企业的采购和销售等环节电子商务化。也就是说,供应链在电商平台上的应用,具体是指借助互联网平台,实现供应链交易过程的全程电子化,彻底变革传统的上下游企业协同模式。如图 1-3 所示。

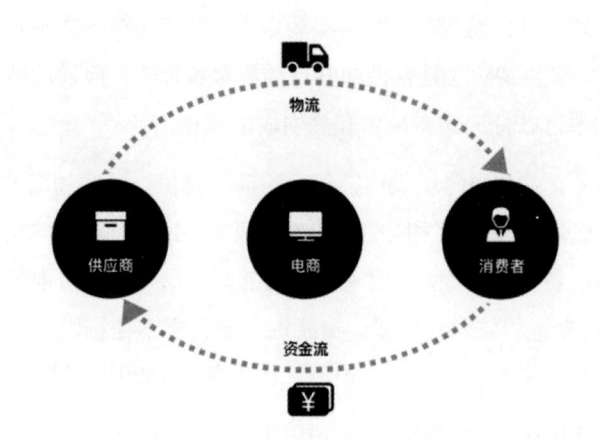

图 1-3 电商平台或零售型企业供应链

总之,供应链是一个企业合作的价值传递链条。整个链条连接了供应商、用户、销售渠道等,可以通过物流、资金流、信息流的贯通让产品在链条上流通,并给链条的相关企业带来收益。链条的增值效应是维系这条供应链的基础。供应链上的各个企业可以通过对物流、资金流、信息流的控制,实现商品和价值的流动。在整个过程中,商品从生产商流向供应商,再从供应商流向终端消费者,形成了物流;资金从终端消费者流向供应商,形成了资金流;链条上的各个企业不断交换信息,形成了双向的信息流。也就是说，供应链是由物流、资金流、信息流3个部分组成，其中，物流是供应链的基础设施，信息流是供应链存在的基础，资金流是供应链的血脉。可见，供应链是一条非常复杂的企业内外协同工作的运转链条，其运转的效率直接决定了该链条上所有企业的价值和生命周期。因此，在供应链的专业领域中，引入了供应链管理（SCM）的概念。

1.3.2 供应链管理

首先，我们需要明确一个概念，供应链不等于供应链管理。供应链是从用户到供应商及其背后供应商的完整链路的定义。而供应链管理是对供应链中的物流、信息流、资金流的集中化管理，以最大化客户价值、最小化供应链成本为目标，是一种管理思想和手段。

一般来说，供应链管理会涉及采购管理、进销存、物流配送三大职能流程。这三大职能流程均是由各个层面的计划驱动的。因此，一般在供应链层面出现的问题，大部分是因为计划不到位造成的。在现实场景中，供应链管理大多是在管理一个目标：供应链效率。可以说，这是供应链管理的终极目标。供应链的效率往往通过成本来体现，而成本可以分为动态成本和静态成本两种。

所谓动态成本，就是与每次供应链层面的动作有直接关联的成本。对于大部分企业来说，动态成本可以分为采购成本和物流成本。比如，在采购层面，采购的成本直接影响公司的售价和利润，一般采购部门都会根据一个很重要的指标——成本降低率（CR）来考评。与采购类似，物流也主要和成本挂钩，如运输成本、清关成本等。此外，对于生产型的企业来说，往往还存在生产成本等。

一般来说，静态成本往往是管理的结果，比如，库存不仅包括控制库存本身的数量、价值，还包括管理层面的及时交付问题。例如，供应商交付商品给商家，商家再交付商品给用户，其实就是商品在各个环节的物权转移。在这个过程中，因为用户的需求波动、变化的挑战越来越大，所谓的"不合适"的库存矛盾就会越来越突出，问题也就会越来越大，所以，库存控制在整个供应链中的地位非常重要。下面介绍"物流"和"库存"这两个供应链的核心模块。

1.3.3 物流

简单来说,"物流"就是把商品从 A 点搬运到 B 点。在实际业务场景中,我们从宏观层面来审视目前国内的物流状况。目前,我国的物流行业基本分成 3 种模式,即城际运输、同城物流和即时配送。同时,从供应的角度来看,不同的运输模式对应的车源类型不同,比如,城际运输对应专业公路运输司机和社会化重载卡车,同城物流对应专业公路运输司机和社会化城市物流用车,而即时配送服务对应常见的快送员和短途机动运输工具。而从需求角度来看,一般第三方物流公司、物流园信息部等 B 型货主对于城际运输的需求较大,其次,连锁零售企业、卖场等 B 型货主和个人用户搬家等 C 型货主对于同城物流配送的需求较大;最后,商务信函、超市、餐饮等 B 型货主和个人用户 C 型货主对于即时配送的需求较大。各类物流模式的特征如图 1-4 所示。

随着行业的发展,物流模式还有更细的划分。比如,目前城际运输可以细分为城际整车货运、城际零担货运、干线物流等。城际整车货运是指一批货物的重量、体积、性质、形状等较大,需要采用整车运输的运输方式;城际零担货运是指货主需要运送的货不足一车时采用的运输方式,在进行城际零担货运时,承运公司出于成本考虑,会将不同货主的货物按同一到站凑整一车后再发运;干线物流是利用铁路、公路的干线,大型船舶的固定航线进行的长距离、大数量的运输,是进行远距离空间位置转移的重要运输方式;同城物流可以细分为同城 B 端物流、同城 C 端物流;除此之外,还有综合物流、冷链物流等。

可以看出,物流行业可以根据交付商品的特性,采取不同的货运方式,因此,成本也大大不同。例如,物流层面的成本大体上来说有以下几种。

(1)仓储管理成本:包括卸货费、QC(Quality Control,质量控制)费、条码费、入库检核上架费、储位费、批量退库费、盘点费等。

(2)订单处理成本:包括分拣费、配单费、打包费、指派费、交接费、RMA(Return Merchandise Authorization,退货产品授权)费和耗材费等。

(3)配送成本:包括干线物流费和分区配送费。

(4)其他成本费、固定资产的分摊费等。

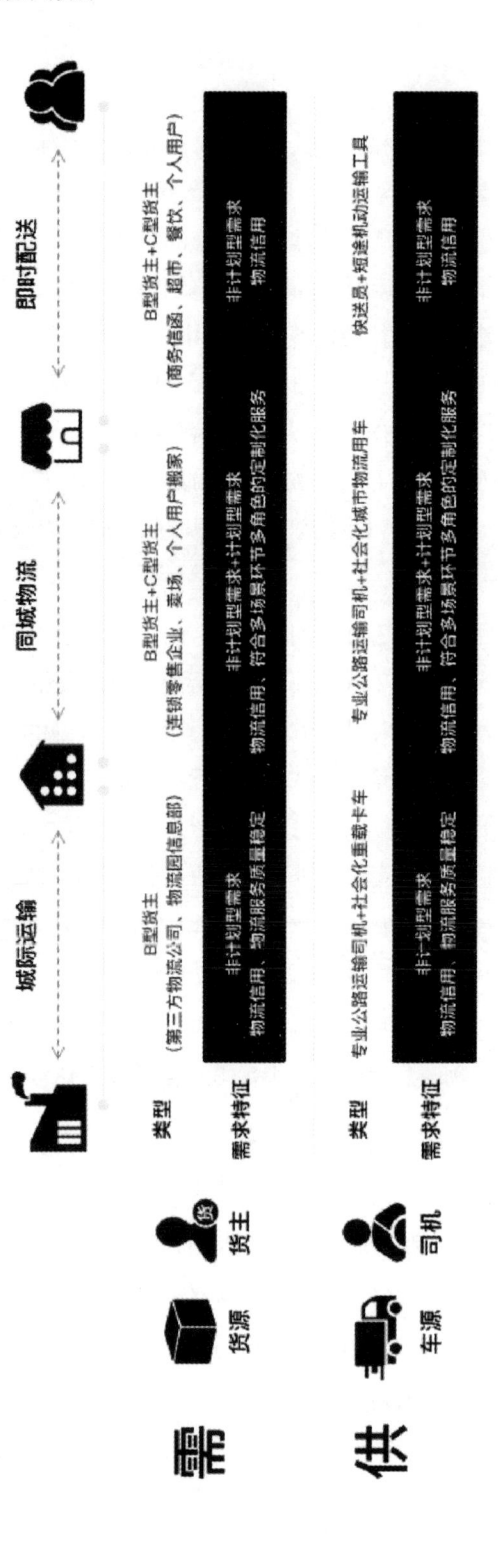

图 1-4 各类物流模式的特征图解

物流管理就是要针对物流网络各个环节进行优化，如运输、车队、仓储、订单履约、库存管理等，并最大限度地对物流成本进行优化。而最终物流的成本，往往也决定了最终商品销售的成本策略。比如，在电子商务的大环境下，我们可以看到，商家的商品运费策略就是来源于对本企业供应链进行的物流管理。

1.3.4　库存

1. 库存是如何产生的

库存是供应链管理经久不变的主题，谈及供应链，必定会涉及库存。库存不是独立产生、存在的，它往往是计划的产物。比如，从供应链的角度来看，企业计划的是库存（需要采购、生产的数量），按照计划采购进来的是（原材料）库存，按照计划生产出来的是（在制品、产成品）库存，按照计划交付出去的是（分销、零售）库存。库存存在于供应链的各个环节，如图1-5所示。

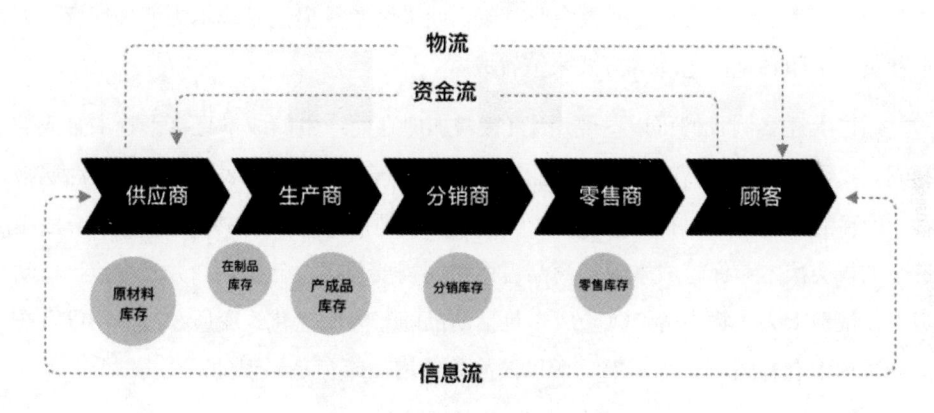

图 1-5　供应链各环节的库存

从图1-5可以看出，在供应链运作流程中，库存会在各个节点产生，因此，对于供应链管理来说，其"管理"的核心就是库存。企业要提高效益、降低成本，它必须时时刻刻以"库存控制"为焦点来分析、解决供应链的效率问题，并以"库存控制"为根本出发点设计、建立供应链管理体系，从而提升最终商品收益。换句话说，能否管好库存直接决定了供应链管理的质量和效率。所以，库存管理是目前供应链管理体系内降低成本的关键手段之一。

2. 库存管理

既然库存在供应链管理中如此重要，那么所谓"管好库存"是否等价于直接增加库存？不少企业为了订单履约、缩短供应周期、保障正常销售，会简单地增加库存来保障供应链的满足率。但是，增加库存真的可以帮助企业在竞争中取得优势么？我们来看以下案例。

案例一：国内某运动品公司的库存商品价值高达 37 亿元，以其当年的销售额 86 亿元进行测算，相当于该公司全力销售库存商品也要半年才能完成，企业的流动资金全部被库存占用。为了回笼资金，各处都能看到该公司打折甩货的消息。到 2012 年上半年，该公司关闭了 1000 多家店，关店幅度达到 22%。

案例二：某电商企业库存商品价值达到 14.45 亿元，几乎超过该企业一年的销售额。也就是说，该企业辛苦经营了一年，其销售额都被不良库存"吃掉"了。该企业是一家服装公司，但在库房里堆满了卖不出去的电饭煲和拖把，其品类扩充得杂乱无章。为了回笼资金、挽救企业，该企业采用了亏损大量成本去清理库存、大批裁员、关闭各地的仓库等方式来节省成本。

通过上述案例我们可以发现：因直接增加库存而产生的成本直接影响了企业的利润。我们都知道过高的库存对企业有很大的危害，这个只是表面现象，从深层来看，库存的持有成本包括资金成本、保管成本和风险成本。其中，资金成本一般指资金的机会成本；保管成本包括商品占用空间需要付出仓储费用，并且盘点、移动等工作浪费人力、物力等；风险成本包括商品随着时间老化、变质和过期，以及在保管过程中容易毁坏、污损等。所以，简单地增加库存是错误的。

既然过高的库存对于企业来说是一种危害，那么是否直接降低库存就"万事大吉"了？实际上，过度降低库存也同样会危害企业经营，如图 1-6 所示。同时根据行业报告显示，降低库存可能会造成销售收入损失、用户体验下降、市场份额减少、推广资源浪费等问题发生。

由此可以看出，库存既不能高，也不能低，而且绝对意义上的零库存也是不存在的。例如，上述简单地以增加或降低库存为手段的策略会导致需求扭曲，甚至需求被严重放大，形成"牛鞭效应"，最终损害的是整个供应链中各企业和终端消费者的利益。所以，库存控制策略的核心是从企业成本和收益的角度出发，以降低或优化企业库存压力为目标，提升企业与相关各方的信息流动效率，最终通过库存周转率的提升来增加现金流的效率。

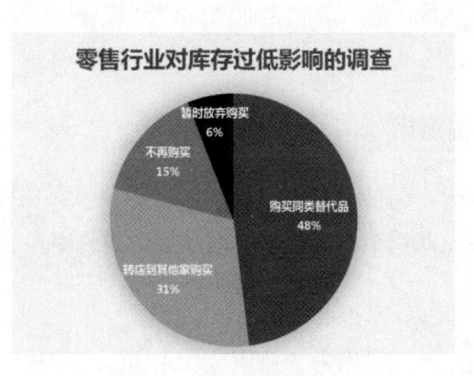

图 1-6　库存过低的危害

近年来，随着电商的兴起，供应链的管理技术越来越成熟，产生了众多理论思想，如"协同规划预测与补货（CPFR）"等。同时，库存控制策略取得了质的突破，减少了供应链上的中间库存，增强了企业间的信息共享与协同。一般来说，现代企业库存的管理技术包括以下 3 个方面。

（1）动态库存控制技术。动态库存控制技术，即在采购、订货、销售供应的过程中，会对库存量产生影响的一种技术。采购、订货过程必然会导致库存量的增加，而销售过程会减少库存量。所以，动态库存控制技术就是要在这些业务过程中控制库存量，既要对采购、订货的过程进行监控，又要控制销售过程，从而达到精确的库存管理目的。比如，在保证用户需求的情况下，为了在采购和订货过程中控制库存，可以通过控制采购、订货的批量和频次来达到目的。这就是所谓的 OTB 计划（Open-to-Buy，采购限额计划）。采购订货策略的基本内容包括 3 个方面：什么时候订货，即订货时机；订多少，即订货量；如何实施，即订货操作方法。

（2）静态库存控制技术。这里主要涉及公司内部库存管理，比如，订货提前期的缩短，区域之间的调拨等。

（3）供应链管理库存控制技术。比如，本企业和上游供应商的联合，本企业和下游客户的联合；企业本身对于上下游的管理，以及供应链响应时间的动态把控等。应用较多的策略包括供应商拥有库存（VOI，Vendor Owned Inventory）、供应商管理库存（VMI，Vendor Managed Inventory）、联合管理库存（JMI，Jointly Managed Inventory）。这 3 种库存控制策略存在一个共性：打破了企业界限，致力于降低，甚至消灭供应链上的中间库存，提高企业间的信息共享与协同，乃至整个供应链的竞争力。

3. 库存管理关键指标

在实际操盘过程中，库存管理的指标非常多，但是常见的核心指标包括现金流、仓库使用率、滞销率、动销率、现货率、残损率、周转率和售罄率等。

1）现金流

现金流本意是指某一段时间内企业现金流入和流出的数量差，但从供应链采销的角度来看，一方面企业付款给供应商造成了现金流出，另一方面企业从消费者处收回货款或服务款造成了现金流入，这两方面所产生的时间差就意味着企业的现金流。那么在供应链层面衡量现金流的指标就是应付账款周转天数。

应付账款周转天数通常用于衡量销售公司需要多长时间付清供应商的欠款。其公式为：应付账款周转天数=（期初应付金额+期末应付金额）/2/本期销售成本×本期天数。其中，期末应付金额=期初应付金额+本期采购金额-本期付款金额-本期退货金额。

那么，在实际落地中，我们如何来计算现金流呢？比如，下面的场景：某公司需要采购一批商品，并与供应商合同约定到货后 30 天付款，即应付账款周转天数为 30 天。那么现金流=应付账款周转天数（30 天）-财务成本周转天数。这里财务成本周转天数是整个现金流公式中的变量，它对现金流的影响如下：第一种情况，假设财务成本周转天数为 50 天，那么，现金流=30-50=-20 天。第二种情况我们假设财务成本周转天数为 20 天，那么，现金流为 30-20=10 天。可见，在付款账期不变的情况下，财务成本周转越快，账期与周转之间的正差越大，则公司的正现金流越高，公司的抗风险能力越强。

因此，供应链管理更多的是上下游企业的协同作战，只有实现双赢才能使供应链更高效。只有企业向供应商正常、按时付款，供应商才能更好地维护产品流和物流。同时，设计有效的库存管理逻辑，优化库存产品结构，控制并合理降低存货成本，加快财务周转，是保持企业良性运营的主要途径。所以，财务结算账期的长短与否是衡量电商结算系统能力至关重要的标尺。

2）仓库使用率

仓库使用率反映仓库的利用率是否合理，有无浪费，是否能够储备销售所需要的库存量。

3）滞销率

滞销率反映库存结构是否合理，是否存在积压。

4）动销率

动销率反映库存结构是否合理，即所存储的商品是否为顾客需要的品种。从实际应用来说，动销率反映了在企业库存中有多少种商品是有效的，有多少 SKU（Stock Keeping Unit，是库存量单位）是死库存，是不能贡献销售量的，它代表了商品的 SKU 利用效率，渠道的平效、品效管理水平。动销率越高，滞销产品就越少，企业需要关注产品的数量变化。如果动销率高，则说明仓库中大部分产品都在销售，但是也不一定说明库存周转率高，比如，在量深款 SKU 都没有销售的情况下，虽然销售的 SKU 多，但是总销售量不高。如果动销率低，则说明库存中 SKU 宽度过大，无效的 SKU 较多，是不能贡献销售量的。在实体店中，大家都会追求比较高的动销率，因为卖场的陈列位置是有限的，仓库位置是有限的，如果 SKU 无效，则在与时间的赛跑中，会浪费店铺的资源；但是电商却不同，他们的展示形式只是虚拟的网页，所以动销率低一些可以接受。

5）残损率

残损率是衡量库内管理、物流管理、商品质量管理等方面的重要指标，可以反映出用户的购物体验质量。

6）现货率

现货率反映可售品种能否满足用户的购买需求。即在总有效品种中，可供销售的品种比例。

7）周转率

周转率反映"资金利用率和仓库利用的效率"。库存周转率是企业在一定时期内的销售成本与平均存货成本的比率。该指标反映库存的周转速度，即库存的流动性和库存资金占用量是否合理。库存周转天数=平均库存成本（或件数）/销售成本（或件数）×计算期天数。例如，某公司 1 月份销售成本为 100 万元，当月的平均库存成本为 50 万元，则库存周转天数=50 万元/100 万元×30 天=15 天，相当于公司当前的库存全部销售完需要 15 天。

8）售罄率

售罄率=销售数量/进货数量。该指标反映商品销售速度与受欢迎程度，是衡量商品适销性和计划准确性的重要指标。售罄率高于或低于平均值是采取行动的重要信号（行动包括补货、调货、库存处理等）。售罄率数值并非越高越好，必须和"目标达成率""折扣率""毛利率"进行组合应用。售罄率会随着时间的推移发生动态变化，应该设定参考标准作为判断畅销、平销和滞销的标准。具体的标准要结合企业实际数据来制定，每天及时跟进更新数据，并及时做出调整，如补货、组合销售、调整陈列、促销和员工激励等。最终目的是在商品销售周期内尽可能地达到预期售罄目标。售罄率计算的数据采集范围主要是指定期间的正价销售数据，不包括特卖销售数据。售罄率对比必须要在统一的计算周期、口径或分类下进行。常用分类有如下几种。

（1）按时间周期：可分为周售罄率、月售罄率和季售罄率。

（2）按对象：可分为总体售罄率，单款售罄率。

（3）按类别：可分为总部生产售罄率、批发售罄率和终端零售售罄率。

4. 库存管理流程

对于生产型企业来说，库存管理的难点在于生产链条的层层波动。而对于电商平台或零售企业来说，库存管理所面临的问题在于品类丰富，预测难，供应商供应链管理能力不一，仓储备货难度大等。

当上述问题叠加出现时，库存管理的难度会呈几何倍数增长，库存问题会立即成为一个迫切需要解决的、复杂的难题。所以，制订一系列有效的、切实可行的库存管理解决方案，是保障企业平稳、顺畅运行的关键。总的来说，线下零售企业进行库存管理的首要环节就是"计划"，必须通过"计划"来贯穿整个管理环节。库存管理流程如图 1-7 所示。

第1章 业务运营之道

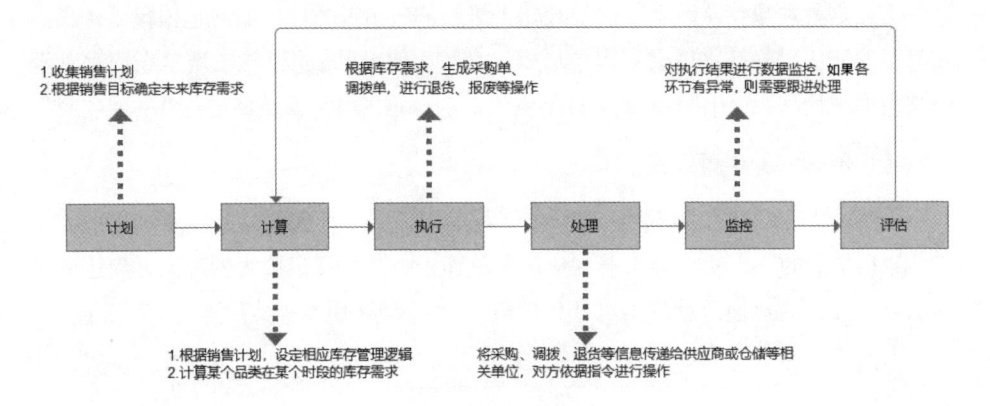

```
1.收集销售计划              根据库存需求，生成采购单、         对执行结果进行数据监控，如果各
2.根据销售目标确定未来库存需求   调拨单，进行退货、报废等操作      环节有异常，则需要跟进处理
        ↑                        ↑                              ↑
    ┌──────┐    ┌──────┐    ┌──────┐    ┌──────┐    ┌──────┐
    │ 计划 │ →  │ 计算 │ →  │ 执行 │ →  │ 处理 │ →  │ 监控 │ →  │ 评估 │
    └──────┘    └──────┘    └──────┘    └──────┘    └──────┘
                    ↓                        ↓
        1.根据销售计划，设定相应库存管理逻辑    将采购、调拨、退货等信息传递给供应商或仓储等相
        2.计算某个品类在某个时段的库存需求      关单位，对方依据指令进行操作
```

图 1-7 库存管理流程

从图 1-7 中可以看到，计划是库存管理流程中的第一个环节，是库存管理流程开始的第一步，当有了库存计划后，如何落地执行呢？

根据计划，确定合理的库存方案需要多职能参与，每个部门都得各尽其责。这意味着，供应链的各个环节所涉及的部门，包括采购部、运营部、计划部和产品部都得介入。各部门可以在计划与预测过程中做出自己的贡献，如协同计划、预测和补货。也许有读者要问：销售预测归销售部管理，跟采购部有什么关系？实际上，公司的各个部门都在同一条供应链上，采购部应该与计划部密切联系，并跟踪公司的主要活动，促使早日生成预测计划。有时采购部与运营部往往觉得自己是计划调整或预测失败的受害者，其实一味把计划调整和预测失败归咎为采购部和运营部是不合理的，这忽略了其他协同部门对计划效果的影响。所以，针对计划或预测准确性的问题，企业中的每一环节部门都应该明确自我定位，主动参与计划与预测，促使生成正确的计划与预测。否则，计划的失败对于企业来说是灾难性的。

计划对企业的影响是比较大的。例如，在供应商环节，原计划每天的采购量是 1 万件，突然改成每天 3 万件，供应商能否生产出来？在仓储环节，原计划每天的订单是 1 万笔，突然改成 3 万笔，或者原计划采购或退货 1 万件商品，突然改成 3000 件或 3 万件，仓库环节的人力和物力能否承受？而仓储的内配调拨、分拣配送计划也会因为前端的变化而受到影响。同时，库存调整对仓库存储量的影响也是巨大的，原计划存储 5000 件商品，突然改成 2000 件或 2 万件，仓库面积的浪费和"爆仓"怎么安排？最后，库存调整对付款计划的影响更大，原计划下月付款 5000 万元，突然改成要付 2 亿元，公司有没有这么多的资金来支撑？这些变化都是因计划的改变而发生的。

上述这种现象，从一个小问题开始，然后被节节放大，就如同一根鞭子，我们在鞭子的一头轻轻抖动就会在末端形成一个较大幅度的波浪，这个现象在库存管理中被很形象地称为"牛鞭效应"。对于供应链的管理，最终就是要避免"牛鞭效应"。

【扩展知识】牛鞭效应

定义：供应链上的各级供应商只根据与其相邻的下级销售商的需求进行供应决策，需求信息的不真实性会沿着供应链逆流而上，产生逐级放大的现象，到达最源头的供应商，这种现象就称为"牛鞭效应"。如图 1-8 所示。

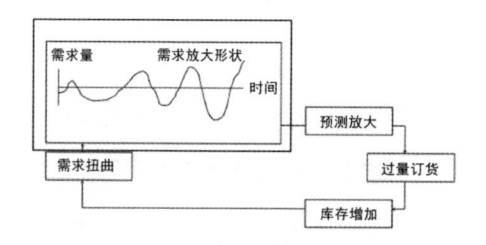

图 1-8 "牛鞭效应"示意图

图 1-8 所示为"牛鞭效应"的示意图，以形状而言，这就像一根长鞭子，在鞭子的一头发生的小幅度抖动，经过传导会出现大幅度抖动，而且越到尾部波动越大。我们可以看到，最初的需求量被逐步放大，预测的放大会导致订货、生产等各个环节的逐步放大，致使库存增加，造成需求扭曲，进一步造成供求失衡。下面我们来看一个实际场景中的"牛鞭效应"的案例，如图 1-9 所示。

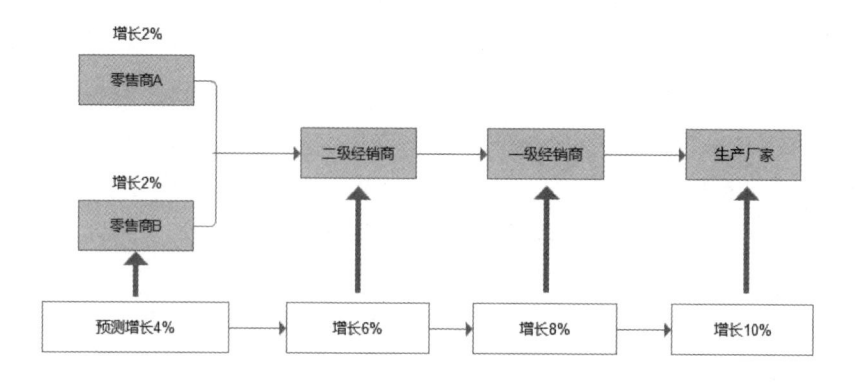

图 1-9 "牛鞭效应"实际案例

从图 1-9 可知，零售商的需求预测小幅度增长 2%，这个数据传递到二级经销商处时可能成为6%，传递到一级经销商时可能成为8%，而传递到生产厂家时则可能已经被放大到10%。简而言之，越是处于供应链的后端，需求变化幅度越大。相应地，库存变化呈类似模式，会导致社会库存严重放大。"牛鞭效应"的后果是很严重的，那么，如何解决这个问题呢？解决"牛鞭效应"最好的方法，就是缩短鞭子，如整合供应链、减少中间环节，以避免预测失真。另外，通过系统实现信息共享，可以避免多重预测，避免因链条各环节层层传递而导致的信息失真。

1.4　OTB计划

1.4.1　OTB计划介绍

众所周知，零售行业所进行的活动是向消费者销售商品。除销售环节外，企业内部商品运营管理可以说是保障销售的基础。所以，商品运营管理能力的强弱，直接决定了零售企业的"存亡"。商品运营管理在线下已经发展多年，其整个工作流程是一个逻辑闭环：从科学订货管理到最后季末清货管理，其最终目标就是利润最大化和库存最小化。

在这个逻辑闭环中有很多追求的目标和动作，其中包括几个大的方向：第一，企业的OTB计划；第二，要分析整个"进销存"流程；第三，通过分析畅销和滞销品类，合理制订清货方案；第四，通过过往数据分析、终端反馈来考量业绩。

所谓企业的OTB计划，就是企业根据预估营业额、利润率和商品周转率来规划采购金额和数量。企业的OTB计划是衡量线下企业管理水平的一把标尺。线下企业可以通过对采购金额进行控制，从而合理配置自己的库存，并在企业盈利和存货之间做出平衡。在整个供应链中，OTB计划就是前文我们提到的库存管理工作中的第一步。

那么到底OTB计划怎么做？其最终产出物是什么呢？在介绍OTB计划之前，我们先看两个统计学和财务管理上的基本概念，即定基比和损益平衡点。这两个基本概念是商品运营数据分析思路的源头，也是OTB计划的本质原理。

1. 定基比

定基比是统计学上的概念，一般读者应该都比较熟悉同比和环比的概念，但在实际的数据分析应用中，定基比是更加常见且实用的一种指标比较方式。同比用以说明本期发展水平与去年同期发展水平相比而达到的相对发展速度；环比用以说明本期发展水平与前一期发展水平相比而达到的相对发展速度。一般来说，同比能够排除季节因素，反映比较实质的增长。而环比能够连续、动态地反映指标的变化。但是在实际环境中，仅仅依靠这两个维度的指标是远远不够的。同比往往忽略了其他可变因素对结果的影响，而环比又不够全面和宏观，对于相隔时间周期较长的指标来说，难以判断其状况如何。因此，与同比和环比相比，定基比更加科学和实用。

所谓定基比，就是将固定的某期设为基数，其后各期与该基数进行对比得出的数值。定基比更加能够反映出线下企业的经营成果，因为线下环境对销量造成影响的因素众多，定基比能反映出各期与基期的方差波动情况。因此，定基比可以更直观地展现经营成果。

2. 损益平衡点

损益平衡点，还可以称为盈亏平衡点、保本点、盈亏临界点、利益平衡点等，是管理会计中的概念，一般指的是全部销售收入等于全部成本时的产量。对于线下的门店经营来说，如果按照金额计算，则损益平衡点=固定成本/（1-变动成本/销售收入），其中，固定成本包含店铺租金、员工薪水、水电税金、省耗折旧、仓储物流、管理费用等每月固定不变的费用；变动成本包含商品成本、商场扣点、员工提成等随销售变化的相关费用。

通俗来说，计算损益平衡点就是要计算出企业的保本营业额需要达到多少、营业额上升需要达到多少才能不亏损。损益平衡点是根据产品的业务量、成本、利润之间的相互制约关系进行综合分析而得出的一个指标。同时，损益平衡点是常常用来预测利润、控制成本、判断经营状况的一种分析方法。比如，企业收入=成本+利润，而成本=固定成本+变动成本。商家投资做企业的目的就是获得利润，但利润的起点就是保本，所以，我们通过损益平衡点可以列出有关营业额的方程式，从而计算出企业达到损益平衡点时实际的营业额，以及反向推出采购成本等目标变量。

企业经营与损益平衡点如图 1-10 所示。

那么，零售企业 OTB 计划的思维就是从经营角度出发，根据企业的状况计算损益平衡点，结合渠道层面的业绩规律和计划，最终确定预估销售库存，最大限度地提高采购效率。如图 1-11 所示，首先根据本企业的经营数据核算损益平衡点，并根据损益平衡点来制订流水计划；其次根据各个渠道、区域等销售规律来预测渠道业绩，并将其分解为新的终端计划和促销计划；最后形成预估的销售库存。

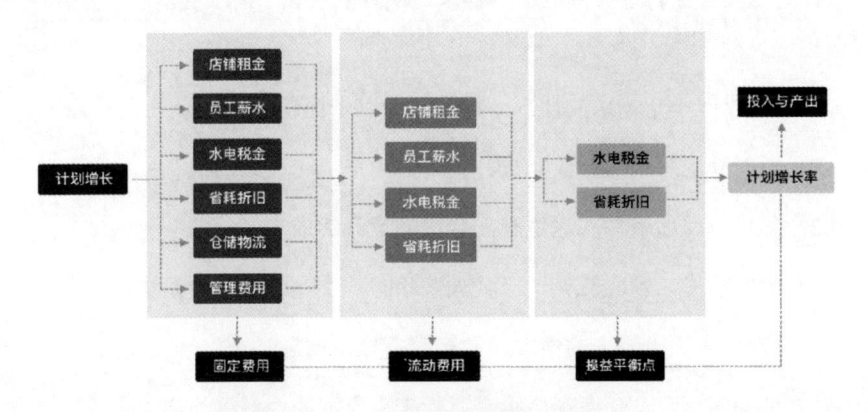

图 1-10　企业经营与损益平衡点

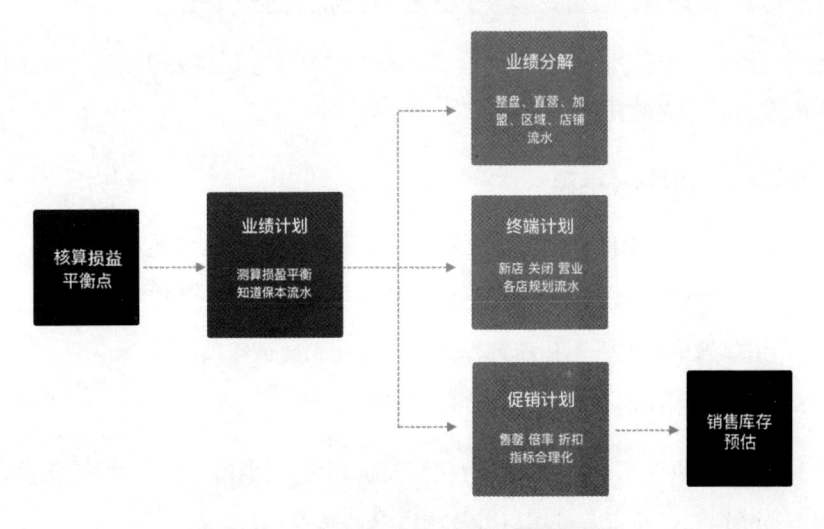

图 1-11　订货前准备-订货中测算思维图

1.4.2　OTB 计划详解

1. OTB 计划的影响

在分析企业的经营状况后，对于制订 OTB 计划来说，一方面我们需要了解需求，进行需求的预测，并平衡来自客户、市场的各方需求；另一方面我们要了解供应情况，包括供应商的备货情况和能力、上游制造商的排产计划和产能、企业当前的存货情况、在途订单等。OTB 计划的核心是寻求"供"与"需"的平衡，如果没有平衡好这些关系，造成供应小于需求，或者供应大于需求的情况，就会让企业的经营出现风险。

如果出现供应小于需求的情况，则会存在以下问题。

（1）不能满足用户的购买需求，会失去用户，也失去商机。

（2）各环节都加班加点地生产，会增加运营的成本。

（3）时间紧迫，各环节处于"救火"状态，生产的质量会无法保证。

如果出现供应大于需求的情况，则会存在以下问题。

（1）增加库存，过高库存会给企业带来表象和隐性双重的危害。

（2）降价清理库存，企业形象会受损，盈利能力会降低。

既然"供"与"需"的平衡如此重要。那么，OTB 计划到底应该如何去做呢？我们来看看需要考虑的几个原则问题。

2. OTB 计划的制订原则

在一般情况下，对于零售企业来说，OTB 订货管理需要考量的因素比较多，但根据目前大多数情况来看，决定 OTB 订货数量的因素有以下几个方面。

（1）销售因素：如畅销和滞销程度，日销售和周销售预测。

（2）现有商品初期库存量。

（3）促销打折因素：平均销售折扣和变价因素，例如，是否有特价促销或促销结束后价格回调；是否有市调后价格调低或调高等。

第 1 章 业务运营之道

（4）线下陈列因素或电商平台售卖展示：是否有其他特殊陈列（挂网、展示架等）；是否有陈列面的扩大或缩小；是否计划在主流流量渠道投放金刚位等。

（5）节假日因素：元旦、春节、劳动节、端午节、国庆节、中秋节等。

（6）季节、气候因素：四个季度中商品的畅销和滞销款转化；下一阶段的天气趋势等。

（7）仓储成本：库存量越大，所投入的人力成本和租金成本越大且损耗越大。

（8）断货分析：上一阶段缺货的原因分析，并根据缺货原因改变订货量，如顾客订货、商品生命周期的变化（从导入期逐步进入成长期）。

因此，根据上述影响 OTB 订货数量的因素，可以得出结论：OTB 订货管理需要做到以下几点。

（1）"适品"，即做到订适合市场需求的款式和合适的品类结构。

（2）"适量"，即做到订合适的商品数量。

（3）"适时"，即贴近合适的商品上市时间及合适的调拨清货时间。

（4）"适价"，即做到合适的商品价格，保证公司盈利且客户接受。

（5）"适场"，即做到订的商品在合适的渠道进行销售。

那么，为了做到上述 5 个 OTB 订货原则，企业必须进行科学的管理和测算，因此，数据分析是必不可少的手段之一。这里会用到前文所提到的"定基比"的概念。我们通过一个案例来看 OTB 计划：假设 A 店要做 2018 年春夏季节的 OTB 计划。首先，我们通过采集去年同期历史销售金额数据（细化到每日），然后根据平均日销售金额，通过定基比的方式计算日权重。通过日权重可以测算出目标销售金额。在获得目标销售金额后，需要将采购金额设置为多少呢？

我们需要从目标销售金额出发，对渠道、时间、商品进行层层分解，以得出各项占比数据，如图 1-12 所示，并结合新一年的库存预期、商品流行趋势、渠道策略等进行采购金额的调整。

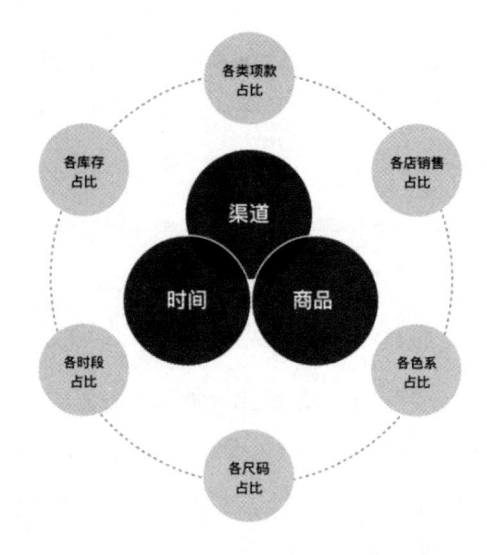

图 1-12　OTB 计划占比示例图

当我们知道目标销售金额之后，可以继续进行采购金额的推导：需要采购什么类型的商品、需要采购的深度是多少才能支撑销售目标？要产生的销售额是由多少品类构成？每个品类的销售占比和宽度是多少？各品类折扣、毛利率定位多少合适？这些问题我们可以通过一些数据指标来进行决策。

首先，当需要确定品类构成和品类款式时，可以参考售罄率和动销率。前文提到，售罄率是在零售领域非常常见且重要的一个指标，对品类定位和补货均有指导意义。那么，在实际商品运营场景中，可以使用公式：售罄率 = 吊牌价销售金额/进货金额×100%。在我们确定品类构成和定位的时候，可以参考以往数据，而售罄率可以说是畅销和滞销款分析的杠杆。例如，当售罄率≥75%时，商品属于畅销款，可以作为补货条件之一；当售罄率为 75%～60%时，商品属于平销款，可以作为适当补货条件之一，需要进行适当的陈列和搭配等销售策略调整；而当售罄率≤60%时，商品可以定义为滞销款，需要加强销售策略。而动销率=动销 SKU/实际 SKU×100%。一般来说，动销率高说明商品款式结构好，适应目标消费群体；动销率低说明商品款式结构差，销售经营差。

其次，毛利率是企业盈利的控制指标，我们需要根据前面计算出来的损益平衡点来倒推目标毛利率。在毛利率指标确定后，即可确定订货成本，这样平均销售折扣也就可以得到了。

最后，我们来看如何规划采购价格和占比。首先，分析同期各品类销售价格段占比，并根据毛利率推算成本范围，根据占比相对较高且处于价格带中间的商品考量是否可以提升价格；然后，考量新计划的目标售罄率；最后，根据目标售罄率，得到采购金额：采购金额=销售价格/销售折扣/目标售罄率。

总之，OTB 计划是在线下企业商品运营过程中非常关键且专业的一步，是决定企业品牌调性及成本结构的起点。综合上述步骤来看，OTB 计划通常会经历销售目标预测、时间段选择、分解大类占比、旧商品销售回顾、新品销售计划设定、企业定位回顾、确定存货水平等步骤，其核心还是根据损益平衡点来进行尺度的把控。作为产品经理，特别是电商产品经理不必成为专业的买手和 OTB 计划高手，但是了解线下采买流程，对于产品经理理解零售业务有很大的帮助。

1.5 补货

1.5.1 补货理论概述

本节介绍补货的相关知识，前文已经介绍了库存管理的相关知识，库存管理始终贯穿在企业运营的过程中，如常见的采购、促销、内配等运营操作手段，其本质都是源自库存和需求的差异。如图 1-13 所示，在不同的业务场景下，库存管理的策略均不相同。比如，当库存即将售罄，需求又很大的情况下，往往会通过采购的手段进行补充，这个过程就是补货。补货是供应链管理中非常重要的一个环节，所以无论线上企业还是线下企业，都不可以忽视补货。可以说，补货技术的优劣直接决定了企业库存管理的成果。为了把补货业务分析透彻，本节从理论和实践角度对其进行说明。

在计划和供应链管理的基础上，补货主要介绍以下内容：首先阐述企业应该何时补货，即补货的时机；然后阐述企业应该补多少货，即补货的数量。

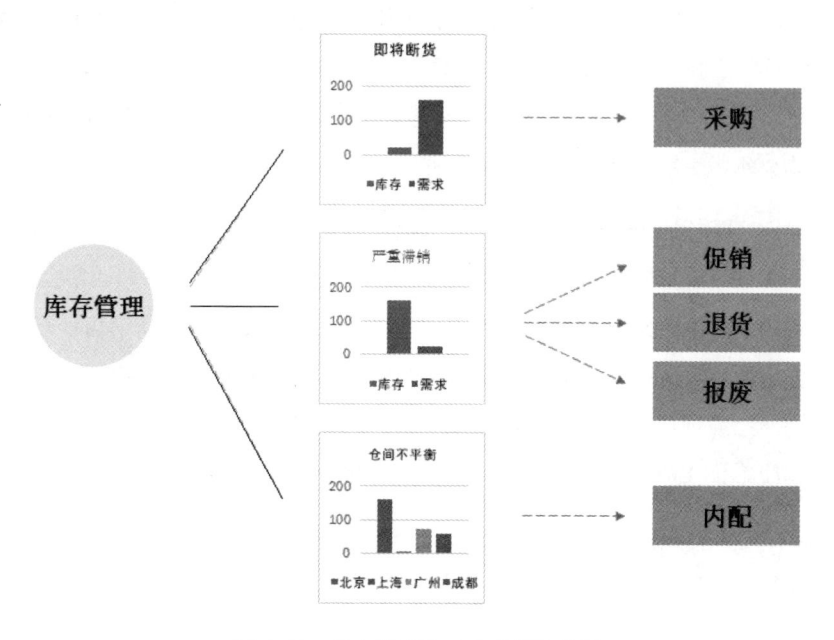

图 1-13　库存管理和对应的操作关系

1.5.2　补货的时机

1. 补货点补货

第一种补货的方式叫作补货点补货。所谓补货点，就是补货的时间节点，也就是什么时候开始补货，如图 1-14 所示。

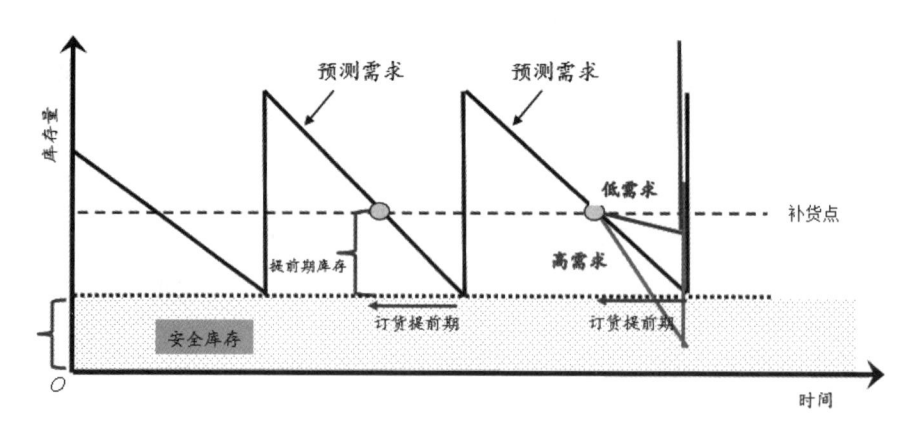

图 1-14　补货点示例图

在图1-14中，横坐标是时间，纵坐标是库存量。在图1-14中，预测需求直线的斜率越大，说明需求消耗越快，反之需求消耗越慢，如图1-14中"高需求""低需求"部分，另外订货量是指当库存量消耗到缺货点，即将消化完时，需要补充库存的数量。在补货到货后，库存量会上升，形成一条竖线，在这个过程中为了保证及时补货，我们必须在订货时预留一个提前期，这个时间点叫作补货点，所以，所谓的按补货点补货，其实是一个时间量的概念，即当我们的需求随着时间的消耗，到达某一个时间点时就需要开始补货，但在实际的落地过程中还有一些变数，如订单是不可能完全按照平均数规律来消耗的。导致这个现象发生的原因有很多，比如，供应商由于某种原因晚到或者需求可能会发生抖动等，都会影响补货点，所以这里需要引入安全库存的概念，在底部建立一个安全库存，可以根据安全库存来提前触发补货操作。

补货点补货有个缺陷：它不是一个提前的计划，补货点补货是指只有当库存量低于补货点的库存量时才会进行补货。因此，可能有读者会问：我怎么知道库存量低于补货点的库存量了呢？这里介绍3种发现库存量已经到达补货点的库存量的方法，即两箱系统、看板和库存记录系统。第一种方法是两箱系统，这是比较传统和原始的方法，即监控库存的使用情况，当第一箱被使用完，第二箱开始被使用时进行补货。这种方法比较传统和古老，就是凭感觉来进行补货。第二种方法是看板，看板类似于卡片，比如，下游工厂需要原料进行生产，而下游工厂在车间里的原料被使用完了，此时需要补充原料，就需要利用一个需求卡片把这个信号传递到上游仓库；在上游仓库中有很多原料箱，且每箱贴有生产卡片，当上游仓库收到下游工厂的需求卡片时，就把原料箱上的生产卡片拿下来，并把需求卡片插上去，这时有原料箱的生产卡片空出来了，就需要把生产卡片附着在货物上送到原料仓库。这时的补货点其实就是这些生产卡片。如今，IT技术发展迅速，补货管理基本都通过系统来监控了，也就是第三种方法——库存记录系统，是目前最为常用的方法，在每次仓库进料或出料时，需要做好系统记录，当系统中库存量小于记录点时就触发补货操作。

2. 定时补货

第二种补货的方式叫作定时补货，从字面理解就是固定一个时间点来补货，和补货点补货不同的是，定时补货按照周期来补货，如图 1-15 所示。在这个系统里，主要问题是如何决定目标库存，目标库存由几个部分组成：安全库存，订货提前期 a 内的平均需求，补货间隔期 b、c 内的平均需求。因此，图中"a+b+c"就等于订货提前期加补货间隔期。综上所述，目标库存公式为：目标库存=安全库存+平均需求×（订货提前期+补货间隔期）。

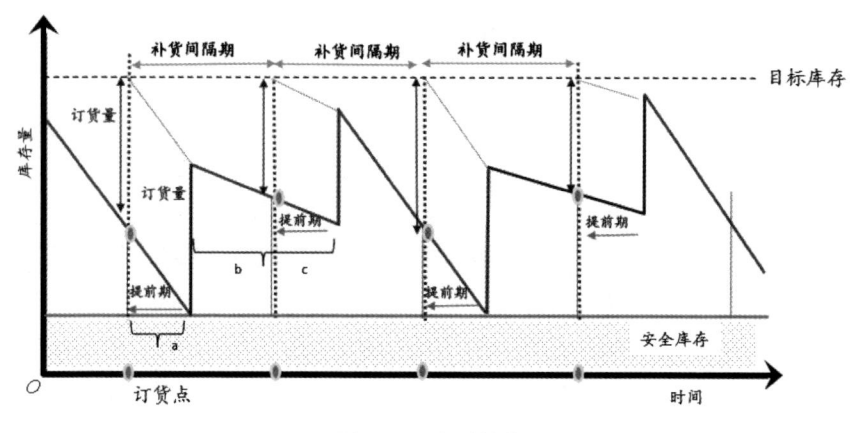

图 1-15 定时补货

1.5.3 补货的数量

从采销的维度来看，补货操作就是要保持合理的现货率和周转天数。也就是说，需要库存保持合理的水平。那么，我们应如何保持合理的库存水平呢？如果说补货的时机能够保障库存的时效性，那么补货的数量就是从库存量上确保库存的合理性。确定补货数量可以分成固定补货数量和不固定补货数量两种。

（1）固定补货数量，即每次固定某个数量的货物，比如，根据运输、包装等要求决定补货数量，或者根据经验决定补货数量。因为固定补货量的准确性是未知的，所以一般都需要配合提前期需求量、订货提前期等推算每次的补货数量，如图 1-16 所示。

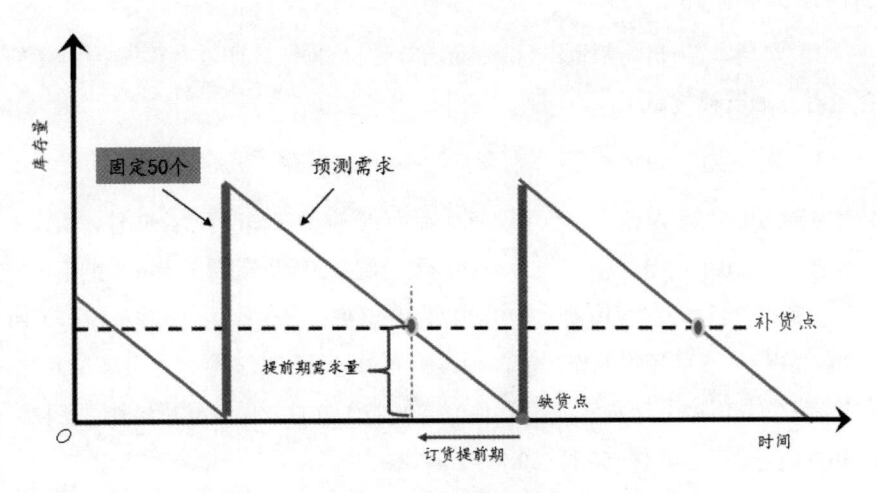

图 1-16 固定补货数量

（2）不固定补货数量，即随着库存慢慢被消耗，只要库存量达到安全库存和补货点的库存量时，就触发补货操作，因为库存消耗具有不确定性，因此补货数量也不确定，即缺多少订多少。

其实，从以上介绍可以看出，无论是哪种补货逻辑，一旦库存量低于补货点的库存量时，就会触发补货操作。在补货计划中，目标库存就是符合库存满足率的目标，补货数量就是需要采购的数量。补货点的库存量、补货数量、目标库存三者共同组成了采购的三要素。

除此之外，采购补货也和供应链的上游供应商密切相关。因此，供应商的能力也决定了补货数量，比如，供货商商品生产或者物流时间长短决定了安全库存。所以，在补货的场景里，我们需要记住几个影响补货周期的概念。

（1）备货周期（BP）：即一次采购量可覆盖的销售天数（也可以理解为采购周期），是一个补货的参数。

（2）VLT：Vendor Lead Time，指供应商送货时长。

（3）NRT：距离下次可下单日的时长。

库存是动态的，可用的库存包含现货库存和在途库存，因此，对于企业的可用库存来说，需要将供应商送货周期，采购周期等在途因子考虑在内，那么，补货数量的计算方式如下。

（1）目标库存=预测日销量×（备货天数+供应商送货时长+采购周期）。

（2）安全库存=日均销量×（供应商送货时长+采购周期），当库存量低于安全库存量时，触发补货操作。

（3）补货数量=目标库存-当前现货库存-在途库存（采购未到货）。

举例说明：假设 A 商品，当前现货库存为 30 件，在途库存为 50 件，预计未来平均日销量为 10 件，正常备货天数为 20 天，供应商送货需要 7 天，采购下单周期是 7 天。那么，目标库存=10 件×（20+7+7）=340 件；安全库存=10 件×（7+7）=140 件（在供应商下一批货物入库之前，顾客的需求只能依靠安全库存来满足）；当前的在途库存（50 件）+现货库存（30 件）=80 件<140 件，触发补货操作。所以，最终的补货数量为：340 件-50 件-30 件=260 件。

1.6 调拨

调拨是发生在多个仓库之间，将库存从一个仓库调拨到另一个仓库的过程。调拨的概念往往容易与移库混淆。与移库所不同的是，移库是发生在同一个仓库内的仓库与库位间的货物调动，而调拨则是发生在仓库与仓库间的货物调动。

从根本上来说，调拨是为了平衡库存供给和消耗的。引发调拨的情况有两种：一种情况是，普通商品一般会由一家主要供应商并配合为数不多的其他几家备用供应商共同提供，而主要供应商一般只发货到某一个库房，其他库房的库存就需要通过调拨的方式进行补充；另一种情况是，各个库房或门店都需要辐射一定区域的用户，这部分用户的购买需求就是库房应该提供的库存量，若本地供应商的供货能力不足或来不及供货，那就需要调拨库存了。

从商品运营上来说，商品调拨是和各个部门息息相关的，也是商品运营工作最频繁的一项。调拨的工作可以解决很多商品结构上的问题：第一，调拨可以解决店铺或仓库之间畅销商品和滞销商品互补的问题；第二，调拨可以解决店铺 SKU 断码率的问题；第三，调拨可以解决店铺的各个大类周转率的问题；第四，调拨可以解决现有的促销活动是否能够给予店铺快速销售商品和提高周转的能力，以及活动的库存是否迎合促销；第五，调拨可以解决库存结构的互补问题，并可以调整店与店之间的内耗。从调拨方式来说，调拨分为主动调拨与被动调拨。

（1）主动调拨：这种调拨方式对应于长期不均衡的问题。例如，一种产品只能在某地采购，那其他地区的客户订购时，如果都要从采购地发货，无论从配送时间还是从配送成本上看，都不是最佳的选择，只有把部分库存配置在当地库房，才能使客户体验最好。所以，较经济的做法就是主动调拨，主动调拨其实是按照预测的客户需求进行调拨。在零售企业下采购单时，某种产品的最佳采购量实际上只与供应商的送货响应时间，以及这段时间内的预计客户需求有关，所以在各个库房之间进行库存配置时，也需要遵循一样的原则，必须考虑未来一段时间内客户的需求。但是，预测往往不是绝对准确的，因此，主动调拨能够很好地平衡各个区域库存之间的差异。

（2）被动调拨：这种调拨方式对应于短期不均衡的问题。例如，某类货物需求量突然加大，各个地区库房内的货物都销售一空，但客户订单还是源源不断地进来。这时为了满足这部分客户的需求，就需要将异地的库存立刻调拨到有需求的库房中。被动调拨其实是按照短期内不能满足的客户订单进行调拨。在理想情况下，对客户的需求预测计算完全正确，就不会出现被动调拨。但在实际的情况下，被动调拨是无法避免的。一旦某件商品出现一个库房无货，而其他库房有货的情况时，为了第一时间满足客户需求，就应该将库存即刻调往客户所在地的库房。

在实际运营操作中，这两种调拨方式并无太大的区别，如果一定要区分开的话，那应该说，被动调拨的优先级更高。整个调拨的发货过程和订单的发货过程类似，都是分为拣货、扫描发货两步。调拨需求一般比客户订单的规模要大很多，即便只有一个调拨要求，其中也可能包括了上百个 SKU、数百件商品，丝毫不亚于一般意义上的批量拣货单。当然，拣货时批次越大越好，因此调拨拣货也是可以按批量拣货的。但在生成批量调拨拣货单时，有的公司将调往不同库房的调拨需求分开，有的则将调往不同库房的调拨需求合在一起。将调往不同库房的调拨需求分开，在后端操作中比较简单，特别是扫描发货的速度很快，因为目的库房一致，可以一边扫描一边装箱，但这种调拨方式的问题在于拣货的效率降低，因为不同库房都需要同样的 SKU 供给消费者，本来能够一次拣完的货，被人为分成了多次。而将调往不同库房的调拨需求合在一起拣货，虽然拣货的效率加快了不少，但是在扫描发货时，要注意将调往各个库房的货品分开装箱，在这个环节中出错的可能性较高，需要优化发货系统和流程，并对人员进行培训。在实际操作调拨的过程中，经常会遇到以下问题。

（1）系统记录与实物不符：产生不符的原因很多，可能是装箱时发生误操作、系统记录时发生错误、配送中发生异常等。在发现异常后，需要将异常的明细记录下来用于调查，与记录相符的商品则按正常流程收进库存并发货。

（2）商品残损：调拨的运输过程是通过货运公司来操作的，商品的损坏也在所难免，在发现商品残损后，需要将商品残损明细记录下来，并将残损商品放入不可销售库存，将正常商品放入可销售库存。残损的商品按照和货运公司的协议合同进行处理和索赔。

1.7 仓储

1.7.1 概述

谈到仓储，人们总是会很自然地产生联想：在一个大的仓库中有杂七杂八的商品堆积。这是大众对"仓储"一词最直观的印象。其实"仓储"是一门充满学问与前景的行业，如果没有仓储，则一切电商或零售业务都是空谈。了解过仓储物流行业的读者应该都接触过"现代仓储管理"这门课程，对仓储的"先进先出原则""ABC管理原则"一定非常熟悉。当然，仓储不是简单几句话就可以解释清楚的，但是将仓储的所有运作环节概括起来就是5个环节，即入仓、上架、盘点、库存管理、差异处理。其中，入仓，即通常所说的验收商品入仓；上架，即围绕发货进行的一系列作业，包括订单处理、拣货、复核、包装到出库的所有环节；盘点，即库存盘点；库存管理，包括库位的设置、移库、补货等围绕库存进行的作业；差异处理，是指仓库里的异常处理，包括退换货处理、库存、发运等仓库内的一切异常问题处理。仓库示意图如图1-17所示。本节介绍仓储的基本业务知识和流程，这部分业务知识是电商仓储模块的元认知知识，是理解仓储管理系统（WMS）、库存管理系统等核心系统的基础。

图 1-17　仓库示意图

1.7.2　仓储货位

如今，仓储空间管理技术得到了快速发展，但是无论技术如何变化，应用如何广泛，货位永远是仓储管理的基础，支撑着 WMS 的建设。很多仓储业务，如入仓、出仓、拣货、上架等都和货位有千丝万缕的联系。而货位的发展和逻辑是来自线下业务场景的，货位系统也是随着 B2C 行业和业务需求的逐步发展，从简单到复杂发展而来的。需要说明的是，下面介绍的几种货位系统并不是相互独立的，而是一步步演进而成的。简单的系统往往是复杂系统的基础，复杂系统是简单系统的升级。

1. 一对一对应

在没有货位系统的情况下，库房管理大量 SKU 所遇到的最为迫切的问题是找不到所需要的 SKU 在哪里。因为库房太大、东西太多，而人脑的记忆力是有限的，所以我们无法完全记住大规模的货位信息。为了解决这个问题，最为简单的解决方法就是把商品和货位进行信息映射，具体步骤如下。

（1）将库房分成多块区域，分别命名为 Location 1，Location 2……

（2）把某个 SKU 放到其中一个 Location 中，再将这一信息记录下来，并形成一张表格，如表 1-1 所示。在该表格中，商品与货位信息是一对一对应的关系。

表 1-1　商品与货位信息一对一对应

商　品	货　位　信　息
SKU1	Location1
SKU2	Location2

（3）在每次往库房中放商品时，先查一下这张对应表，如果这些商品已经有记录了，就放到记录的 Location 中；如果这些商品还没有记录，就先放到某个 Location 中，再把相应的 Location 信息添加到表格中。

（4）在每次需要使用某一商品时，也同样查表得到这一商品对应的 Location，然后去对应的 Location 上取货即可。

只要按照这一流程，一直维护该表格，就会将所有商品的货位信息填入表格，这样就解决了之前提到的最为迫切的问题。

【扩展知识】货位编号

货位编号是货位信息化的基础，是指将库房、货场、货架、料区、货垛等按照地点、位置顺序进行统一编码的编号。货位编号的一般方法包括区段式编号、品项群式编号和地址式编号。目前，地址式编号较为常用，常见的货位编号为"X-X-X-X"，例如，"13-15-2-26"表示 13 号库、15 号货架、第 2 层、第 26 号货位。

2. 多对一对应

"一对一对应"货位系统解决了最为迫切的问题，但在使用过程中发现：这一架构的明显问题是可管理的 SKU 数量有限。例如，在一个 10 000m² 的库房中，除大约 4000m² 用于收、发货操作以外，大约有 6000m² 可以用于存储。在存储区域中，通道的面积占了至少 60% 的总面积，实际的仓储面积大约只有 2400m²。假设货架有 4 层，每层高 0.4m，则实际可用存储面积大约是 9600m²。假设每个 Location 的截面积为 0.6m×0.6m，即 0.36m²，则可使用的总 Location 大约为 2.67 万个（在以上的计算中，每个货位的最大存储容积仅为 0.6m×0.6m×0.4m=0.144m³）。如果 SKU 中存在畅销品，且库存量较大，体积超过 0.15m³，一个 Location 放不下，则需要占用更多的空间，能够使用的 Location 数量就比较少了。如果 SKU 中有大体积的商品，如冰箱、洗衣机等，则能够使用的 Location 数量就更少了。这一问题的解决方法也很简单：将表 1-1 中一对一对应的关系，改为多对一对应的关系，即在同一个 Location 中存放多个 SKU，如表 1-2 所示，Location 1 中同时有 SKU1 和 SKU2 两种商品。

表 1-2　商品与货位信息多对一对应

商　品	货 位 信 息
SKU1	Location1
SKU2	Location2
SKU3	Location1

3. 多对多对应

使用"多对一对应"货位系统，能够大大提升库房管理 SKU 的数量，但是同样存在问题：在某一个 SKU 大量备货后，相应货位无法全部放下。这是由于受到存货器具（包括货架、托盘等）的限制，库房中单位区域大小是大致固定的，一个 Location 最大也不会超过一个托盘的大小。但是，库房所管理实物的数量是不确定的，某些特殊促销的 SKU 在一天内的销售量有可能超过 1000 件，因此这些 SKU 会在促销前大量备货，而一个 Location 根本无法容纳所备商品。这是"多对一对应"货位系统的最大问题。问题的解决方法也很简单，在"多对一对应"货位系统中，货位的表格是多对一对应的关系，即一个 SKU 只能放在一个 Location 中，而一个 Location 中可以存放多个 SKU；如果将这一关系进一步拓展，形成多对多对应的关系，即一个 SKU 能放在多个 Location 中，而一个 Location 中也可以存放多个 SKU，则解决了某一个 SKU 大量备货所遇到的问题。一个货位放不下，那就放到第二个货位；两个货位放不下，那就放到第三个货位……如表 1-3 所示。

表 1-3　商品与货位信息多对多对应

商　品	货 位 信 息
SKU1	Location1
SKU1	Location2
SKU2	Location2
SKU3	Location3

"多对多对应"货位系统的对应逻辑能够满足大部分业务的要求,但是会出现信息冗余、理货困难等问题,因此,随着业务的发展,在"多对多对应"货位系统对应关系的基础上,增加货位数量、安全库存和最大库存量等信息,以满足业务的需要,动态地整理货架上的产品,如表1-4所示。例如,在货位系统中增加货位对应的商品数量、安全库存和最大库存量等信息,在触发转移或补货逻辑时,将一段时间内的热销品移到货位体积较大的区域;将销售比较慢的产品移到货位体积较小的区域,或者和别的产品放到同一个区域;将分散在多个货位的同一个产品合并到一起。

表 1-4 增加货位数量、安全库存和最大库存量信息

商 品	货 位 信 息	货 位 数 量	安 全 库 存	最大库存量
SKU1	Location1	QTY1	Secure QTY1	MAX QTY1
SKU2	Location2	QTY2	Secure QTY2	MAX QTY2
SKU3	Location3	QTY3	Secure QTY3	MAX QTY3

总之,仓储的库位管理是 WMS 和业务流程的基础之一,库位管理是仓储作业与管理系统的结合点。在理论上,如果采用了库存商品编码方式(即每个产品都贴上按前述方式产生的库存商品编码),加之严格对应的库位管理,则任何商品都是拣货可指引、出库可校验、商品可追溯的。库位和仓储其他基础模块的逻辑关系如图 1-18 所示。

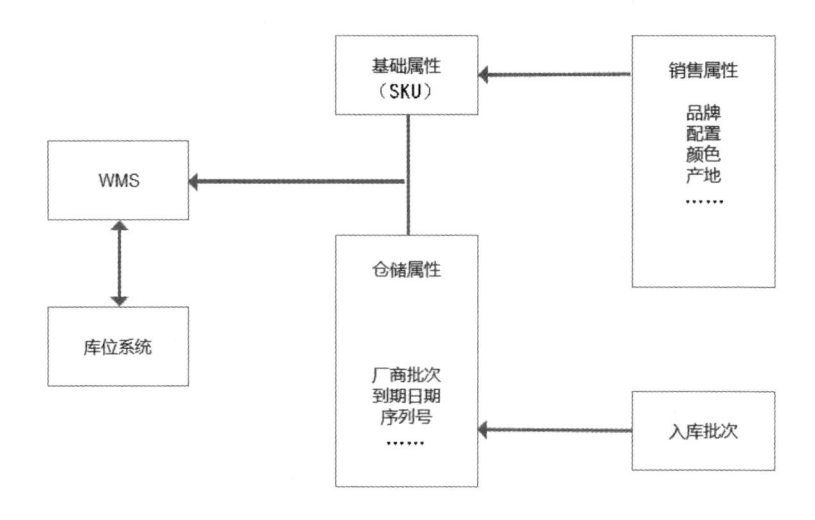

图 1-18 库位和仓储其他基础模块的逻辑关系

1.7.3 仓储规划

在仓储管理中，库位管理就是利用存放商品的位置使商品处于"被保管状态"，并且能够明确显示所储存的位置，同时当商品的位置发生变化时能够准确记录，使管理者能够随时掌握商品的数量、位置和去向。而无论线上电商企业还是线下零售企业，在进行仓储规划前，都应该先采集一段时间的关键数据，如商品信息、日均单量、订单行、作业效率、库存存量等；然后，分析订单的出货特点和业务规律，从而初步判断出所需仓库的规模、仓库类型、货架的类型和数量、设备和包材的选择，以及人员的配置甚至业务流程的初步模型。

在仓储规划的数据分析过程中，还需要同时分析日常的数据和大促活动时的数据，从而综合考虑各项数据来创建仓储模型。在进行仓储规划时，我们可以根据之前的数据分析结果，从全局角度来规划所需要的各项功能区，以及各项功能区所需要的面积和货架等，并在规划功能区时注意各项功能区之间，以及单个功能区内部的动线，预留好主辅通道，有平衡重或者前移式叉车的仓库还要注意各通道的宽度，预留好安全距离。下面我们通过一个典型的 B2C 仓储功能区域划分平面图来简要介绍仓储功能区的规划，如图 1-19 所示。

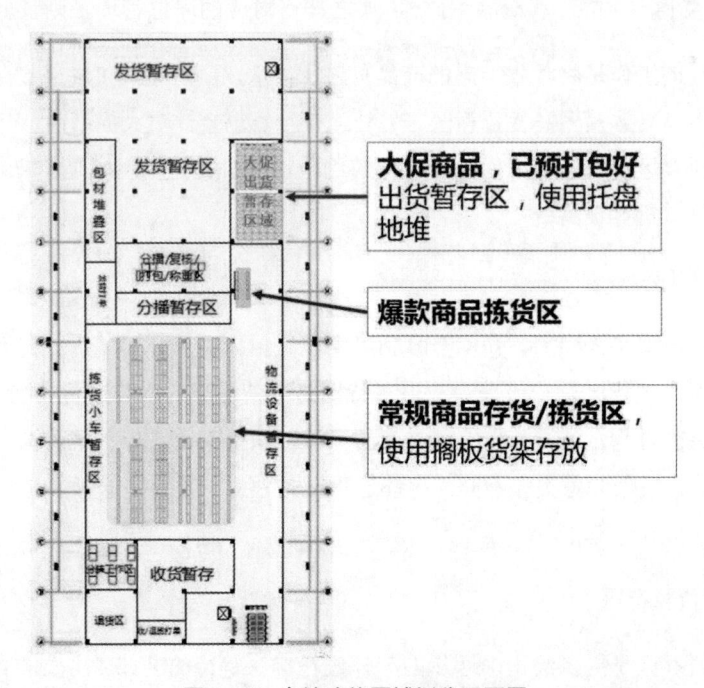

图 1-19　仓储功能区域划分平面图

1. 月台

月台的建立是为方便车辆的卸货和装货。一般会设计成与车辆高度相近的月台。

2. 拣货区

拣货区通常是根据货位存放商品的地方，拣货人员通过系统提示的商品和货位的映射关系进行拣货。拣货区是仓储管理的重点区域，其效率与上架策略、拣货路径规划等息息相关，如果更精细一些，拣货区还会根据销量预测系统生成爆款商品拣货区，并根据销售规律、系统建议等因素，提前将预测的爆款商品放入爆款商品拣货区，以便在大促活动时或爆款产生后，快速进行出库。

3. 分播暂存区

分播暂存区是用来暂时存放拣选区所选定的商品的地方，以便进行二次分拣。那么，为什么会有分播暂存区？假如一个仓库分为很多个区域，每个区域单独存放一个或几个品类的商品，在拣选时，就需要将每个区选定的商品送到分播暂存区，然后进行分播、复核、称重，最后送往发货区。

4. 发货区

发货区的工作是将收集上来的商品打包、称重，粘贴面单和快递单，准备发票等，然后将包裹放置到发货暂存区。另外，有时候也会针对大促商品，开辟出大促商品出货暂存区，以应对大促快速订单履约的需求。在这个区域至少要有 PDA 手持终端、打单机等设备。

5. 退货区

当有商品退货入库后，仓库会收到入库申请单，这部分和采购流程类似，退货的商品会进入退货区，一般来说，退货特别是自营类型的商品退货（如京东），都会有一个验收过程，以便分辨出哪些商品可以二次上架，哪些商品只能进行残次品处理。因此，根据业务类型不同，有些退货区是独立的，有些退货区是和采购入库的收货区合并在一起的。

6. 收货暂存区

收货暂存区是提供给集中送货的车辆进行排序等待的区域，比如，某公司和供应商约定 20 号送货，结果 19 号货就到了，或者 21 号货才到，这时只能让送货车辆在收货暂存区等待，待仓库准备完毕后再调度车辆入场。在送货车辆等待的这段时间，仓库需要准备卸货用的拖车、验货用的周转箱或托盘、暂存区域的空位、验货人员和运转操作员，所以供货商早到或晚到都会对仓库运营产生影响。送货司机在将货车停放到收货暂存区后，他需要将送货单送到收单处，收单处就会核验这个送货单涉及的供货商、送货时间、对应的采购单等信息。

1.7.4 仓储作业流程

上一节介绍了仓储的基础结构和功能规划，从中我们了解了仓储的基本概念和仓储管理的元知识。在此基础上，本节介绍仓储作业流程，帮助读者理解货物在仓库中是如何流转的，以及仓库如何入库、如何上架、如何拣货等仓储相关知识。这对我们理解 WMS、订单系统、库存系统等电商核心系统至关重要。

1. 普通商品入库和上架流程

在介绍入库流程之前，我们需要了解一下仓库内货物的来源，一般入库包括采购入库、退货入库、调拨入库、盘盈入库、其他入库等业务模块。其中，采购入库通常是指采销员给供应商下达一个采购单，供应商通过预约系统预约了送货时间，并在预约送货时间将货物送到了库房，库房工作人员进行收货并核查验收出单，完成采购入库的工作。调拨入库是指把商品在仓库内或仓库间进行位置或数量的调整，调拨业务一般分成仓内调拨和仓间调拨：仓内调拨是仓库内部的调整，一般是将商品从某个货位调整到另外一个货位，如补充库存或方便拣货等场景；仓间调拨一般是仓库与仓库之间的商品调整，如仓间调拨补货等场景。盘盈入库一般是指盘点时盈亏处理的入库方式。此外其他入库方式还有生产入库、报损入库、编码调整入库等，根据不同行业或者业务模式均有区分。我们可以通过采购入库的过程来看货物的来源细节，并由此厘清整个过程上下游的对接细节。

（1）下采购单：当销售部门需要某库存商品时，采购部门会在系统中的采购模块下采购单，待运营或财审人员审批通过后，会将采购单下发到供应商系统的指定供应商账号。整个过程看似简单，但是要注意：一般在创建一个采购单时，会根据业务规则和公司组织架构流程进行多重校验。那么，一个采购单的生成会涉及哪些校验环节呢？一般在针对一个采购单进行业务创建时，往往会根据系统中的商品配置、库房配置、人事系统、供应商系统、采购定价系统等进行多重校验，需要校验的项目也比较繁杂，包括商品合法性校验、商品库房校验、配送中心信息校验、建单人事部门审批、供应商资质校验证、合同校验、价格校验等。当通过相关业务确认无误后，采购单才算真正建立并可以传递到供应商处。

（2）在采购单传递到供应商处后，供应商系统会同步接收到采购请求信息，在系统内会明确显示未送货列表。这时供应商需要在系统里的采购回告模块对采购数量、预计发货时间等做出回告，通知销售方。采购单回告的目的为：一是采销能及时了解供应商的实时库存情况；二是供应商通过回告可以得到最精确的采购数量，解决断货率的问题。

（3）当回告完成后，就会进入打款流程，供应商会按照约定送货，此时采购单状态变为等待入库状态，并且系统会将采购单下发到 WMS 中，形成采购通知单。与此同时，供应商可以在系统内进行入库预约操作。

（4）在预约审批完成后，供应商会收到一个约定送货时间。

此时，入库前的业务流程就准备完毕了，接着就需要供应商如期提供商品到仓库了。上述过程就是在入库前，上下游业务各方必须进行的业务对接流程。一般在业务初期，往往会采用人工下单的方式进行采购。如果企业规模和供应商规模足够大，那么产品化的采购系统对接就必不可少，其逻辑也是如此。接下来，在商品到达仓库后，仓库工作人员需要完成以下工作。

当供应商的商品到达仓库并准备入库时，普遍的流程为：接收商品准备→核对凭证→商品验收→接收上架。在接收商品准备阶段，一般都会通过 WMS 收到上游业务下达的入库预约，在掌握准备到货的收货商品的品类、数量、到货地点、日期等具体情况后，会安排人力准备接收商品。在商品到仓后，接收人员会根据运单和相关凭证核对到货的品类、规格、数量、供应商信息等，同时检查外观包装；如果到货有损坏或与记录不符，则会同承运方共同查清并开具凭证证明；如果到货无问题，则会办理交接手续。在商品验收通过后，仓库内部会对其进行上架，形成真正的库存。具体的入库和上架流程如图 1-20 所示。

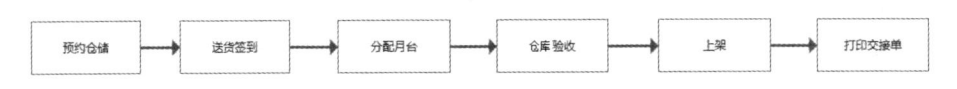

预约仓储 → 送货签到 → 分配月台 → 仓库验收 → 上架 → 打印交接单

图 1-20 入库和上架流程

上架业务是商品正式成为可售库存的第一步,之所以将这部分单独介绍,是因为上架业务涉及库存和仓储规划区域的关系,是在仓储业务中承上启下的重要环节。那么供应商的商品和仓储规划的区域到底有什么样的逻辑关系呢?

在阐述入库和上架流程之前,我们先根据前面章节的内容,进行一个细致的回顾。

目前,现代电商仓储所定位的功能更多的是"周转"而非"存储",也就是说货物在仓库内快进快出是大型电商仓储的核心策略。如前文所描述的逻辑:大型电商的仓储中心为了能够放置几十万甚至几百万 SKU 的商品,通常会采用随机存储(Random Store)技术,通俗来说,就是多货多位,一个货位上有多个 SKU,一个 SKU 放在多个货位上。而这些常规存放 SKU 的地方就是一般仓储规划的拣货区。那么,拣货区是如何放置商品的呢?在拣货区使用"多对多对应"货位系统进行上架时,上架人员看到就近货位上有空间能够放置商品,可以直接进行上架操作,无须寻找系统推荐的上架货位,从而做到快速上架。但该策略有几个重点需要注意:①一个货位上的 SKU 数量不能过多,应当有一个临界值,当数量超过这个临界值时,拣货、盘点会相当困难,所耗费的时间也会大量增加,从整体来说效率并不高;②在上架操作时,最好使用能实时传输数据的设备,如 RF 设备,只要商品上架完成即可销售,若使用单据操作,则会有较长时间的延迟;③对于要进行批次管理、要做到先进先出的仓储中心来说,一个货位上的同一个 SKU 商品只能有一个批次,若一次进货的一个 SKU 商品有多个批次,则需要将它们分别上架到不同货位上,否则无法进行先进先出管理。

下面我们来看收货区,对于收货区来说,我们需要回顾一下前文的入库流程,并对入库细节进一步解构:在供应商商品到货后,仓库工作人员会根据 WMS 中生成的采购通知单形成一个质量检测报告,并通过扫描系统获取收货的商品属性、数量等信息;然后,工作人员根据流程,将到货的商品一一核查,区分出正品和残次品后提交质量检测报告,再根据搬运单将正品和残次品搬运到收货暂存区,并将存放正品和残次品的箱号和库位做映射;最后,这些商品由收货暂存区上架到拣货区,并进行贴条形码工作。

上述流程是上架业务的发生场景,那么在上架时,上架人员需要根据业务策略,遵循一定的规则来操作,例如,首先,上架人员需要判定上架商品是正品还是残品，并将正品存放在正品库位，将残品存放在残品库位。如果要将相同的商品放在相邻的库位，则优先推荐相邻且容积大的库位。其次，上架人员需要知道，拣货区不能放太多同类商品，不然会影响其他商品的上架，但同类商品也不能太少，这是因为如果拣货区的同类商品太少，会造成频繁补货。最后，上架人员每上架一个商品都需要使用PDA手持终端扫描货架位置和商品条码，将二者绑定在一起。

在上架过程中，往往会出现差异，那么对于差异，我们需要把握以下处理方法。

（1）在周转箱商品的实物数量小于系统数量时，需要和当时的质检员/供货商确认是以实物数量为准还是以系统数量为准。如果以实物数量为准，则更新系统数量；如果以系统数量为准，则生成损益单，报给财务。

（2）如果待上架库位有A商品，则可以采用两种解决方法。第一种方法是将待上架库位的A商品进行移库处理，整理出库位给待上架商品。具体操作步骤为：制单员下发A商品的盘点单，并在盘点完毕后，更正系统中A商品的待拣数量；同时下发A商品的移库单，整理A商品的库位；最后，将待上架商品进行上架操作。第二种解决方法是不使用A商品所占用的库位，重新生成上架单。

综上所述，根据普适性，我们介绍了入库和上架的流程细节，但是在现实场景中还要根据业务逻辑考虑单独的入库、上架逻辑，特别是医药、食品行业对保质期、生产日期、批次等有严格的要求，此时就需要在入库、上架环节记录其批次或时间参数，作为订单出库的考虑维度。另外，根据商品的体积，我们也会进行区分，如家居类商品、大型电器类商品的存储往往会影响其拣货策略，因此都会归入大件库。

2. 普通仓库库内作业

当商品成功入库并上架后，就会产生库存，并且可以进行销售了，但是，在商品销售之前，存储在货位上的商品不是静静地放在货架上，等待出售的，还需要进行一系列仓库内部的管理工作，我们称之为"库内作业"，核心的库内作业包括盘点、移库和补货，如图1-21所示。

第1章 业务运营之道

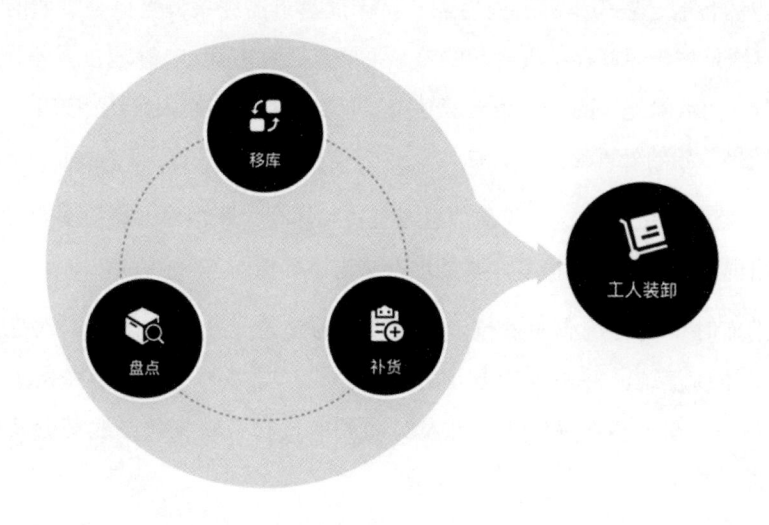

图 1-21 库内作业

1）盘点

盘点是一个仓库管理手段，也是一个财务手段。盘点主要是解决实物数量及位置和系统数量及位置的一致性问题，其目的是保证库存准确性。从财务的角度来看，盘点是将实物清点结果和财务账面结果进行对比，从而发现实物库存和账面库存之间的差异，并及时纠正和调整。盘点的维度可以分为品类、库区、批次、供应商等。盘点的方式基本分为明盘和暗盘两种：明盘是指系统按照盘点维度列出仓库中商品所在的位置和数量，并将盘点单下发到盘点人员的PDA手持终端，盘点人员按照盘点单上的库存记录去逐一核实，并将实际库存情况填入盘点单上的实物库存列；暗盘是指系统按照盘点维度列出仓库中的商品所在位置，货品数量不打印到盘点单上，并将空白表单下发给盘点人员，盘点人员将仓库实际看到的货品手工填入盘点单。两种盘点方式各有优缺点，明盘的优点在于盘点速度快，基本不存在漏盘，可以迅速得出库存盈亏；缺点在于存在人员作弊等问题。暗盘的优点在于可以较为真实地反映仓储水平，防止人员作弊；缺点在于效率低下，数据整理困难。因此，一般可以采用两者结合的方式，比如，明盘一般用于周期较短的盘点（月盘点或周盘点）；暗盘一般用于周期较长的盘点（年度盘点或季度盘点）。

盘点的目的是发现差异并及时纠正，因此盘点的结果调整也是重要的工作之一。盘点结果与账面库存结果之间的差异主要包括数量差异、存放位置差异和存货质量差异。而消除差异的办法是与差异类型和发生差异的原因密切相关的。下面介绍盘点结果差异的处理办法。

（1）盘盈的处理办法。盘盈的意思是实物库存比账面库存数量多。在现实情况中，出现盘盈的原因有很多，其处理办法也不尽相同。

①出库时少发货造成的盘盈。这时要及时追查上一次盘点与本次盘点之间该商品的出库记录，并与收货方及时联系，找到是哪一笔出库单少发了，并商量解决办法。在大多数情况下，收货方收到的货物有缺失，一般都会及时联系仓库或货主单位。

- 如果收货方要求补发，则在账面外（WMS 外）做补发货处理，无须做账务登记。
- 如果收货方不要求补发，则可以找到原出库单，修改出库单内容（减少出库数量）。但实际情况是，对于已经完成出库的出库单，很多 WMS 是不支持修改功能的，这种情况下需要进行退货入库操作。不管是修改出库数量还是进行退货入库，都需要通知货主单位，以确保仓库库存和货主单位库存保持一致。

②入库时多收货造成的盘盈：入库时多收货而没有记录入账，导致实物库存比账面库存多，多出的部分一般叫作账外库存。账外库存可能供应商有记录，而仓库忘了记录；也有可能供应商自己也忘了记录。

- 如果供应商知道自己多发了货，则可以修改当时的入库单，增加入库数量。当然，如果时间较长，可能当时入库的一部分商品已经被出库或被移动等，无法修改入库单，则采取下一条所述方法。
- 补充入库单，并在入库单的备注里详细描述补充入库的原因。
- 在供应商也没有记录的情况下，这时就是真正的盘盈。真正盘盈的内容，要做盘盈入库，并通报供应商。

③客户退货记录未填造成的盘盈：客户退货的正常流程应该是客户先通知供应商退货，供应商再通知仓库负责接收。但在实际操作中往往是相反的，仓

库可能会先收到货,而供应商并不知情,这时就要及时和供应商沟通,及时做退货登记。

- 如果是退货记录未登记,则及时补登退货记录,并通报供应商核对退货信息。
- 如果发现有瑕疵品(退货原因大多是因为出现瑕疵),则要及时做次品标识,或者冻结。

(2)盘亏的处理办法。盘亏,就是将盘点结果(实物库存)与账面库存进行对比,发现实物库存比账面库存少。产生盘亏的原因是多方面的,主要有出库未记账、破损未记账、散装货计数误差(小数点误差)、出库拿错货。在出现盘亏情况时,如果不进行及时处理,很容易影响正常的出库业务。供应商有可能按照账面库存的最大数量来下达出库指令,但这时实物库存不足,会影响发货效率,甚至产生业务纠纷。

①出库未记账造成的盘亏,主要包括正常出库未记账和退回给供应商未记账等。在仓库业务比较繁忙时,由于一些特殊的原因,仓库其实发货了,但没有及时记账,造成仓库实物库存减少,但账面库存因没有记账而没有减少,从而造成盘亏。

- 如果是正常出库数量发超了,则要找到原始出库单,并修改出库单的出库数量(增加账面上的出库数量)。
- 如果是忘记进行出库登记了,则要及时补填出库单。
- 如果是退货出库(返还给供应商单位)没有进行登记,则要及时找到退货依据,并及时做好退货出库记录,同时要求供应商做好退货接收的补登手续,以保证双方账目一致。

②破损处理未记账造成的盘亏:在日常管理中,发现商品有质量问题,并对其进行了实物处理,但未及时进行账务处理,导致实物库存与账面库存不符。

- 因为变质、损毁等导致商品被直接废弃,但没有进行损毁品的出库账务处理,这时在 WMS 账务上要及时进行"减库"操作。其一,可以进行退货出库,将废弃的商品出货给供应商;其二,如果损毁责任由仓库企业承担,则出库的收货单位是仓库企业。

- 由于淋湿、破损等导致商品被下架隔离，这时要及时在 WMS 账务上做隔离标记：一种做法是直接将破损商品在原货位上冻结；另一种做法是将破损商品移动到次品区，同时在 WMS 账务上做次品移动记录。

③散装货计数误差（小数点误差）造成的盘亏。由于小数点误差导致数量存在差异，一方面可以在合同上约定允许的误差范围；另一方面，可以通过增加虚拟入库（哪怕这个入库数量只有零点零几的内容）来平衡误差。

④出库拿错货造成的盘亏：由于拣货人员不熟练或不小心（也有可能是拣货指令不清晰、货位设置不清晰、货品外包装容易混淆等）将 B 商品当作 A 商品出库，造成 B 商品出现盘亏，而 A 商品出现盘盈。由于发错货造成的换货处理，要及时找到 A 商品的出库记录，找出是哪一单拿错了货，然后做换货处理。因为换货操作是在账外处理的，所以换货操作产生的费用，也应该在账外处理。

⑤无可追溯原因的盘亏：确实找不到商品缺少的原因。这是真正的盘亏结果，需要凭经验来判定，比如，食品或高货值电子品，会不会有失窃的情况。出现真实的盘亏情况可以有以下几种处理办法。

- 由仓库企业赔偿，在市场上购买对应商品来补齐实物库存。这种情况是维持账面库存不变，增加实物库存。
- 由仓库企业赔偿，供应商允许做一次虚拟出库，收货人是仓库企业。这种情况是维持实物库存不变，减少账面库存。
- 获得供应商的谅解，从供应商的生产线上获得商品来补齐盘亏的实物数量。实际上，在流通环节中出现货物亏空是大概率事件，只要不是特大规模的数量损失，只要仓库企业态度诚恳、服务到位，和供应商处理好关系，大多能获得供应商的谅解。

（3）存放位置差异的处理。存放位置差异一般是由于没有按照拣货规则来拣货造成的。在正规的 WMS 中，系统都会按照拣货规则（一般是先进先出规则）来指定每个商品的拣货位置。但实际情况是，搬运人员为了省事，往往会直接搬运离门口近的货，或者因为待拣货的商品被压在几层托盘底部，搬运人员不愿挪动，所以他会直接取最外层的。如果搬运人员根本不按拣货指令搬运货品，那整个仓库管理就肯定乱套了，这是最基本的管理问题，或者说是执行力问题。

- 如果是偶然的搬运错误，并在短期内发现的话，则可以修改搬运指令，把原来指定的货位调整为实际发生的货位。
- 如果经过了较长时间，而且原来指定货位的商品也发生了变动，这时已经无法直接恢复了，只能采取库存调整的办法，这里的库存调整，不是调整数量，而是调整现有货品的存放位置，以及实际的生产日期、批次号等内容。

（4）存货质量差异的处理。存货质量差异一般为：账面库存是完好的，实物库存是有破损的或过期的。存货质量差异主要与日常管理失控相关，比如，没定期巡检仓库，导致未及时发现破损商品，或者虽然发现了破损商品，但未及时做账务处理；未按照先进先出做出库拣货，导致早期商品长期积压最终超过保质期等。

- 如果出现破损差异的情况，则要及时申报破损内容，并做账务处理（次品处理或冻结），同时加强仓库巡检，早发现、早汇报、早处理。
- 如果出现超过保质期的情况，则要加强"先进先出"拣货原则的监督落实，制定保质期报警策略。

总之，盘点差异，无论盘盈还是盘亏，对于仓库企业来说，都不是好事。盘盈和盘亏的处理，要根据实际情况来确定，而不是简单地进行盘盈入库、盘亏出库。在盘点结果处理上，需要产品经理根据业务逻辑提供健壮的 WMS 和 ERP 系统对接，做好库存调整。

2）补货

此处涉及的补货和前文所述的商品补货不同，前文所述的补货是在供应链层面对销售商品进行补货，其目的是为了提高订单履约率。此处涉及的补货是在仓库内的补货。我们在仓储规划中了解到不同的仓储区域存在不同的功能，各个功能区之间会存在补货的逻辑，仓储功能区包括月台、拣货区、分播暂存区、发货区、退货区、收货暂存区等，那么不同区域之间的逻辑关系是怎么样的呢？一般来说，商品都是从拣货区通过拣货的方式转移到集货区，而拣货区的商品是通过补货的方式生成的。拣货区的补货动作一般分为常规补货和紧急补货。常规补货是指当系统判断拣货区的商品数量低于最低阈值时，就会触发补货流程，补充拣货区的货位商品；

而当拣货单未生成时，在对拣选区商品进行数量校验的过程中，发现拣选区商品不足，就会触发紧急补货。

3）移库

移库主要是库内的位置调整，一般发生在提高拣货效率、优化拣货路径的场景中，移库一般分为两大类：一类是货架之间的移动，另一类是区域之间的移动。比如，促销商品转移到促销区域，赠品单放。

除了盘点、移库、补货作业，对于多仓的业务场景，还会发生仓库之间的调拨作业，具体调拨的策略和业务要点见本章1.6节。

3. 普通仓库出库作业

所谓出库，就是商品从仓库发出给客户的库内作业过程，常见类型包括销售出库、采购退货出库、调拨出库、盘亏出库、其他出库等。当某一类型的出库订单产生后，就进入出库环节，那么，在出库过程中，仓库内会发生什么呢？如图1-22所示，当出库订单产生后，WMS会根据订单信息定位商品位置，并在拣货人员的手持终端上形成并分配拣货任务；拣货人员在完成拣货任务后，会将拣选的商品上架到集货区的货架，并在提交拣选单后进入复核阶段；复核人员根据订单明细在集货区位置拣选商品，并在拣选完毕后扫描商品条码，核对数量、种类，在确认无误后通过系统打印面单，将商品装箱，并称重打包，打包的商品放置在出库暂存区进行交付配送准备。在出库交接时，工作人员通过PDA手持终端扫描订单号，如果此订单在系统中的状态是取消订单，则此包裹不予出库。如果此订单没有任何问题，则系统会调用快递系统，给出运单号，并由工作人员打印运单。此时，运单和订单产生关联，工作人员将运单粘贴到包裹上，并和配送员定时交接包裹，完成包裹的出库。

计算机定位商品位置 → 分配拣货任务 → 打印任务单、发票、面单 → 执行拣货任务 → 复核校验出库商品 → 商品打包 → 交付配送

图 1-22　仓储出库流程

上述看似很简单的流程，实际背后逻辑非常复杂。例如，在拣货环节，当拣货任务触发时，会按照任务优先级在区内排队，拣货人员往往会通过系统获得相应的拣货任务，如图1-23所示。系统会帮助拣货人员选取任务类型，如优先级配置最高任务单（需要优先出库的）。如果业务比较复杂，则会涉及不同的拣货任务类型。常见的拣货任务类型包括普通订单出库拣货任务、大宗订单出库拣货任务、合约订单出库拣货任务、退供应商拣货任务、内配拣货任务、大库出备件库拣货任务、赠品出库拣货任务等。那么，针对繁杂的拣货任务，其第一性原理其实很简单，其底层拣货逻辑往往涉及3种拣货模式，即总拣式拣货、播种式拣货、摘果式拣货。

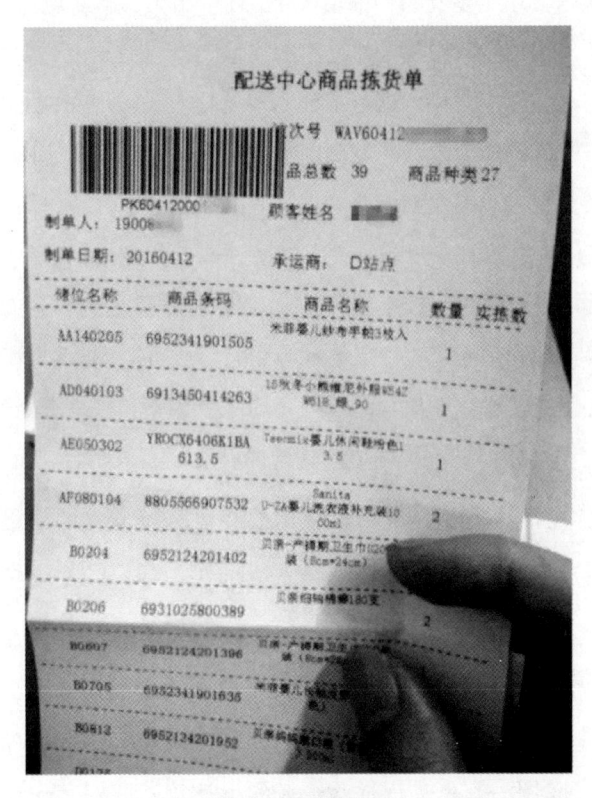

图1-23 拣货单

1）总拣式拣货

对于电商行业部署云仓来说，很多仓库一般会将一个商品集中在一个仓库里，大批量的单品订单即一张订单只需要一种商品，这种单品订单就要采用总拣的方式一单到底。除此之外，还有另一种订单就是一张订单需要两种或三种商品，这种订单可采用总拣式或播种式进行拣货作业。总拣式拣货分类如下：（1）以订单找货，集中把单品订单拣出来，即传统的以订单找货模式；（2）以商品匹配订单，单品订单根本的逻辑变革是以商品匹配订单，然后直接进行面单打印，这种作业效率会比传统作业效率高。

2）播种式拣货

拣选人员根据多张订单的拣货要求，尽量一次性完成拣货作业，然后到出库区，再按照不同订单区分货物。

一般播种式拣货用于多仓布局的情况下，订单结构会随着电商客户类型的不同而不同，除了订单的结构变得复杂，仓库的格局也变得更复杂：除了多仓，多层楼仓也更多地出现在电商客户中。订单结构的多元化一般表现在：早期的电商商品大多是日化商品、服装等，而现在的电商商品更加多元，包括大家电、生鲜食品等品类，而生鲜食品又包括冷冻食品、冷藏食品等品类。基于此，我们在进行仓库库内作业时，就会采用多种模式。传统意义上的播种式拣货是根据订单中商品的重合率进行总拣，然后再按订单进行分播。而现在电商的播种式拣货在传统播种式拣货的基础上，还需要考虑仓库布局、订单结构等因素，然后把不同类型商品的不同订单进行分区作业之后做汇总，在汇总时还要考虑 3 个因素：订单重合率；每个分区作业楼层的作业效率；如何把不同订单的相同商品进行有效组合。

播种式拣货在批次拣货完成后，还需要经过分拣操作的流程才能将批次拣货分解成一个个订单。分拣操作的流程大致是先扫描，然后根据系统提示选择相应订单。

3）摘果式拣货

在仓库中涉及大量货主、SKU 的情况下，商品上架通常是随机上架，这时一般采用摘果式拣货。摘果式拣货就是在做批次拣货时，首先在最小范围内把需要这些商品的订单组合在一起，然后选择一个容器，这个容器可以分为很多作业单位，可以是篮子或格子，最后拣货人员利用该容器去一个库位或多个库位完成多张订单的拣货。

基于上述基础概念，我们来看拣货的策略：针对电子商务多订单、多品种、高批次的情况，我们可以采用以下策略区分商品并进行分拣。

（1）按订单行区分，也就是说一张订单中商品有多有少，如果只有一个商品出库，那么这张订单很容易完成，可以单独出来先做。也可以按照数据分析，将订单拣选分等级，先处理容易的，所谓先易后难，在简单的做完后，做复杂的就有信心了。

（2）按产品体积区分，这是毋庸置疑的，大体积商品与小体积商品应当分开分拣。

（3）按拣选频次区分，也就是商品的 ABC 分类，简单来说，就是在经过统计分析和整体统筹规划后，将商品按照售卖速度分为畅销品、一般性商品和长尾商品，然后按照体积大小，将畅销品分布在距离发货区较近的货架上，甚至促销品和赠品都是单独分配货架（如前文仓储规划图中的大促商品暂存区），或者畅销品和一般性商品都在同一货架，但是畅销品在黄金库位，一般性商品分布在五层和一、二层，长尾商品放在距离发货区最远的位置上，其他货架存放一般性商品。

（4）订单汇总拣货。

按照上述逻辑，如果按订单行区分出单品拣选订单，那么每张订单只需要进行一次拣选，系统要支持这些批量的订单生成一次性任务，然后由工作人员按最佳路线拣选出库，可以很快完成。如果不这么做，而是汇总订单再采用播种式拣货或摘果式拣货，则工作量可能很大，策略需要有所调整：订单汇总是有前提的，不要将所有订单都汇总，订单存在出库频次高的商品或不同订单对一个品种的商品需求量大，可以考虑汇总，而对于不汇总的订单来说，还是按单取货。

订单汇总拣货有两种处理方法：①分区汇总拣货，每个拣货人员负责几条货道，并在拣货完成后集中放在临时存货区，最后由集货人员进行合并；②分区接力拣货，和分区汇总拣货多人同时拣货相比，分区接力拣货需要拣货人员根据上一个拣货人员拣货完成的单子继续进行拣货。

总之，拣货业务是仓内非常复杂的场景之一，该业务和区域规划是密切相关的。拣货流程如图 1-24 所示。

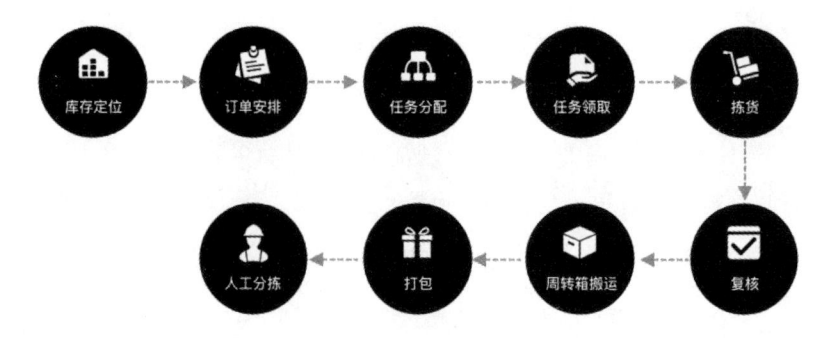

图 1-24　拣货流程图

拣货作业是在出库业务过程中比较复杂的作业，拣货的路径和准确度直接影响出库的时效。拣货的路径在进行仓储规划时就需要体现在现场布局和系统策略上，比如，货架之间的宽度是否可以容纳两人面对面走过，多个商品如何规划路径效率最高等。另外，在现实中，经常会发生拣货错误的情况，比如，拣货人员对订单的商品错拣、多拣和少拣；拣货人员将商品放错位置。因此，面对业务的极度不确定性，随着技术的发展，PDA 扫码技术成为解决这类问题的有效方法，PDA 手持终端通过将业务动作和商品编码进行关联，可以在提高效率的同时，解决业务不确定性带来的错误。比如，在拣货时，拣货人员可以对商品拣一件扫描一件，如果拣货人员拿错商品，则系统会报错并提醒拣货人员；如果拣货人员多拿或少拿商品，那么在复核阶段，复核人员会根据订单从集货区货架上取一个商品扫描一个商品再放入拣货车，当发现拣货员发生多拿或少拿商品的情况时，系统会生成紧急拣货单，并在正在进行的拣货单或者下一批次拣货单中加入该商品。也就是说，复核人员可以在该环节保证订单商品的品类和数量的正确性，确保出库流程万无一失。

4. 仓储的分类和关系

仓库一般会根据存储商品的特性、品类等分成不同的仓库类型。因此，在业务层面，有一些仓储分类的定义我们有必要了解，为了能够更好地理解仓储在业务体系中的作用，我们以京东为例，其仓储体系大致可以分为以下几类。

（1）中小件仓：京东存储中小件商品的仓库。

（2）大家电运营中心：京东存储大家电含大件商品的仓库。

（3）CDC：Central Distribution Center（中央配送中心）的简称，产地仓在离

供应商 50km 范围内开设 CDC，从供应商处把货先采买到 CDC，并根据销量预测、各个 RDC 的预测，按匀速的节奏补充到 FDC，防止爆仓情况。

（4）RDC：Regional Distribution Center（区域配送中心）的简称，京东的六大区域（华北、华东、华南、西南、华中、东北）的物流系统，被称为六大区域配送中心。

（5）FDC：Forward Distribution Center（前置配送中心或前置仓）的简称，它是基于 RDC 将产品向更靠近客户的区域进行存储的新型物流运作模式。FDC 承担存储、生产、分拣、配送的职责，但是它的商品入库主要来自上游 RDC 的调拨，通过基于销量预测系统的补货管理系统，每日小批量地向 FDC 补货，用 20% 的 SKU 数量满足 80% 的订单，实现 FDC 的快速周转和较高现货率。

（6）协同仓：是合理整合第三方、商家等社会仓储资源，京东订单信息流拉动协同仓的生产物流，库存协同管理的新型电子商务合作模式，可以大幅度降低库存持有水平，提高库存资金周转，并提高现货率。

（7）EPT 海外仓：配合京东海外站，用于生产海外订单的仓库。

（8）开放平台仓：配合京东仓储开放，用于为非自营商品提供仓储服务的仓库。

（9）亚洲一号：京东集运营办公、商品存储、订单处理、分拣配送功能于一体的，亚洲范围内 B2C 行业建筑规模和自动化程度最高的现代化物流中心项目，可以实现海量存储、海量订单、高密度集约化的现代化物流中心。

（10）品类仓：按照商品品类划分的一种仓库类别，如 3C 仓、食品母婴仓都属于品类仓。具体品类仓有如下几种。

- 3C 仓：京东存储 3C 类商品——计算机（Computer）、通信（Communication）和消费类电子产品（Consumer Electronics）的简称，并进行 3C 类订单生产的仓库。
- 食品母婴仓：京东存储食品母婴类商品并进行食品母婴类订单生产的仓库。
- 百货服装仓：京东存储百货服装类商品并进行百货服装类订单生产的仓库。
- 图书仓：京东存储图书类商品并进行图书类订单生产的仓库。

- 小家电仓：京东存储小家电类商品并进行小家电类订单生产的仓库。
- 商超仓：京东存储商超类商品并进行商超类订单生产的仓库。
- 大家电运营中心：京东存储大家电含大件商品的仓库。

（11）分拣中心：连接仓库和站点的物流节点，根据客户送货需求，从事订单包裹的分货、拣选、配货，以高水平实现销售或供应的现代流通设施。

上述仓库类型共同组成了京东特色的、多层次的、网络化协同调拨补货的供应链仓储体系，其最大的特点如下所述。

（1）多品类、模型化。针对不同商品有不同的预测模型，如季节性强、运输难度大的品类采用季节性的模型；日用百货这种快消品，以及补货量大、补货频次高的品类采用促销的模型。

（2）可配置、动态化。举例来说，在某个商品刚上市时，可能会在仓库中储备两周甚至一个月的销量；在某个商品退市时，可能会在仓库中储备一两天，甚至不储备库存，此时，可以与供应商协同进行补货，同时可以开放配置，也可以基于生命周期差异化开放配置。

（3）多共享、协同化。京东和供应商之间进行深层次且在广度上有延展的协同，与更多供应商一起做 CPFR（Collaborative Planning Forecasting and Replenishment，协同规划、预测与补给）模型，这是实现整个供应链及各个链条成本最优化的方式。

（4）一站式、智能化。目前，京东采取一站式、自引导式：所有东西都有自引导的途径，让客户明白下一步如何做。而智能化、自动化包括一键询价、一键下单等与供应商的协同。

总而言之，京东的仓储体系就是计划驱动执行，打通供应链环节，大数据做支撑的仓储供应链体系。

5. 电商仓储和传统零售仓储的区别

造成电商仓储物流与传统零售物流存在较大差异的关键因素主要包括各自面向的客户、客户的订单量、订单行数、订单实时性、订单精准性、订单波动性、退换货等。这些关键因素有何具体差别？下面针对部分重点因素进行详细介绍。

1）平均订单行数少

传统零售物流有几十行，甚至上百行的订单行，这些商品可能分布在仓库的各个角落，拣选员应该按订单进行拣选。而电商仓储物流只有较少的订单行，在大多数情况下，如京东、当当的订单行等都不会超过 10 行，但在少数情况下，如 1 号店会在 10～20 行，如果依然选用传统零售物流常用的按订单类别拣货，那么每次拣货只为拣少量的几件货物却需要在仓库里走大量的路。大量实战数据统计分析结果显示，在拣货过程中有多达 70%的时间被耗费在走路上。因此，需要设计一次拣货可以同时完成多张订单的拣货模式，从而提高拣货效率，如先集合拣货再播种，或者拣播合一等模式。

2）单个 SKU 库存少

与传统零售企业相比，电商企业没有传统门店空间的限制，因此为了吸引和满足更多的客户需要，电商企业销售的 SKU 要更多、更全面，如亚马逊和当当等有几十万、几百万的 SKU。但由于仓储空间不可能无限扩大，如何在有限的仓储空间里摆放更多 SKU，就需要每个 SKU 的备货量少一些。因此，电商仓储物流里的存储单元以箱为主，而不是传统的以托盘为主。从选择存储设备来看，主要选择箱式货架，如搁板货架或中型货架，而不是托盘式货架。从作业策略来看，大多数 SKU 的存储与拣货合一，而少数量大的 SKU 会被分别分配存储和拣选空间，存在从存储到拣货的补货作业。

3）作业正确性要求高

与传统行业相比，电商行业对仓储物流操作的精准性方面要求更高、更严。对于电商仓储物流内部操作而言，需要尽全力保证拣货的准确性，对拣货完成待配送出库的商品要做到 100%的全复核，以及在大多数情况下，需要进行打包操作。因此，在电商仓储物流的规划和操作上，除了拣货作业，如何提高复核及打包效率，也是一个研究重点。

4）作业实时性要求高

这几年，众多电商企业竞相推出超短的配送时效，如京东的"211 送达"、易迅的"一日三送"等，这就要求仓库在一两个小时内完成订单的拣选、复核、打包等操作。与传统零售企业的 24 小时或 48 小时的订单响应时间相比,电商企业的仓储物流作业要保证订单随到随生产,在短时间内完成订单的生产。因此,如何提高订单的响应速度,也是一个研究重点。

5）订单波动性大

电商企业的各种促销活动,如"双十一"、"双十二"和店庆等引来的大量订单,在短时间内无法送达客户手中的新闻屡见不鲜。由此可见,电商企业的订单波动性非常大,在规划和设计电商仓储物流时,场地、人员、设备等的配置要足够柔性,以满足大促期间的大批量发货,且要快速。同时,常常会有一些单品或组合装的团购和聚划算活动,也会引来大量临时性的订单,对后端的电商仓储物流要求也极高。因此,在电商仓储物流规划和流程设计上,需要重点考虑此类活动的订单快速生产,甚至可以设计专门的出货流程。

6）退货量很大

由于电商行业的特性,顾客看不到实物,仅凭图片、文字描述就下单采购,导致顾客在收到实物后,可能与其心理预期存在较大差距,因此,与传统零售物流相比,电商的退货量极大。所以,后端的电商仓储物流要有很强的退货商品处理能力,将退货商品进行快速拣选,保证退货可再销售商品的及时上架。

1.8 本章小结

本章的主要目的是让产品经理对零售行业的基本业务构成有个整体了解。在后续的很多产品逻辑和设计中,我们会发现很多产品设计的源头就是这些基本业务逻辑。因此,本章通过零售行业的核心流程环节,如企划管理、供应链、OTB 计划、补货、调拨、仓储等,对零售行业的商品运营操作闭环进行了详细介绍。简单来说,作为产品经理,特别是后台产品经理,一定要懂业务,甚至可以说要精通业务。

一般来说,做一个后台产品,主要就是将一项发生在线下的业务搬到线上,并将其标准化的过程。所以,对于产品经理来说,了解线下业务对做产品有极大的帮助。如果不懂业务的话,对于做产品来说是极大的门槛。比如,有人问怎么分配渠道库存,如果你不知道的话,说明你对快时尚行业销售渠道规则不了解。这样的话,做产品就不会有大局观,也就不能对业务发展做出预判。那么,到底什么是懂业务呢?所谓"业务",就是"将商品以适合的方式通过销售渠道触达到消费者,并赚取利润的过程"。如果提炼核心关键字的话,我们会发现:如果要做到懂业务,就需要从商品、销售渠道、用户、触达方式、利润等几个层面深入了解。回归到电商层面来说,那么,所谓懂业务,就是需要懂商品的销售逻辑、懂渠道的效率、懂用户的画像、懂运营策略、懂业务财务收益和成本。

因此,对于零售行业来说,本章所说的零售商品运营全流程就是从品类定义到采购计划,再到商品运营中的调拨、补货,然后落到仓储层面,最后通过成本收益核算损益平衡,从而影响下一年的计划,形成一个业务闭环。在这个基础上,我们才能更好地理解自营型电商或平台型电商的核心要点。正如《孙子兵法》中提到的"道"。业务运营之道是电商企业运营的原理,所以,本书用该部分开篇,并建议产品经理深入了解业务,从不同的角度来审视功能逻辑。

第 2 章
产品架构为天

2.1 概述

在上一章，我们学习了关于零售行业的基本业务原理，本章我们进入产品化的前奏——架构。架构似乎是个很神秘的领域，对于产品经理来说，貌似很遥远，很多产品经理认为这是大公司的架构师的工作，和产品不相关。诚然，架构的确是个重视技术的领域，但是，站在产品经理的角度来看，广义的架构是一种思想，是以"上帝"视角看业务和产品的方法，因此，在这里不是要让每个产品经理都成为架构师，而是希望产品经理可以有一定的架构知识，在将业务进行产品化时，可以以更全面的视角、更技术的语言和前瞻性的思路来考虑电商系统，使做出来的产品更"健壮"、更友好。

我们常常说，产品经理应该懂技术，本书认为所谓"懂技术"不仅是要懂得某种编程语言或某个数据库特性等，更重要的是要掌握一种思考方式，一种兼顾产品和技术的多样性视角。而这个视角便是架构的思想，这个思想可以在工作中发挥非常关键的作用。

本章主要介绍了产品经理应该了解的架构知识和架构理论实践，最后，会用一个电商交易系统架构进行落地，本章内容主要包括以下几个部分。

- 产品经理应该懂得的架构知识。其中包括以下内容。
  - 架构的基础知识：介绍架构基础知识的一些定义、目的等，为后续理解架构奠定基础。
  - 架构设计的原则：主要介绍架构设计的一些准则和常用结构。
  - 互联网系统架构技术：主要有针对性地介绍互联网系统类的架构思想，对产品经理关于系统的思考方式是一种提炼和升华。
  - 从业务到产品的思考方法：领域模型。
- 产品经理建模工具——UML。

正如《孙子兵法》中所述"天者，阴阳、寒暑、时制也"，宏观要素决定了战争的成败，同样，产品层面的宏观视角也决定了产品的生命周期。我们在开始设计产品微观细节前，制定产品框架是非常重要的。如果不进行宏观层面的思考，则产品的细节功能会逐步走向失控。因此，一个好的产品架构需要产品经理在理解业务的基础上进行深入思考和设计。一个好的产品，是要从业务抽象成模型，再落地到细节的。这样每个环节的逻辑才能够做到环环相扣。

2.2 产品经理应该懂得的架构知识

2.2.1 产品经理为什么要懂架构

在产品工作中，我们经常会听到别人讲：懂业务同时也懂技术的产品经理最值钱。这句话无疑是对的，随着行业的发展，产品经理的岗位门槛会越来越高，同时，要求产品经理达到的能力模型也会越来越全面。其中，对于技术的理解力也逐渐成为衡量产品经理的准线之一。如今，技术对于大部分产品经理来说已经不再陌生，无论 SQL 还是 Java，很多人都能如数家珍。但是如果是为了懂技术而了解的话，其实在工作中用处并不大，更多的无非是谈资。那么，为什么产品经理应该具备一定的架构知识呢？的确，当我们的团队很小，业务刚起步时，架构的作用不是很明显，甚至不需要，但是随着业务的高速发展和团队的不断扩大，这时技术和业务的协同性显得越来越重要，架构的要求也会越来越高，产品经理如果没有一定的架构理解力，往往会越做越迷茫。在工作过程中，我们常常会遇到以下问题。

新开发的系统通常不是独立存在的，需要与现有系统进行交互。那么，这个系统和已有的系统之间是什么关系？产品边界如何制定，能否耦合在一起？当业务线逐渐增多，某个系统是否应该拆分？现有系统是否应该平台化？产品经理看到某些大厂的产品架构图貌似很有道理，能否"照猫画虎"去做？在某些业务中，产品经理有多套方案，但是无法区分孰优孰劣，最终基本上就是凭感觉选择……

以上都是我们在实际工作中常见的问题，如果产品经理能够结合架构的思维去思考和审视产品和业务之间的关系，我相信问题会迎刃而解。那到底什么是架构呢？

2.2.2 什么是架构

架构，顾名思义就是承载业务流程的技术结构。通过定义可以看出，架构更加关注的是"结构"上的问题。那到底什么是"结构"呢？我们知道，在对业务进行抽象时，我们会根据不同的场景角度进行抽象。那么，按照不同的角度，系统可以划分成不同的结构，例如，对于一个简单的图书管理系统来说，从业务逻辑的角度划分，可以分为个人信息、个人借阅图书、登录注册3个模块；从物理的角度划分，可以分为Nginx、Web服务器、MySQL 3种类别；从开发的角度划分，又可以根据开发框架拆分，由此可见，产品从不同的角度划分，会体现出不同的样子，因此，架构就是产品或系统的顶层设计结构，有了架构，产品就有了方向和思路，产品经理除了理解业务逻辑架构，如果能够理解一定的技术上的架构知识，就可以更好地和技术人员进行深度沟通，大家在一个维度来看待事情，就会少一些沟通成本。既然说到技术视角，那么，当产品经理对领域问题进行业务建模之后，技术人员是怎么来思考架构的事情的呢？

前文谈到架构是顶层规则设计，如果对其进行深入了解，则架构可以用更加形象的比喻来说明，即"架构如同人的骨骼"，而"人"就是业务。在开始阶段，业务处于"婴儿期"，这个时期类似于一般的创业团队。初始产品一般都是"大干快上",没有很详尽的架构设计,一切以效率为主。这时的架构相对来说没有那么重要,这是因为产品初期是以业务探索为主,不需要将精力和资源投入过度的架构设计中。随着业务的发展,系统越来越复杂。这时,系统的健壮度和业务的复杂度之间的矛盾越来越不可调和,业务越来越复杂,导致系统产品的健壮度逐渐降低,变得不可复用、不可维护,这时就需要发挥系统架构的作用了。

那么,面对复杂繁多的业务场景和需求,应该从哪里开始进行架构设计呢?是否参考大公司的架构就肯定合理呢?要回答上述问题,我们必须明确一个原则就是"架构的最终目的是解决业务复杂度的问题"。根据这个原则可知,其实技术人员在思考架构时,是不需要参考大公司的成熟设计的,这是因为每个公司的架构设计逻辑不一样,可直接复用的成分不多,所以架构设计一般需要有针对性地去解决业务中的复杂问题。可见,并不是所有问题都可以通过"拿来主义"解决,每个架构方案背后都有其特定场景,我们只能对比自己的业务,参考类似的业务复杂度的解决方案才可以做到有的放矢。那么,到底什么是业务复杂度呢?

2.2.3 架构的特点

上一节提到,架构的最终目的是解决业务复杂度的问题。根据这一原则,我们可以得出结论:每个产品的架构都是依据自身业务特点而制定的,都具有需要解决的业务场景问题。很显然,业务复杂度的根本来源是业务领域模型,也就是业务逻辑。这就是产品经理需要根据业务来进行抽象建模的原因,我们通过领域模型对业务进行高度抽象就是为了剥离复杂度。但是,在研发人员看来,除了要了解领域模型,还要注意复杂业务场景会在代码层级带来性能、可用性、扩展性方面的问题:随着业务场景的发展,代码会逐渐增多,逻辑复杂度也呈指数级增加,这时,运行代码的性能就会逐步下降;同时,运行代码的服务器压力也逐步增加,带来可用性的风险;最后,基于面向对象的思想,对应领域模型和模块化的开发技术会希望不同的模块可以最大限度地复用在其他地方,以减少开发量、提升效率,因此,扩展性也是架构所追求的目标之一。

总之,随着业务领域的发展,对"高性能、高可用性、高扩展性"的需求就会越来越强烈,同时,架构也会随之进化。因此,我们说架构是随着业务复杂度的提高而不断进化的,而业务复杂度的来源就是对性能、可用性、扩展性的追求。

1. 性能

所谓性能，就是产品的一个重要的质量指标。衡量产品性能的指标包括其响应时间、TPS（Transactions Per Second，每秒传输的事物处理个数）、服务器资源利用率等。这些指标同时也是用户体验的根源所在，那什么是高性能呢？高性能是指当前的技术状况与业务现阶段需求高度吻合，是一个动态的概念。例如，从技术和架构的角度来说，高性能是需要对业务现阶段需求进行判断衡量的。到底什么才算"高"？答案应该是与业务相适合即可，一味追求"高"是没有太大意义的。因为，随着性能越来越高，相应的方法和系统复杂度也越来越高，而这可能会与当前团队的人力、技术、资源等不相匹配。

那为什么需要高性能呢？这一般是以产品本身为出发点考虑的，产品经理根据业务领域建立模型后，一般会希望产品有更好的用户体验，并满足业务增长的需求，让用户尽量享受"即刻获得"产品所带来的方便。那如何做到高性能呢？可以从垂直与水平两个维度来考虑。垂直维度主要针对单台计算机，通过升级软、硬件能力来实现性能提升；水平维度则主要针对集群系统，通过合理的任务分配与任务分解来实现性能提升。

从垂直维度来看，可以采取包括以下措施：增大内存，减少 I/O 操作；将硬盘更换为固态硬盘（SSD），提升 I/O 访问速度；使用磁盘阵列（RAID）增加 I/O 吞吐能力；置换服务器获得更多的处理器或分配更多的虚拟核；升级网络接口或增加网络接口。从水平维度来看，可以采取以下措施：基于功能将系统分解为更小的子系统；将同一组件重复部署到多台不同的服务器；在每台服务器上都只部署一部分数据等。

垂直维度的方案比较适合业务发展早期和成本可接受阶段，这种方案是提升性能最简单直接的方式，但是会受成本与硬件能力天花板的限制。水平维度的方案所带来的好处要在业务发展后期才能体现出来。起初，这种方案会花费更多的硬件成本，并且对技术团队提出了更高的要求，但是，这种方案没有垂直维度的方案的天花板问题。一旦到达一定的业务阶段，水平维度的方案就是技术发展的必由之路。因此，作为技术部门，需要提前布局、未雨绸缪，不要被业务部门抛得太远。

2. 可用性

所谓可用性，是指系统连续执行功能的能力。衡量可用性的关键在于"连续"。比如，在我们访问网页时，只有页面最终呈现在用户面前才算一次完整的访问。只要其中任何一个环节出现故障，都会导致访问中断。

目前，高可用性是互联网企业技术实力的体现，我国一些知名大型网站可用性可达 99.99%，一年的不可用时间都不足一个小时。那么，为什么会出现不可用的情况呢？一般像硬件故障、软件漏洞都会导致某些服务不可用。此外，在网站服务更新升级时，也会造成相对频繁的服务器宕机。

那如何避免这些问题呢？要做到高可用性，其核心思想就是做服务与数据的冗余备份和失效转移。从架构的角度来看，目前互联网产品多采用经典的分层模型：应用层、服务层、数据层。应用层主要处理业务逻辑部分，服务层提供封装好的可复用的服务，数据层负责数据的读写访问。因此，在部署层面，常采用应用层和数据分离的部署方式，应用层、可复用的服务，以及数据会被分别部署在不同的服务器上，这样一来，分布式存储就可以通过技术手段解决以下问题：当任何一台服务器宕机后，可以将相应的服务切换到其他可用服务器上，并且不影响整体。

3. 扩展性

我们之所以要进行业务模型构建，从业务层面来说，产品经理都希望所做的产品是不需要重构就可以轻松扩展业务场景的。这要求产品经理能够深入理解业务场景。同样，对于技术人员来说，扩展性也是从功能需求方面来考量产品的属性。如果从产品的角度来看，扩展性就是领域建模的完整度和预见性；而从技术的角度来看，一个具备良好的扩展性的产品设计应该具备对业务扩展开放、对迭代修正闭合的原则。

在衡量一个产品是否具备良好的扩展性时，应该体现为：产品自身内部在实现新增业务功能时，对现有系统功能影响较少，即二次开发成本较少；产品本身与其他存在协同效应的外部系统之间是松耦合关系；单一产品系统的变化对其他外部系统无影响。否则，该产品就称不上是一个扩展性良好的产品。

那如何设计扩展性良好的产品呢？"万变不离其宗"，产品经理在建模时应将面向对象思想的设计模式贯穿始终，可以通过以下两个角度来思考：①从业务角度来说，产品经理需要深入了解业务领域的问题，并且可以对业务的变化进行预测，变化无处不在，在业务领域看得远一些的同时也要警惕过度设计；②从技术角度来说，产品经理可以利用可扩展性的技术，对于变化进行封装。在实际产品架构设计中，常通过分布式服务框架构建可复用的业务平台，或者使用分布式消息队列降低业务间的耦合性。其中，分布式服务框架可以将业务逻辑与可复用组件分开，通过接口降低模块间的耦合度。这样一来，在新增加功能时，就可以通过调用可复用组件实现自身业务逻辑而不对现有系统产生影响。而另一个基于分布式消息队列的设计思路，可以将用户请求、业务请求作为消息发布到队列中，并由消息的订阅方作为消费者从队列中获取消息进行处理。这种方式将消息生产和消息处理进行分离，从而做到松耦合。

4. 其他

除了上述3种比较重要的因素，低成本、安全性、规模也是架构设计的考量因素。其中，规模因素在互联网快速迭代的特点下显得尤为突出，并且往往和产品高度相关。规模的发展是一把双刃剑，它带来的复杂度主要是由量变引起的质变。随着业务的发展，业务功能会越来越多，调用逻辑会越来越复杂，数据容量、类型关系也会越来越复杂。对于产品来说，会根据业务不断迭代产品，然而对于技术来说，规模问题需要与高性能、高可用性、高扩展性一同考虑。

总之，在构建产品业务架构时，往往从业务领域问题中抽象得出领域模型，而将领域模型转化到技术层面就会形成架构。产品的架构就是产品的顶层设计，因此，架构和产品一样，都是随着业务发展而不断变动成长的，比如，天猫、京东等知名企业的优秀架构都是从一个小的业务体系成长起来的。换句话说，架构其实就是产品的技术视角，解决的是产品复杂度的问题，所谓复杂度即"高性能、高可用性、高扩展性"，除此之外，低成本、安全性、规模作为影响架构的因素，共同决定了技术架构的原则和标准。

2.2.4 架构设计的原则

前文介绍了产品架构的基础知识，对于业务来说，"不确定性"是常态，没有一成不变的业务，业务会一直处在发展中。但是对于技术来说，其本质是不应该存在不确定性的。这就会出现矛盾问题,因此产品经理的价值之一就是成为业务和技术之间的领域专家。产品经理需要将不确定性精准地翻译成技术所能理解的确定性,这是产品经理应具备的核心技能,而掌握一定的架构设计原则能起到事半功倍的效果。

本章旨在站在产品经理的角度介绍架构技术,不做过多技术层面的讲解,更多的是贴近业务来看架构。所以,从产品的角度来看,并结合现在主流互联网企业架构的设计方法,我们可以说,产品架构设计的原则是"简洁和成长"。

所谓"简洁和成长",即技术人员在进行架构设计时,应该有所克制,不需要讲求最优技术,而是要脚踏实地,以适合现有业务为主,力求简单。比如,某些创业公司一开始就号称"亿级流量平台的架构"。笔者认为有梦想是好的,但是体现在战术层面应该实事求是,大公司的分工和组织架构较为完整,比如,在腾讯、京东中,可能很小的一个模块就有好几十人在维护,这个是小公司无法比拟的。在业务还没有发展起来时,盲目讲求"大而全"的架构设计无疑是浪费资源。在互联网这个瞬息万变的行业,时间也是非常宝贵的,一旦错过,可能就会面临失败。

另外,我们应该清楚"罗马不是一天建成的",大型企业的优秀架构的确有很多值得学习的地方,但是这也是很多团队经过多年奋斗而沉淀下来的,因此不可直接"拿来主义"。这就是我们说的产品和业务需要"协同成长"。产品经理在度量业务和产品的同时,也需要与技术人员沟通到位;产品经理在阐述业务的发展规划时,也需要多站在技术的角度来看,以便让研发人员理解产品的生命周期,清晰地知道在什么阶段应该做什么样的架构准备。

在进行方案沟通时,产品经理应该站在技术的角度来审视架构,明确业务面临的主要问题,并审视产品设计的合理性,将其快速落地以满足业务需求,然后在产品的运行中不断完善基础架构,不断根据业务的演化对功能进行调整。比如,很简单也很常见的一个场景,我们在单一的业务模式下,对于资金对账的处理会非常简单,只需进行交易流水对账、资金对账。当业务发展后,业务条线增加,各个业务条线对对账的需求都会增加。这时现有的架构就无法满足各个业务条线的对账需求,因此,往往会独立一个台账模块进行实时对账,这就导致整体的架构发生变动,订单数据会先流向该模块进行实时对账后再进行流转。如果我们一开始就做"大而全",先不说开发难度,即使产品上线了,也是"大炮打蚊子",本来很简单的一个功能，却经过了很复杂的架构逻辑，造成了资源浪费。

因此，根据架构设计的"简洁和成长"的基本原则，需要产品经理在业务发展的不同时期考虑适合的产品架构。

总之，产品经理需要理解，在进行业务抽象时，技术人员往往是从技术的视角来审视和拆解产品的，为了保障产品的上线和持续运行做了很多技术架构工作，并且架构不是一成不变的，在业务变动的同时，技术架构也在变动。所以，产品经理要有同理心，理解和认识到技术和产品的协同性，在做产品时除了业务逻辑，也要考虑到技术成本和适用性。

2.2.5 业务与技术架构的协同发展

在互联网行业中，各个业务的发展轨迹不尽相同，所以无法使用一个标准化的架构模板解决相应问题。业务的发展一般可以分为：诞生期、发展期、成熟期、衰退期4个阶段。这4个阶段的核心趋势是业务复杂度逐级上升，各个阶段产品所关注的点有所不同，因此，对应的技术架构也有很大差别。

1. 诞生期

当业务在从零起步的阶段，这时业务是从一个想法开始起步，此时产品的核心目标是从无到有、从想法到落地，其重点是"验证"。这个特点决定了产品初期功能不会很完善，甚至产品方向非常不确定，大家都是在试验，只有在方向测试成功、用户越来越多、留存越来越高时，产品经理才可以通过快速迭代不断完善产品。如果说产品在这个阶段是"快速试错"的话，那么对于技术的要求就是"快速反应"，对于架构的需求基本不存在，甚至能用开源代码就用开源代码，一切都是以落地为主。

2. 发展期

当产品在初期验证成功，并逐渐被市场所接纳时，往往公司会全部参与到这个确定的方向中，此时，业务和产品会同时进入一个高速发展时期。在这个时期，业务的特点是会将之前不完善的流程补齐，产品的特点是会不断有更多的新功能加入产品中。同样，在这个时期，对技术的要求就是"快"，而且架构也是在这个时候开始起步。

在业务快速发展时期，团队资源不是很丰富，快速产生产品的方式就是在原有系统里堆砌功能。这里需要警惕的就是产品和架构的脱节。不断堆砌功能的方法的确在短时间内能够弥补业务的需求。但是随着功能增加，系统会越来越复杂，功能之间的逻辑也会越来越混乱，最终会导致产品不可用。如何解决这个问题呢？其实，发展期是产品和技术最关键的时期。俗话说"三岁看老"，产品也是这个道理，在初期时通过架构和产品迭代的方式就基本能断定这个产品后续是否可用。如果一味添加功能而忽略架构，则总有一天，产品的迭代速度会开始下降，功能交织严重，最终，产品、业务、技术三方的需求都得不到满足，从而必须进行重构。解决这个问题一般需要从两个角度入手：一是产品建模，二是技术架构。

首先，产品建模是对产品经理的业务能力进行的考验，产品经理应该脱离就功能谈功能的层次，提升到对整个业务及业务走势进行判断的层次，并且能够根据业务逻辑进行模型建设，力求将功能封装在产品模型中。

其次，技术架构是根据产品经理的领域模型进行技术视角的审视，当技术人员完全了解产品经理的领域模型后，一般会先将现有系统进行优化，如通过重构、分层、优化某个 MySQL 查询语句，将数据库更换为 Oracle，增加缓存等，这种优化的目的是快速实施，其成本小，可以解决短期产品诉求。另外，从长期布局的角度来看，这个时期往往会开始进行架构搭建，主要是将大的系统拆分为更多互相关联的小系统，例如，在电商中，将购物系统拆分成订单系统、查询系统、用户登录系统等，架构上的改造能够支撑业务和产品的长期发展，为企业竞争力做技术上的支撑和保障。

3. 成熟期

当业务继续发展，并突破发展期的初级市场份额，扩展到更大的市场中时，就进入了成熟期。成熟期的主要特点是业务范畴不断扩大，并且逐渐趋于稳定，甚至会出现大规模的访问流量，而此时的产品特征是核心逻辑已经确定，产品主流程已经固定，核心系统和相关子系统经过磨合达到稳定状态。这就意味着产品的支撑能力是有限的，在业务稳定时，基本不会出现什么问题，但是遇到突发情况，现有的产品稳定性就难以保证，例如，电商业务在这时做活动的话，其产品再完善，也不可能一台机器支持百万人同时访问，那么产品的可用性瞬间就成了"短板"。因此，架构的优化对于成熟期来说就显得尤为重要。在成熟期的技术架构处理方式很多，比较常用的方式是继续拆分。从功能角度来说，可以将系统继续细化拆分，例如，将交易系统继续拆分为订单系统、订单处理中心、订单履约中心等。从数据库角度来说，可以进行分库分表，增加 DBProxy 等。从服务器角度来说，可以增加冗余，例如，增加负载均衡，将单一服务器变为多台服务器等。总之，在这个时期，产品和技术的协同非常重要，技术人员往往会在了解产品规划和业务情况的基础上，做出相应的支持方案。

4. 衰退期

当业务形成规模后，越来越多的竞品会加入行业竞争。这时业务份额会逐渐被蚕食，大家处于一种充分竞争的状态。在这个时期，业务的特点是需要通过创新避免衰退，产品也需要根据业务的情况做创新性支持。因此，这个时期的特点就是业务和产品都不断有更新，由于竞争关系，此时对技术的要求更高。创新业务给技术带来的典型问题就是新的系统会增加，同时原有系统也拆分得非常多。随之而来的问题就是太多的系统交互导致调用异常复杂，针对这个问题，技术架构核心的解决手段就是重用和服务化，常见的做法就是通过服务框架来完成系统间的调用，例如，淘宝的高性能服务框架 HSF，Facebook 的分布式框架 thrift 等。

总之，为了应对业务从量变到质变带来的技术压力，不同时期有不同的处理方式，但是，无论采取何种处理方式，其核心目标都是"快"，正所谓"天下武功，唯快不破"，而技术的"快"是基于"稳"的前提，需要在"快"和"稳"之间做出合适的选择，这就需要业务和技术做到完美协同。产品经理高度抽象领域模型，技术人员充分理解产品发展趋势并做出合适的架构设计。这样，业务和技术才会协调发展，并最大限度地避免产品畸形。那么，到底该如何做架构才能更好地兼容业务和技术之间的矛盾呢？下面介绍"领域模型"这个产品经理的架构思路。

2.2.6 兼顾业务和技术的架构方法：领域模型

前文从产品和技术的角度对架构的思想进行了阐述。对于一个产品的架构来说，如何才能做到业务和技术兼顾呢？产品经理的产品架构设计方法如何才能与技术人员相吻合呢？

我们都清楚，产品经理在做设计时，一般都追求最佳的用户体验、可扩展的系统架构。然而愿景是美好的，现实是残酷的。从第 1 章的分析中我们可以看到，业务场景复杂多变，往往会让产品设计复杂化，造成用户体验不佳，甚至出现逻辑错误。其实，这不是产品经理本身设计的问题，而是由于业务复杂度上升，产品经理往往"只见树叶不见树木"，过度关注细节而忽视宏观产品框架，以至产品逐渐失控却不自知，导致产品过于复杂，或者后面拓展起来非常困难，最后不得不重构。

为了避免上情况发生，我们需要一系列能够控制业务复杂度的思考方法。特别是电商行业，产品和业务可以说是互为映射的关系。这就要求产品经理在设计过程中，不要将业务和产品分离，同时又必须保持产品技术的简单可拓展性。为了解决这个问题，我们可以引入"模型"的概念。

我们做的任何产品都是基于特定的目的，解决某个业务问题的，而业务问题就是需求，即现实情况与用户心理预期的落差。解决这个落差是产品的最终目的。所谓模型，就是对现实业务问题的解释和简化。也就是将要解决的业务问题的核心要素抽象出来并忽略无关的细节。模型能够让我们清楚产品长什么样子，解决了什么业务问题，如何到达用户的预期等。

总之，一切建模工作都是围绕"业务问题"这个领域来探究的。所以，针对某个业务的模型，就是领域模型。如果说"模型"比较好理解，那么"领域"这个概念可能会比较陌生，领域即业务的范畴。比如，我们去商场买东西，那么对应的领域就是线下实体零售；我们去京东、天猫网购，那么对应的领域就是线上零售，总体来看都是属于零售领域，只是不同的渠道具有不同的解决方案。这也是本书介绍零售领域的相关业务知识的原因：电商的本质和零售是相同的，属于同一领域。

在理解领域模型的概念后，我们要理解：产品经理在思考产品方案时，其思考路径都是从"业务领域"到"产品解决方案"的。这个过程就需要"领域模型"这个工具作为支撑和过渡。领域模型就是当前业务的基本逻辑及其所面临的问题与需求。例如，电商平台的出现主要是为消费者提供方便购买商品的平台，在传统线下实体店，由于区域、价格、质量等因素，会造成可供用户选择的范围小，品类有限等问题，因此，从产品技术的角度来看，京东、淘宝等大型电商平台可以解决多品类、跨地域的销售问题。同时，物流行业协同发展可以解决履约配送问题等。在这个过程中，领域模型描述了零售业务的现状和问题，产品经理主导进行了问题和需求的收集与分析，并提出了针对业务领域的产品解决方案。

然而，在实施阶段通常需要技术人员主导进行方案的开发和实现。所以，产品经理的设计过程就是将业务领域问题转化成产品解决方案的过程。在这个过程中，产品经理既是业务专家，也是技术专家，起到承上启下的作用。如图2-1所示。

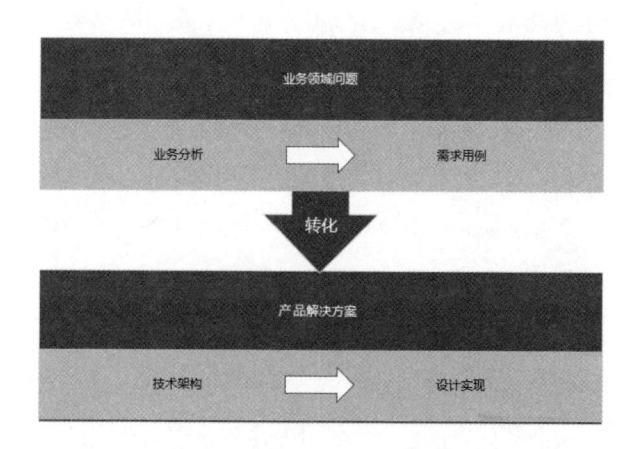

图2-1　业务领域问题转化为产品解决方案的过程

具体来说，在业务领域中，产品经理的主要任务是找到该业务的核心逻辑和现阶段主要面临的问题，并通过分析相关需求场景得到一个业务层面的解决方案，即领域模型；而在技术领域中，则需要产品经理通过一系列具体的方法和工具，将领域模型转化成产品解决方案，并且保证产品解决方案是可以进行技术开发的。如图2-2所示。

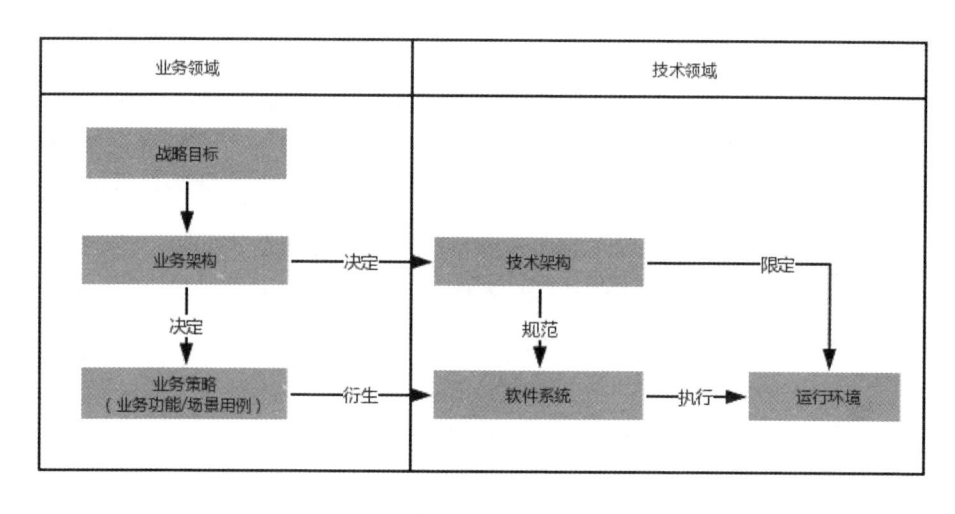

图2-2　领域模型与产品解决方案的转化

因此，我们可以对领域和领域模型进行定义：领域即业务范畴，是一个特定边界内的业务总和；领域模型则是对领域中的关键事物和它们之间的逻辑关系进行可视化所得到的解决方案。建立领域模型的目的是准确定义问题，为产品系统建设制定统一认知和标准，是业务场景到产品系统的映射。领域模型可以帮助产品经理提炼业务的本质，可以更好地指导产品系统解决用户需求。比如，京东和淘宝等电商平台的产品体系从宏观层面来说都属于电商领域，其平台产品解决的都是用户购买商品，商家供货的交易问题。因此，属于这个领域的产品都会有订单交易、库存管理、支付结算等环节。也就是说，同属于电商领域的产品都具有类似的核心业务场景，其目标本质是相同的。然而，京东和淘宝也有不同的业务领域，京东的业务侧重于供应链层面，淘宝的业务范畴则聚焦在平台生态，所以体现在产品解决方案上，京东的产品大多考虑仓配一体化，淘宝的产品则大多采用平台策略体现。也就是说，由于经营策略、客户群体、运营方式等差异造成业务领域和产品方案存在很大差异。

因此，可以得出结论：领域是业务范畴；领域模型是以业务需求为源头，从相对多变和复杂的业务场景中找出领域中的核心问题并进行产品化所得到的解决方案。业务场景往往是连续的、不确定的，而产品往往是标准化的、确定的。所以，领域模型能够帮助产品经理提炼业务的本质，找出关键领域实体之间的关系，能够让产品在战略层面和战术层面保持一致。

举个简单的例子，我们在做任何后台系统时，业务的一个显著特点就是分角色操作控制，那么就必然会对"角色"和"权限"进行对应，简单来说，就是什么人拥有什么身份，该身份可以做哪些事情，不可以做哪些事情。我们可以抽象出几个模型实体组件，如用户、角色、权限、资源、操作等，并根据这些抽象的组件，制定标准的产品解决方案——RBAC 模型。

RBAC 模型所表达的整体思想为：什么人拥有什么角色对什么进行操作，其中，"什么人"是行为主体，即角色的拥有者；"什么角色"是某个人在业务中所承担的职责；"对什么进行操作"是针对某个角色可以用哪些系统资源。简单来说，就是通过角色授权，将角色的权利施加到某个用户身上，然后该用户就可以实施相应权利了。在业务领域建模时，通过"角色"这个中间元素，可以让权限管理变得更加灵活，其中，角色所拥有的权限可以随着业务灵活配置，同时，用户所拥有的角色身份也可以随着场景不断改变，而在变化的同时，整个模型没有发生改变，这样一来，这套 RBAC 模型就可以成为标准化的产品方案，并适用于所有业务了。目前，RBAC 模型已经广泛应用在电商、新零售、O2O 等多种 SaaS 产品的权限管理领域中，是一套经典的解决方案，如图2-3所示。

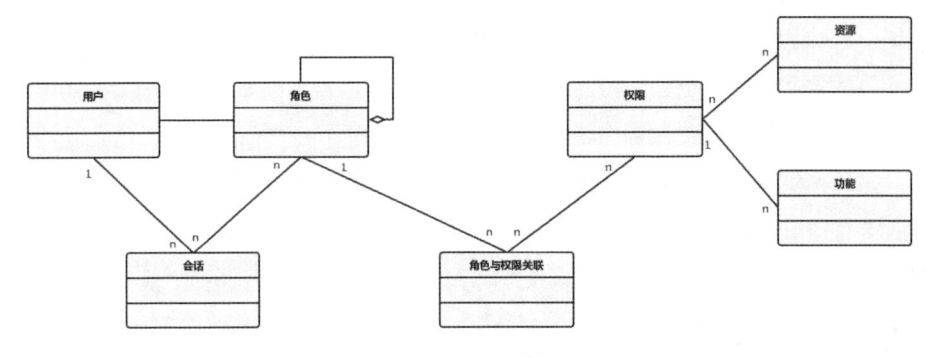

图 2-3　RBAC 模型

我们再来看以下案例：我们需要对餐饮行业做一套管理系统。在餐饮行业的日常业务中，其核心流程包括菜品管理、客户点菜下单、套餐管理、订单管理、用户付款结算等。当然，对于管理严格的餐饮企业来说，还会针对内部效率有更深层次的需求，比如，根据菜品是否估清来控制采购时间，通过菜品类别管理来处理新旧菜品的淘汰与上新，通过内部统计来监控供应链效率、采购与用户结算账单核对等。总之，餐饮企业的核心业务流程可以归纳为以下流程，如图2-4所示。

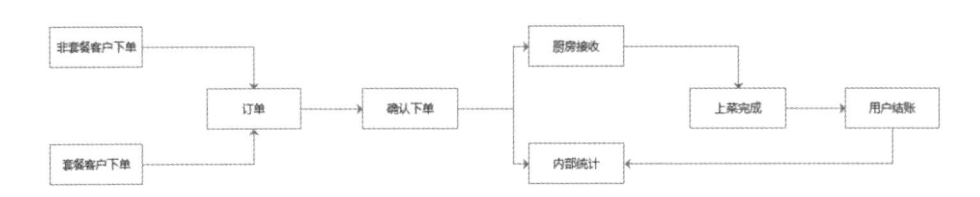

图 2-4　餐饮企业核心业务流程

餐饮企业核心业务流程具体描述如下。

（1）客户可以选择套餐进行点单，也可以选择独立菜品进行单独点单。在普遍的场景中，客户可以通过人工点菜进行下单，同时，随着互联网解决方案在餐饮行业的渗透，也可以通过App、微信扫码（如二维火解决方案等）直接点菜下单。实际上，无论哪种方案，都需要餐饮企业将菜品和套餐标准化，用户可以结合菜品介绍进行点单，如果菜品没有估清，则可以进行下单，否则就需要更换菜品。

（2）确认下单。一旦用户确认所点菜品，即可直接下单，此时如果是一套互联网解决方案，则系统在对用户端生成电子订单，并且预估出订单结算金额。如果做得更深入一些,则在客户下单后,每个菜品所对应消耗的食材会相应减少,可以为之后的采购做准备。

(3)菜品估清。一旦有菜品出现食材短缺等情况,就会进入估清状态,估清状态下不允许用户下单,只有在食材补齐后才可以继续下单。

(4)厨房接收。在订单确认后,或者通过人工,或者通过系统传送到厨房进行按单制作。

(5)结算业务。在用户用餐完毕并进行结算时,可以综合每个菜品的单价得到整个订单的总价,以供客人买单参考。

餐饮企业的核心业务是稳定、可扩展的,不会随着市场活动等外部日常运营业务的变化而变化。因此,在业务领域中,日常运营业务的变化,如市场对菜品价格产生的影响,或其他服务对客户账单产生的影响等,都是与核心业务剥离或弱化关联的,以保证核心业务在稳定、沉淀的同时,系统仍然可以适应日常运营业务灵活多变的需要。

在建模时,业务领域中的界限可以简单理解成一个子系统或组件模块,它放在哪个子域里最为合理是受到场景制约的。有时,同一个业务甚至同一个实体,会出现在不同的子域里,可以结合该子域的上下文来进行不同的描述。领域和界限上下文的划分并没有标准,它是因每个人对特定业务的不同理解程度和抽象程度而不同的。评判一个领域模型是否合理,只有放到特定的业务背景和场景下才会相对客观。

根据上述战略建模的结果,可以进行领域模型的战术建模。根据核心子域里的界限上下文和核心场景,抽象出领域实体及其关系,并用概念类图的方式呈现出来。领域模型图有很多种画法,但其重点是要让业务和技术等各方干系人都能理解领域模型图所表达的含义,并达成共识。所以,领域模型图怎么画并不是关键,关键是只有明白了领域模型所要解决的问题,才能把这个问题毫无歧义地通过一张图来达成各方共识。战术建模所得到的领域模型图,其关键就是识别出各类关键实体,以及它们之间的关系;而最终领域模型是通过战略模型和核心业务场景流程来验证的。例如,在餐饮行业中,订单和菜品的模型关系如图2-5所示。

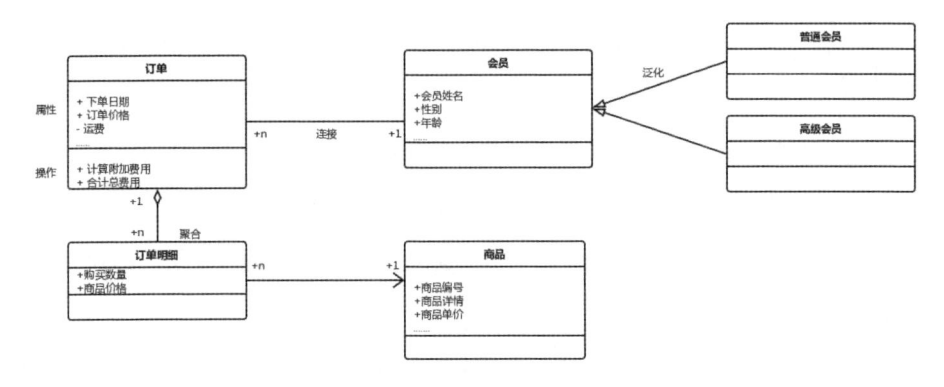

图 2-5　订单和菜品模型关系

领域建模不是面向技术的一种纯软件设计方法，而是一种思维方式。我们通过领域建模来搭建领域模型，可以弥补业务和技术之间的差距，促进团队进行合理的分工协作，同时也可以实时、真实地反映我们所要解决的问题的变化，让我们构建的系统富有价值和生命力。

所以，领域模型的价值不在于它的设计优美，而在于它体现了系统的核心价值。那么，什么是系统的核心价值？对于一个企业内部常用的费用报销系统和一个互联网的大型支付系统来说，它们本质的区别不是用了什么编程语言，也不是用了什么数据库，而是其提供的服务及其服务质量，也就是我们最开始所说的，它能解决的问题及解决的程度。

2.3　产品经理建模工具——UML

2.3.1　概述

领域模型对于复杂的业务场景来说是一个很好用的思想工具，使用领域模型可以更好地对业务逻辑进行封装，提升业务的内聚性和重用性并促使复杂和隐性的业务逻辑得到简洁和显性的表达。领域模型的核心价值在于有效控制产品的复杂度。一个好的模型应该建立在对业务深入理解的基础上，如果业务理解不到位，再怎么分析也不可能产出好的模型。

建模的本质是让业务核心简单化、统一化。所谓"简单化"，就是将重要的东西进行简洁、显性的描述，并将这些业务的构造块串联起来，组成一个体系。而所谓"统一化",即用产品、技术能够达成共识的语言进行描述,以减少不同认知所带来的理解差异。

在设计领域模型时,最重要的一个原则为:合适即可,切勿过度设计。所以,主流的产品开发技术可以分为面向过程和面向对象两种设计方法。一般对于简单的业务场景来说,采用面向过程的设计方法就可以满足,但是现在各种业务场景的复杂度非常高,如果仍然使用面向过程的设计方法,则会使产品系统的复杂度呈直线上升。于是,为了解决越来越复杂的业务领域问题,就有了面向对象的设计方法。

面向对象的设计方法的核心要义是将业务抽象成一个个含有属性和操作的概念模型。这种概念模型是对业务领域问题和需求的高度提炼:通过对业务体系中每一个概念进行提炼,再将其串联成相互关联的流程,即可形成一个完整的业务体系。这种面向对象的设计方法就是将复杂度高的业务进行抽象和剥离,并形成聚焦于需求的领域模型。每一个概念模型都和其上下文有关。比如,在实际项目中,业务的抽象过程主要取决于该领域关注的重点。

以"进销存"系统为例,在采购系统中,采购单是一个核心业务模型,而原材料是一个辅助业务模型;在库存系统中,入库单或出库单是一个核心业务模型,原材料或成品是一个库存物品概念模型。

领域模型除了需要简单反映业务问题,还需要使用统一的语言来"描述"业务问题。因为产品经理作为业务领域专家,建立模型的目的是让技术、业务等协同合作方充分理解并落地执行,所以"同一个业务,同一种语言"是模型能够落地并正确执行的支柱。建立模型的过程就像翻译过程,不同背景的人用不同的视角看同一个东西,其理解是不一样的,比如,两个盲人都摸到大象鼻子,一个人认为像蛇(活的、能动),而另一个人认为像消防水管(可以喷水),那么他们将很难达成一致,因为双方都无法接受对方的模型。而 UML(Unified Modeling Language,统一建模语言)提供了一种领域模型的建模标准,相当于一套"协议",一种"语言",可以通过一种标准来描述产品系统设计,使得抽象出来的模型"统一化"。

所以,简单来说,领域模型的建立即通过面向对象的方式,使用 UML 来构建和描述一个通用的模型,从而解决复杂的业务问题,如图 2-6 所示。

业务提炼 ＋ 语法规则 ＝ 领域模型

图 2-6　领域模型的建立

当核心模型被定位和确定后，相当于我们抓住了业务领域本质，此时我们可以使用面向对象的概念对模型进行细化，实际就是明确模型对象的属性，确定模型对象的边界，通过反复重构，并结合 UML，使得模型准确反映模型对象的本质，从而实现模型的灵活性设计和建立模型的统一标准。这个过程是将业务领域问题通过产品经理"翻译"成技术人员所能理解的技术解决方案并开发落地，从而最大限度地保证产品在每个环节不失真。

那么，UML 有什么用呢？通常，UML 被认为是开发人员进行开发的工具，对于产品经理的用处不大。其实，这种理解是片面的。UML 最初的确是应用于软件设计行业，然而，如今互联网行业的产品设计与传统的软件设计并没有本质性的差异，所以 UML 这种经典的工具仍然可以发挥其威力。对于产品经理来说，熟练掌握 UML 的好处如下所述。

- 梳理产品需求及其业务流程。
- 梳理产品实现价值及其运用场景。
- 准确向设计及开发传达产品需求和边界。

综上所述，UML 为产品经理们提供了一套既能分析问题又能准确交流的图形化语言。可以说，UML 是产品经理必备的利器之一。

2.3.2　UML 分类

UML 包括用例图、类图、对象图、状态机图、顺序图、活动图、时序图、部署图、构件图、包图、通信图。那么，这些不同类型的图该如何使用呢？其实，在产品经理进行系统设计时，不同阶段所使用的图不同。关于 UML 的分类方法，通常可以从两个视角进行划分：第一个是从产品经理工作的视角，根据产品设计流程进行分类，我们称之为"动态分类法"；第二个是从 UML 本身的视角，根据 UML 本身固有特性进行分类，我们称之为"静态分类法"。其中，"动态分类法"是从产品设计流程的维度将 UML 分为产品需求、逻辑分析、架构设计 3 个类型，如下所述。

（1）在产品需求阶段，主要采用用例图来描述需求场景。如产品使用角色（Who）、产品功能（What）、产品交互（How）等。

（2）在产品逻辑分析阶段，主要采用类图来描述产品结构，以及抽象类之间的关系和链接。采用对象图来表达类图中的类在某一静态时间点上的关系。类图和对象图的区别在于：类图常常用来对系统进行宏观层面的建模；而对象图常常用来表达复杂系统里的各个类在某一个时间点上的实例及其关系。采用对象图来描述整个业务流程所参与的角色，以及角色之间对业务流程的协同作用。采用状态机图来描述某个业务模型对象的状态变更。采用顺序图来描述整体业务的顺序流程。

（3）在架构设计阶段，主要采用构件图来描述产品内部物理结构；采用部署图来描述如何部署产品的IT基础环境；采用包图来描述开发的接口设计。

"静态分类法"是从UML本身固有特性的维度将UML分为以下几类。

（1）在表达静态结构时可以采用用例图、对象图、类图、构件图、部署图、包图等。

（2）在表达行为时可以采用顺序图、状态机图、活动图、通信图等。

总之，采取什么样的分类方法并不重要，重要的是产品经理要理解不同类型的图所特有的功能和表达的意义。UML从产品的需求分析阶段到开发、部署、测试、上线阶段都可以发挥"神奇"的作用。对于产品经理来说，掌握UML的方法能够让自己变成既懂业务又懂技术的高手！

2.3.3 用例图

现实世界是一个变化万千、丰富多彩的世界，其非标准化程度极高。对于产品经理来说，统一标准的难度比较高，建立模型往往困难重重。这就需要产品经理从全局视角看待问题。其实，我们所遇到的大部分问题，其核心本质都是由触发的主体、事物本身和一定的规则组成。那么，UML就提供了很好的工具，为现实世界建立起一个对应的逻辑模型，如图2-7所示。

图 2-7　现实与模型映射

从图 2-7 可知，UML 剥离了现实世界中各种无关的要素，采用简单的元素对业务进行高度抽象，让人可以聚焦在模型中而忽略与其无关的各种干扰因素。如图 2-7 所示，UML 采用一个很形象的小人图形代表模型的驱动者，我们称之为用例参与人。用例参与人是广义的"人"，不仅能够指代现实中的"人"，而且能够指代一切驱动方，如某个系统、某个模块等。另外一个基本要素，我们称之为用例，如图 2-8 所示。

图 2-8　用例示意图

用例代表业务事件，一般用例都是采用动宾结构，表达用户的使用场景，即用户如何使用产品。用例与用例参与人连起来就代表了"某个参与人想做什么事情，获得什么样的结果"的一个业务场景。也就是站在用户的角度对系统行为进行描述，而不用考虑实现细节。例如，在电商行业中发生的一个场景：用户在登录后，浏览商品，将商品添加到购物车并下单。这个简单的业务场景可以使用用例图来表达，如图 2-9 所示。

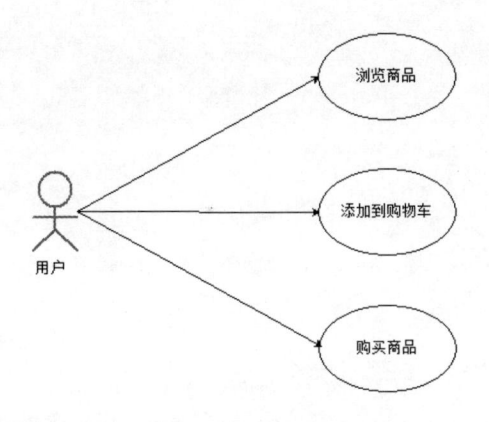

图 2-9　业务用例图

用例图（Use Case Diagram）不关心功能细节如何实现，而是用来将业务场景转化成领域模型的，它从用户的角度出发，强调产品的场景和对应的功能。产品经理一般使用用例图来进行需求分析，将业务转化成面向对象的模型，以便与设计、开发、测试和业务方进行沟通。在进行业务转化时，我们往往会画错用例图，常见的错误是将用例所抽象的对象弄错，这里提供一个简单的口诀：用例图要体现的是价值而非具体动作。举个例子，如图 2-10 所示，现有一个储户在 ATM 机上取钱，在使用用例图表达这个场景时，核心用例并不是"登录"而是"取款""查余额"。这里产品经理应该关注的是核心用例，而不是那些对业务场景价值不大的用例。

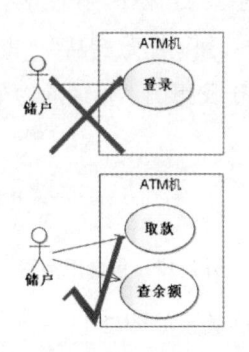

图 2-10　业务用例正误图

为了表达业务之间的逻辑关系，用例图提供了关联（Association）、包含（Include）、扩展（Extend）、继承（Generalization）、聚合（Aggregation）和组合（Composition）等关系，如图 2-11 所示。

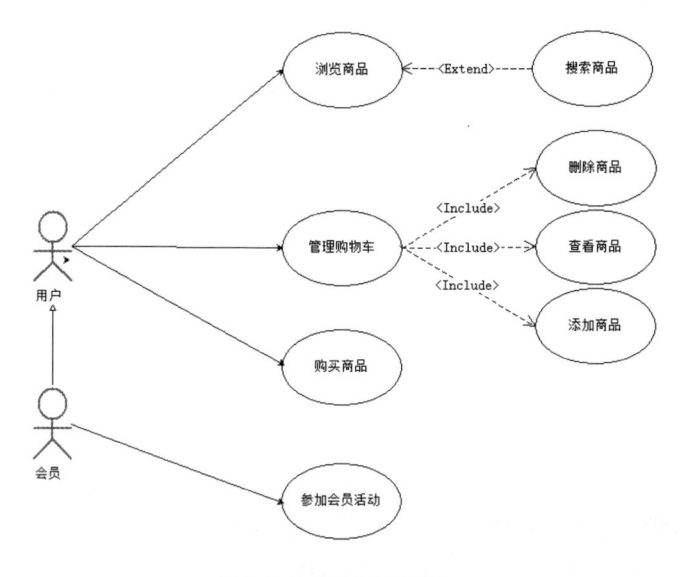

图 2-11 用例图举例

（1）关联（Association）。关联关系是简单的用例之间的联系，一般使用实体线条连接用例，线条包括有箭头的和无箭头的，有箭头的关联关系代表驱动关系，箭头指向被驱动方；而无箭头的关联关系仅代表两者之间有联系，不强调驱动关系。

（2）包含（Include）。包含关系如图 2-12 所示，代表 A 包含 B。包含关系表示 B 在 A 的基础上进行复用的行为。比如，在图 2-11 所示的购物车的管理场景中，对购物车内的商品进行的操作，如"删除商品""查看商品"等都是在购物车的基础上进行的，因此，共同服务于父用例"管理购物车"。

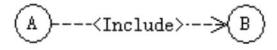

图 2-12 包含用例图

（3）扩展（Extend）。扩展关系如图 2-13 所示，代表 B 扩展出 A。扩展关系表示用例的分支场景。与包含关系不同的是，扩展关系在没有父用例时，是不能独立存在的。但是，父用例在没有扩展的子用例时，也是完整的。

图 2-13 扩展用例图

（4）继承（Generalization）。继承关系如图 2-14 所示，代表"会员""非会员"都是继承于"用户"的。继承关系表示被继承的类的相关特征，如属性、操作等对于继承它的类同样有效，类似于祖先和后代的关系。在图 2-14 中，"会员"和"非会员"都是继承于"用户"的，所以，"用户"的属性，如姓名、性别、年龄等同样会被"会员""非会员"所继承。

（5）聚合（Aggregation）和组合（Composition）。之所以把聚合和组合这两个关系写在一起，是因为这两个关系在图形上非常相似。但是，这两者之间却有本质的不同，如图 2-15 所示。

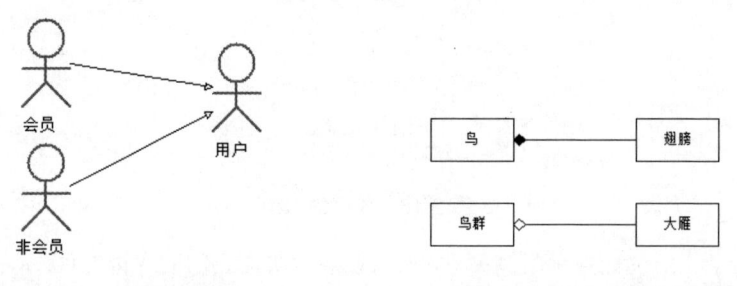

图 2-14　继承用例图　　　　　图 2-15　聚合和组合用例图

聚合关系用实心菱形表示；组合关系用空心菱形表示。聚合关系意味着如果"鸟"不存在了，则"翅膀"也不复存在；组合关系意味着"鸟群"和"大雁"没有强关系，"大雁"可以属于"鸟群"，也可以属于其他群体。

2.3.4　类图

类图（Class Diagram）一般用来描述产品中的静态关系，之所以说是"静态"，是因为在分析系统结构时，需要产品经理根据业务需求和问题抽象出一个模型，并静态地展示系统的全景图，这个静态的模型就是类图。类图是业务对象在系统中的实例化，而关于对象的概念我们在面向对象中已经阐述过，可以被看作系统/产品的参与者（可以作为使用者参与，也可以作为子系统参与）。在将对象实例化成类后，参与者的特征和操作也被相应地实例化成属性和方法。

类图是用于描述系统和产品结构化设计的静态图形，显示了类、类的方法、类的接口，以及它们之间的静态结构和关系。作为产品经理，运用类图可以厘清业务概念和它们的关系，可以更加深入地剖析系统和产品业务。在了解类图之前，我们要先弄清楚什么是类？什么是类图？在面向对象的思想中，每个业务实体对象都扮演了一个角色，并为其他成员提供特定的服务或执行特定的操作。这些业务实体及其场景、功能经过归类之后，即可抽象成类。而类通过图形进行展示就是我们所说的类图。

在 UML 中，类图的结构如图 2-16 所示。其中，类名（名称）是指每个类都有一个唯一的名称；属性是指已被命名的类的特性，它描述该类实例中包含的信息；操作（方法）是指类所提供的服务，它可以由类的任何对象请求以影响其行为。

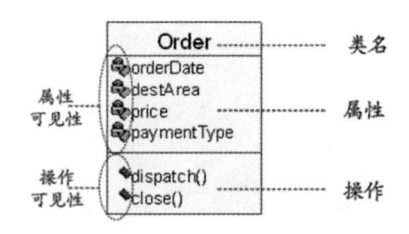

图 2-16 类图的结构

结合前文所述的各种用例关系，就可以表达类图之间的逻辑关系，从而静态反馈产品内部结构之间的关联，如图 2-17 所示。

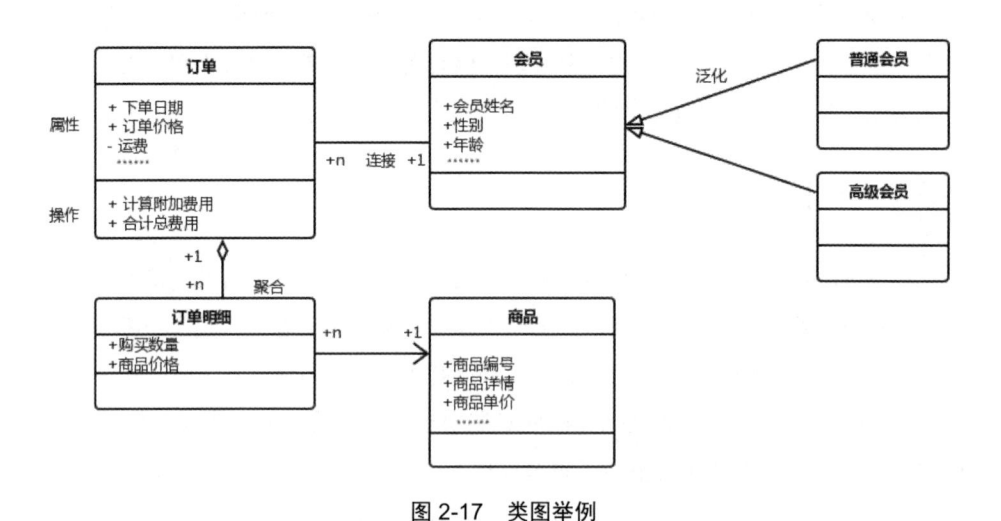

图 2-17 类图举例

2.3.5 流程图

一般来说，流程图（Flow Chart）是产品设计工作中非常常见的图形，无论刚入门的产品经理还是产品高手，都会用它来表达业务流程。流程图的基本原则很简单，一般使用矩形代表流程中的节点，使用菱形代表分支判断，使用圆形代表流程开始，使用含实心的圆形代表流程结束。例如，一个活动审核的业务流程如图 2-18 所示。

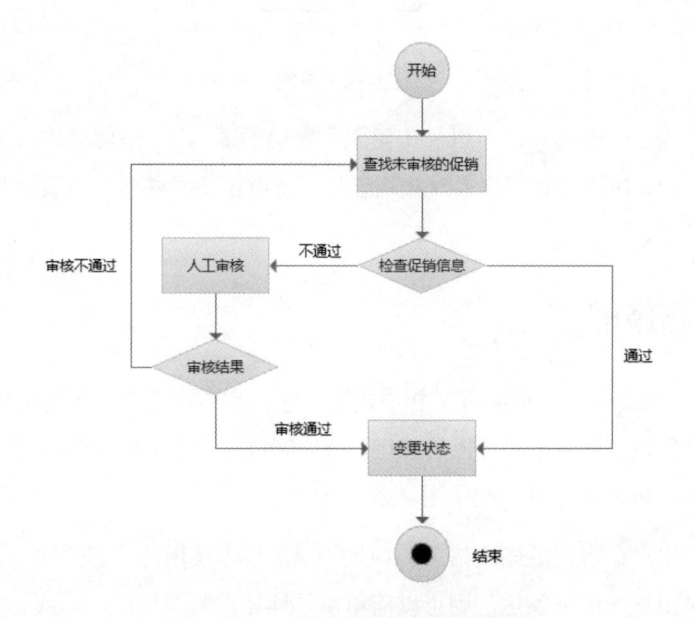

图 2-18　一个活动审核的业务流程图

图 2-18 展示了一个简单层级的流程图，在实际场景中，可能含有更多部门协同的关系，此时流程图中会增加"泳道"来进行协同方的划分。因为流程图比较简单，所以，在此不做过多介绍。

2.3.6　包图

包图（Package Diagram）主要用来聚合类图，是一种组织归类的工具，可以把相关的事物放在同一个包内。包图是一种结构化思维的体现，是站在更高、更抽象的视角来组织散乱的 UML 图形。在实际项目的建模过程中，往往会获得很多元素，如果元素过多，就会让人难以阅读，同时，建模人员在穷举完所有的 UML 元素后，就需要按照共性归类，体现模型的结构化思想。模块化展示有利于设计，有助于开发人员更好地理解产品。

包图很好辨认，其形式比较像文件夹，如图 2-19 所示。

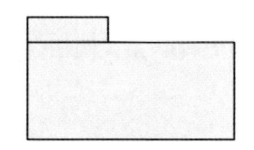

图 2-19　包图

包图相当于一个容器，可以用来组织和容纳类图、用例图等其他 UML 元件。在实际工作中，包图往往用作系统模块设计，使用包图能够形象地表达类图或用例图的所属关系。

2.3.7　顺序图

顺序图（Sequence Diagram）核心用途在于描述系统各个业务对象之间如何交互，以及消息如何在对象间传递的过程。顺序图可以用来解释业务流程，特别是当流程中涉及多角色交互时，顺序图是最佳选择。

例如，用户在客户端修改信息的场景。该场景涉及用户、客户端、后台系统 3 部分，如果用顺序图来表达，则可以简单明了地体现整个过程，如图 2-20 所示。

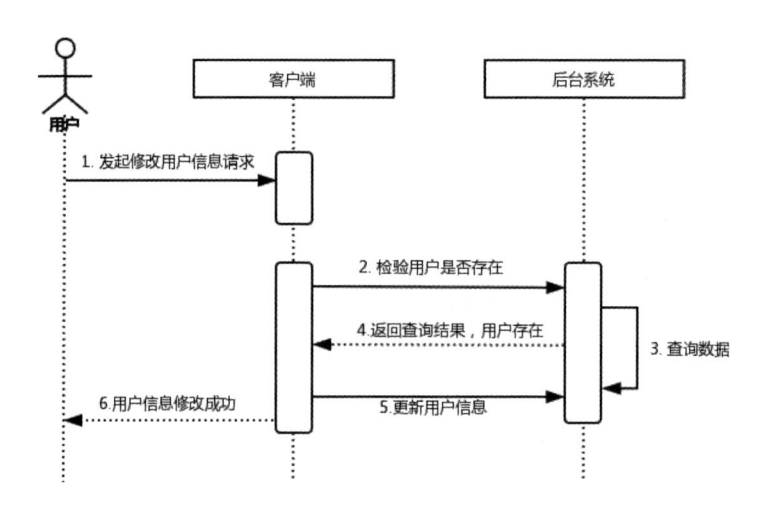

图 2-20　用户修改信息顺序图

在图 2-20 中，顺序图体现了用户修改信息的交互过程：用户从客户端发起修改用户信息请求,然后客户端同步请求到后台系统,由后台系统检验并查询用户的数据是否存在,如果存在,则通知客户端让用户修改,并在用户修改完成后,更新信息到后台系统。在上述案例中,可以看到,顺序图在产品模型建设中,对于不同岗位的人员来说,具有不同的解释作用。比如,对于业务人员来说,顺序图展示了业务整体逻辑,描述了整体逻辑中不同业务对象如何交互,这对于解构业务细节很有帮助。对于技术人员来说,顺序图记录了产品系统的行为逻辑,在技术架构阶段,能够通过顺序图挖掘系统的消息交互,进一步完善底层架构。对于产品经理来说,顺序图通过对业务的深层次表达,能够将业务进一步转化为技术语言,起到承上启下的作用。

顺序图的基本语法非常简单,一般来说,顺序图由以下几个部分组成。

(1)角色。

角色的图例和用例图中的图例一样,都使用公仔图来表示。角色一般都是顺序图流程的发起者。在图 2-20 中,"用户"就代表了使用客户端产品的一类人。当流程发生时,实际上就是角色所指代的具体的某类用户在业务场景中与各环节发生了交互。

角色除了使用公仔图来表达,还可以使用线框图来表达,如图 2-21 所示。

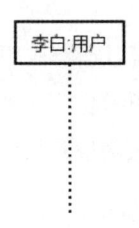

图 2-21 角色的线框图

角色在线框图内的描述格式一般是"对象名:类名",其中,"对象名"是"类名"的实例化体现,比如,"李白"是具体的一个用户,他从属于"用户"这个类。反之,将"用户"类具体到某个用户时,就是实例化。

(2)生命线。

在顺序图中,独立业务模块下方垂直的虚线部分就是生命线,如图 2-22 所示。

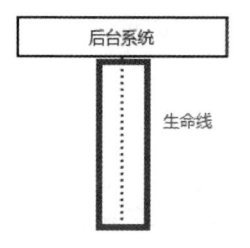

图 2-22　生命线图例

生命线代表某个业务对象模块的流程延伸，是业务流程中激活框的载体。

（3）激活框。

激活框是生命线上的矩形，代表业务过程的执行，如图 2-23 所示。

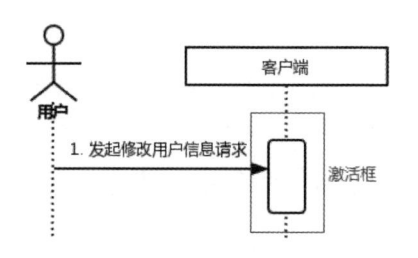

图 2-23　激活框图例

（4）消息。

消息是对象之间的通信请求，可以理解成顺序图之间的信息流，消息在顺序图中由有箭头的线段表示，线段从发送者起始，箭头指向的是接收者。在表达消息交互时，一般从一个对象的生命线或激活框指向另一个对象的生命线或激活框。

常见的消息类型有发送消息、返回消息、自身消息等。发送消息一般从一个角色或对象指向另一个角色或对象，如图 2-24 所示。

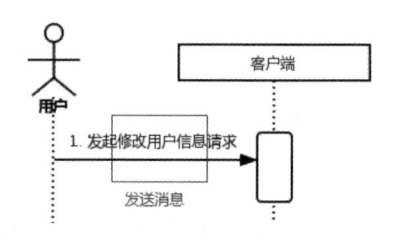

图 2-24　发送消息图例

返回消息一般与接收消息对称出现，常常用来表达一个对象接收并响应其他对象消息的过程。返回消息一般用虚线表示，如图 2-25 所示。

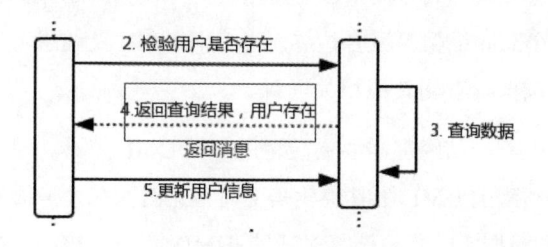

图 2-25　返回消息图例

自身消息是一个自己指向自己的箭头，表示角色或对象自己做了什么事情，如图 2-26 所示。

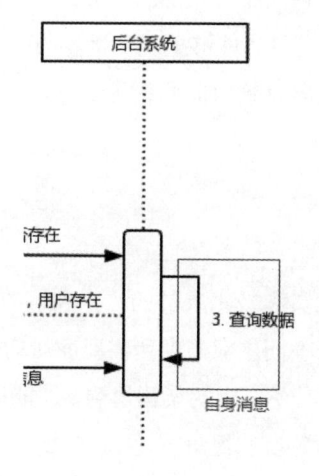

图 2-26　自身消息图例

总之，在进行日常产品架构的过程中，我们所面临的业务大多需要多种合作关系才能完成。作为产品经理，我们不能只看到其中的一个或几个模块，而是需要从宏观层面、全局层面去了解业务流程，甚至还需要挖掘业务流程背后的各种动作和场景。那么，顺序图就是很好的挖掘工具，它不仅能够探索出业务深层的逻辑，而且能够将每一个流程分解为原子化的"颗粒"。在实际工作中，业务的深度分析和分解可以将场景进行多面展示，可以让产品经理抓住核心问题，并解决隐藏在业务背后的问题。

除了上文介绍的常见 UML 工具,"UML 家族"还有部署图、构件图、活动图等。总之,UML 可谓"重剑无锋,大巧不工"。每个工具看似简单易懂,但是对其进行深度挖掘就会发现,每个 UML 工具在其自身领域内还存在更多场景和变化,如顺序图还存在 frame 框架等聚合边界。本章对 UML 仅做思考工具方面的阐述,有兴趣的读者可以自行查阅其他相关资料。

在实际工作中,产品经理需要灵活运用各种 UML 工具。对于一般的产品项目来说,其能充分用到的 UML 工具也就是上述常见的两三个。同时,切忌"为了用而用",我们应该根据实际需要选择合适的 UML 工具,核心目标是将业务领域问题完整地表达出来。

其实对于产品经理来说,UML 不仅是一个画图工具,而且是一种思维,是一种高级的处理方法,是一种能够将杂乱的业务信息收敛的标准化语言。UML 的背后是一种面向对象的设计方法,能够把现实世界的业务场景映射到系统世界中,也能够让各种角色的人从面向对象的世界里找到现实世界的逻辑。

2.4 本章小结

架构思维不是研发人员和技术人员的"专利",对于产品经理来说,基于技术架构的理念,理解产品在不同生命周期所需要面对的技术问题,是"技术同理心"的第一步。产品经理只有具备一定的架构思想,才能够更好地理解不同时期的同一个业务场景中产品和技术各自的视角。

如果说产品经理在审视业务时,从产品层面属于"看山是山,看水是水",那么从架构层面就是"看山不是山,看水不是水"。这里的架构,不仅包括技术层面的架构,还包括产品层面的领域模型。产品经理应该具备"多面手"的能力,既懂业务又懂技术,这样才能够将业务领域问题顺利转化为产品解决方案。而产品经理所采用的最佳领域模型思维工具便是 UML。

本章介绍了用例图、类图、流程图、包图、顺序图等几种常用的 UML 工具,相信产品经理在掌握这几种工具后,可以应对大部分产品建模场景。其中,用例图相当于将业务场景的产品进行模块的抽象化,是实现业务标准化的第一步;类图是业务场景继续模型化的最佳工具,是将抽象化的模块转化为产品解决方案的第一步。类图最大的作用是能够将业务场景转化成面向对象的类图的关联。流程图定义了业务场景中业务走向的逻辑，是业务的流程化的表达。顺序图是表达某项业务中各个系统的信息传达，一般用于解剖系统层级的交互，是系统的截面展现。

总之，UML 不仅是一个工具，还是一种思维习惯。产品经理在搭建架构时，应该多使用这种工具将连续化的业务场景映射成面向对象的领域模型。产品经理应该通过建模的方式，在确定产品范围边界的同时，为产品的拓展留出空间。只有心中有模型这盘大棋，才能做到以不变应万变。

第 3 章
核心系统落地

3.1 概述

第 1 章我们学习了业务逻辑，第 2 章我们学习了从业务逻辑到产品架构，拓展了业务到系统的宏观视野，本章我们正式进入系统设计实践之路。正如《孙子兵法》中所述："地者，远近、险易、广狭、死生也。"当我们理解了业务本质、建立了业务架构之后，我们的思维就必须落实到具体的产品上。可以说，系统的健壮与否，产品逻辑的正确与否就如同战争中的地形一般，是看得见、摸得着的，它直接决定了最终的结果。

各大平台优秀的系统产品是产品经理争相学习的对象。在如今这个时代，我们是幸运的，可以不断体验电商行业迅速发展的新技术、新产品；同时，我们也许是不幸的，由于各大平台风格迥异，眼花缭乱的新技术层出不穷，使得新入行的产品

第 3 章 核心系统落地

从业者很难聚焦。例如，以天猫、淘宝为代表的开放平台模式以其丰富的运营活动、优秀的产品设计，一直是电商行业的佼佼者。而京东作为目前全国最大的自营式 B2C 电子商务平台，从最初以 3C 品类为主导，到现在涵盖图书、百货、家电、虚拟商品等几乎所有品类；从最初的自主经营模式到现在的自主经营加开放平台模式；从最初面向国内市场到现在面向全球市场，京东的业务越来越庞大和复杂。但是由于两类平台的基因不同，其系统产品也展现出不同的特性。那么，对于我们来说，该如何学习电商的系统设计呢？该如何进行实践呢？

其实，产品形态看似变化多样，但是无论其表现形式如何，我们只有深究其本质，才能深度理解这些平台做产品的核心要义，从而根据自己的业务特点做出和这些明星级产品一样健壮的系统。从电子商务的基本流程中可以看出，电子商务的任何一笔完整交易，都包含几种基本的"流"，即信息流、资金流、物流。信息流是指商品信息的提供、商业单证的转移、技术支持等内容。资金流是指付款、转账等资金的转移过程。物流是指物质实体（商品或服务）的流动过程，如商品的储存、保管、配送、运输、信息管理等活动。因此，本章和第 4 章以电商核心系统为例，为读者解构系统，让读者更好地理解系统设计的底层逻辑，以便在工作中针对自己的业务设计好的系统或产品。

本章内容包括以下几个部分。

- 类目系统：主要讲述电商业务系统的基础——类目，对应第 1 章的商品品类。其中包括类目的基本概念，前台类目与后台类目，以及实际系统中的几种管理场景。
- 商品系统：主要讲述电商的基本交易单元——商品，其中包括商品的构成，如 SPU、SKU、商品属性、品牌等概念，以及商品系统及其相关系统的底层设计思想。
- 订单系统：主要讲述业务系统中的核心——订单，订单是一切业务流程的原始数据。在平台模式中，订单系统的基本划分和设计逻辑包括下单前、下单中、下单后 3 种视角。
- 库存系统：主要讲述电商的供应链核心——库存，库存是供应链相关的数据中心，一切供应链围绕的就是库存，在此对该系统的设计和理念进行简单的阐述。

- 促销系统：主要讲述电商的运营入口——促销系统，促销系统承载了电商业务的促销模式，是一切运营的源头，在此对促销系统和其核心引擎进行专门的阐述。

3.2 类目系统

3.2.1 什么是类目系统

对于电商来说，类目系统是整个平台的起点。电商的核心任务是销售商品，当商品数量非常少时，我们不需要对商品进行分类，用户就能很容易地找到所需商品。但是，当平台上的商家逐渐增多，商品丰富程度得到极大提升之后，用户要在平台上找某一个商品就非常困难了。这时为了方便平台进行管理，也为了方便用户快速找到心仪的商品，产品经理构造了"类目"。

类目其实就是商品的分类。从用户的角度来看，类目系统能够方便用户定位目标商品。而从平台的角度来看，首先，类目系统可以让平台对海量的商品进行划分，以便管控和维护；其次，为了提升销售效率，平台运营往往需要根据季节、人群等因素不断调整、变换前台商品的分类场景，目的是最大限度地减少用户筛选商品的路径，快速进行转化，因此，就有了前台类目和后台类目的架构；最后，落到宏观层面，公司是为了盈利，电商企业也不例外，平台往往在提供服务的同时，会根据自身特点制定相应的商业模式和战略规划。而类目系统可以根据平台战略来灵活控制微观层面的业务逻辑。

不同的类目因为其业务特殊性，对于企业的战略贡献意义是不同的，电商平台类目遵循同样的道理。例如，京东选择了3C品类切入自营电商领域，然后扩充到图书、服装等全品类平台。从整个战略布局上来说，3C品类利润较薄，但是标准化程度高，适合自采入仓做好服务和品牌口碑；而像百货类、服装类等非标准产品太多、品牌太杂，自采自销效率低，但是属于长尾市场，可以快速增加品类做大规模，适合作为利润品类，保证平台盈利来源。也就是说，以低价销售的自营品类吸引人流和资金流，然后通过平台长尾品类产生规模效应来盈利。

由此可见，不同类目对于电商平台的战略贡献意义不同，所以需要类目的业务逻辑细节进行相应的差异化调整。常见的差异化调整策略包括不同类目的佣金比例根据平台收入分解目标做出调整，不同类目的资质上传和审核、不同类目系统保证金收取额度有区分，以及承载电商的其他业务规则。而所有业务的支持，都离不开类目系统这个底层架构。

类目系统属于电商平台基础数据服务系统，除了直接挂载商品数据，还与其他系统有直接关系。比如，搜索系统每天会定时检验类目属性数据，用于搜索结果页面导航；商品系统发布商品需要后台类目数据；网站系统的前台类目展示需要类目系统提供数据等。可以说，类目系统是电商平台的基础，是业务系统运营的源头，如果类目系统设计得不够完美，则会在一定程度上对平台的后续发展产生影响，并且由于类目系统属于底层架构之一，往往这种影响是不可逆的，很难对平台进行迭代优化，因此作为电商后端产品经理，很有必要掌握类目系统的基本逻辑。

3.2.2　类目与叶子类目

在如今的生活中，无论物质商品还是虚拟商品，都特别丰富，因此，无论京东、天猫，还是其他电商平台，如一号店、我买网等，在线商品数量均以千万量级计数。这就产生了一个问题：用户不可能浏览所有商品后再进行购买。线上用户的行为习惯往往是快速浏览之后就离开平台了，大量的商品是无法被用户看到的，这就会造成平台的销售效率极为低下。因此，最好的办法就是将海量商品进行分类展示，就有了类目的概念。类目是一系列具有相同点的商品的集合，是用来回答"这是什么东西或属于哪一类"等问题的一种数据关系。

类目能够将平台的海量商品进行分类组合，但是随着整体商品数量的增加，单一类目划分的商品组合的体积会呈线性增长，用户依旧会遇到购买瓶颈。因此，在单一类目系统的基础上就出现了多级类目的形态，也就是类目树。类目树是一种非线性的数据结构，如同现实中的树木一样，当类目分到不能再往下细分的最低层级的节点时，我们可以把这个类目称为叶子类目。一般商品会被挂在叶子类目下，叶子类目的基本原则是相互之间不能有交集，不可重复。京东的类目树如图 3-1 所示。

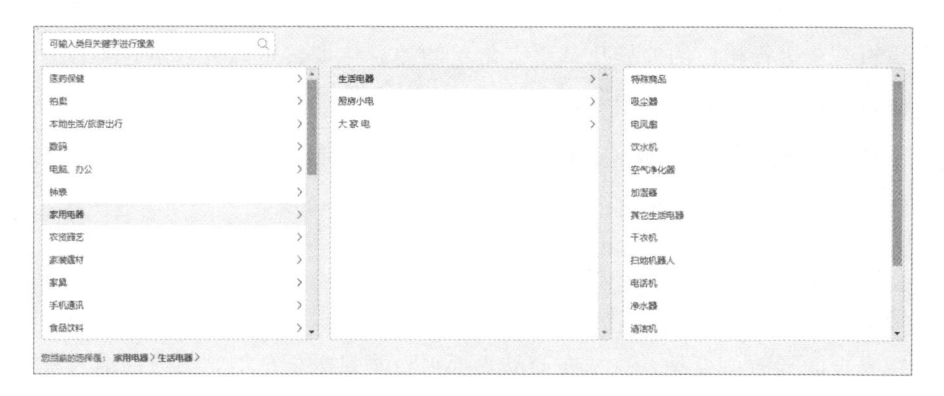

图 3-1 京东的类目树

类目树可以在一定程度上解决商品分类的问题，并且可以缩短用户的查找路径。但是，类目树还会存在一些问题。比如，随着商品数量进一步增加，类目树会遇到"天花板"，商品数量会使得类目树非常深且可用性逐渐降低。同时，不同用户对商品的认知是不一样的，用户的浏览、搜索行为也是不一样的。例如，同样想找休闲T恤的用户，可能有的用户的心智模型是"男装、优衣库、休闲风格、T恤"；而有的用户的心智模型却是"男装、上衣、T恤、休闲风格"。

然而，类目的树状结构决定了从根节点到某一叶子节点的路径是唯一的。这样一来，要么需要根据用户行为不断调整类目树，要么就只能损失部分用户，所以仅依靠类目树已经无法很好地解决问题了。同时我们发现，越靠近类目树的末端，其商品的特征越多样，如品牌、产地等，而这些特征和商品之间既有一一对应的关系，也有一对多的关系，于是，根据标签化的抽象方法，"属性"这个更为细致的划分方法就诞生了！

3.2.3 类目的属性与子属性

类目的属性是用来细分和形容叶子类目的参数维度，由"属性名称+属性值"组成（全面、适用性、无重复、有重点）。类目的属性是类目的核心，其设计原则是可扩展的。不同的类目有不同的属性定义，原则上支持任意级类目定义属性，但是一般会把类目的属性挂在叶子类目下。在商家发布商品时，会先选择好类目，然后根据类目上的属性模板，为商品加载模板中的属性。属性的录入方式包括单选、多选、输入。属性的类型包括关键属性、一般属性、销售属性，又可以称为不变属性、可变属性、与价格有关的属性。

（1）关键属性：通过关键属性能找到确定的 SPU（Standard Product Unit，标准化产品单元）。比如，我们在笔记本类目下，定义了品牌、系列、型号 3 个关键属性。那么，通过这 3 个关键属性及其值，就能找到对应的 SPU，如"联想 T60 笔记本电脑"就是一个 SPU。再比如，将服装品类中的品牌和货号这两个属性值组合起来，即可形成一个唯一确定的产品模板。

（2）销售属性：能够确定唯一的一个 SKU 的属性或属性组合，如服装品类的 SKU 属性就是颜色和尺码，这两个属性能够确定一个最小的库存单位。

（3）一般属性：有一些属性，如新旧程度、保修方式、附加服务等，与 SKU、SPU 都无关，只与商家的销售场景和特点有关，属于商品的补充信息。

每一个属性都有可选值，也就是属性对应的参数，即属性值。例如，笔记本品牌包括 ThinkPad、Dell、Apple、ASUS 等。这些可选值是集中存放的，其设定遵循"穷尽而不重复"原则。一般可以由类目运营人员进行维护录入，以便保持字段的唯一性，减少"脏数据"的产生。

与类目树类似，属性也有从属关系，因此，属性也是树状结构。属性的树状结构可以层层从属，也就是说，子属性也可能会存在从属属性。这样的结构划分是为了更好地进行分类，不至于出现属性过多而无法穷举和筛选的情况。比如，电脑类目的品牌属性下有 ThinkPad，ThinkPad 下有 T61 这个系列，而 T61 下又有 T61-7661A79 这个型号。这样的结构在系统中应该是这样的：首先，有品牌这个属性，品牌属性的可选值有 ThinkPad、Apple 等；其次，ThinkPad 这个属性值又与系列属性关联，系列属性的可选值有 T61、x200、x400 等；最后，T61 这个属性值又与型号属性关联，型号属性的可选值有 T61-7661A79、T61-8663-A81 等。这样一来，属性就如同类目一般，形成了一个树状结构，而最终的叶子节点就是子属性下对应的参数值，即子属性值。

按照这样的结构来看，整个类目系统和属性系统就比较完整了，用深度有限的类目树（一般为三级），加上丰富的属性就能够很好地描述一个商品或者大量商品的集合。从商品本身的角度出发，分类问题基本得到了解决。然而，在实际场景中依然会存在一定的灵活性问题。比如，在用户购买商品时的心智模型层面，当某个节日即将到来时，用户突然想购买某个节日的特殊商品，或者针对某个场景，如用户需要购买出席宴会使用的系列礼服套装等,这种场景化、临时性的需求在实际应用中非常常见,用户往往没有非常明确的购物目的,这就需要平台具备一定的"导购"效果,并需要电商平台运营人员根据经验、节日、季节、流行要素等情况来灵活调整商品分类的模式。如果商品分类的模式仍然采用类目树加属性的模式,运营人员就需要频繁地将商品在类目之间进行切换调整,不仅工作量非常巨大,而且整个运营体系的效率非常低。为了同时满足商品分类的灵活性需求和商家根据物理分类管理商品的需求,类目系统又发展出了前台类目和后台类目的分类方式。

3.2.4 前台类目和后台类目

前台类目和后台类目来源于线下管理,然后被淘宝引入系统中,具体来说,平台会有两套类目系统:一套是后台类目,相当于一个线下的仓库,是一个强大的商品数据仓库;另一套是前台类目,是供用户使用的类目导航,可以让用户以最短的时间找到自己想要的商品。后来,该思路被标准化,成为搭建类目系统的一个统一思想。简单来说,后台类目是商品的物理分类方式,和商品本身相关;前台类目是灵活多变、可重叠、可删除的,和业务场景相关,相当于建立了一个虚拟类目,该类目通过与后台类目映射而间接和商品产生关联。

后台叶子类目是前台类目的搭建基础,前台类目架构是引用后台各个叶子类目后再进行排序而得到的,由后台叶子类目和属性组成。一个前台类目可以包含多个后台叶子类目,一个后台叶子类目也可以映射多个前台类目。前台类目不直接挂载属性模板,它所对应的属性来自后台叶子类目的公共属性。这样,前台类目和后台类目就形成了分离,一方面可以保证后台类目的稳定性,另一方面可以保证前台类目的灵活性。一旦前台类目和后台类目分离,就可以调整前台类目而不影响后台类目。这样一来,电商平台运营人员就可以根据季节、营销策略、节日等对前台类目进行灵活调整,保持商品分类的动态变化,以适应导购需求。最终,用户在购买商品时看到的类目就是灵活多变的前台类目了。

例如,天猫根据目前季节因素,建立了"当季流行""男士外套"等虚拟类目,用户可以看到所有与之相关的类目,这样的一个分类聚合方式,可以通过相关性商品激发用户的潜在购物需求,如图3-2所示。这种聚合场景是前台类目最普遍的应用。从用户的角度来说,前台类目可以尽量缩短用户的购物路径,方便用户根据需求找到相应的商品。从平台的角度来说，前台类目可以减少运营人员的工作量，比如，面对不同的导购场景，运营人员可能会针对同一商家的商品进行频繁调整，而用前台类目作为后台类目的一个映射，可以对不同的属性、品牌等进行灵活组合，大大降低商品维护的成本。总之，前台类目是站在用户购物场景的角度进行商品的分类；后台类目是站在商品本身物理分类的角度进行商品的归纳。最终，商家通过后台类目发布和管理商品，而平台通过前台类目进行多场景的导购售卖。

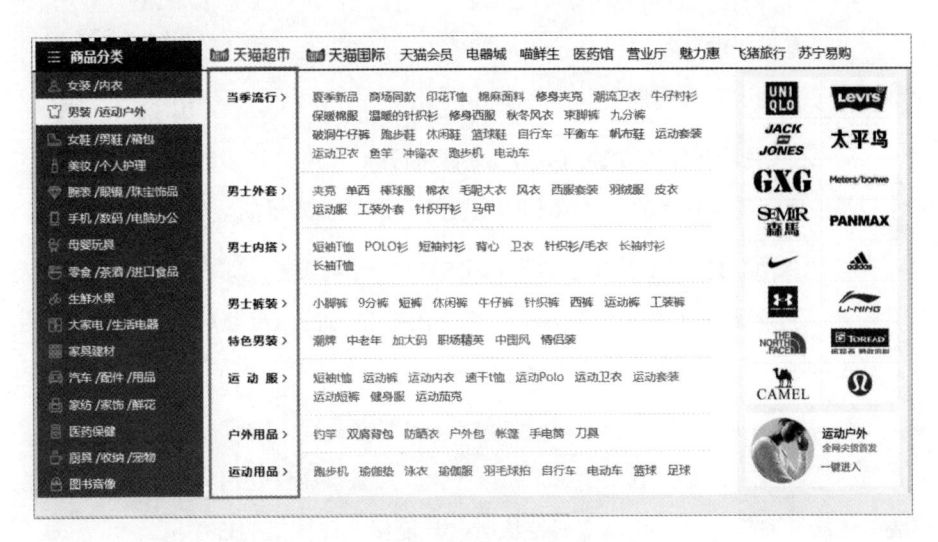

图 3-2　天猫首页前台类目

3.2.5　类目系统设计策略

类目系统的设计属于"内功"，反映了产品经理对类目树和属性的认知。在设计类目系统时，类目表结构与设计策略至关重要。虽然类目表的逻辑关系和映射关系可以由研发工作人员进行设计，但是产品经理也应该对其有一个多角度的认识。如果产品经理可以从研发的角度来审视类目的业务，则可以更好地将类目系统的业务场景和落地做到融会贯通。那么根据上述逻辑，类目系统的整体设计思想如下所述。

（1）后台类目（标准类目）就是商品的实际归属类目，在商家发布商品时，可以将商品发布到指定的后台类目下。

（2）前台类目（前台导航）用于导航、展现，前台类目所保存的实际上是对后台类目/属性的筛选条件，即映射条件。用户可以通过前台类目搜索到该类目所映射的后台类目下挂靠的商品。前台类目属性是与其关联的后台类目属性的并集的子集，可以用来选择那些商品属性，还可以用来检索和展示商品。

（3）商品的属性是挂靠在分类上的，商品的属性是动态扩展的。

（4）一个后台类目可以绑定多个属性，一个属性可以绑定多个属性值；后台类目下无论有无属性，都可以直接添加属性，但只有当后台类目下已存在属性时，才可以在该属性下新增属性值。

（5）删除属性和删除属性值操作分别会断开后台类目和属性间、后台类目下属性和属性值间的绑定关系，不会删除属性库和属性值库里的数据。

（6）在新增属性时，如果是普通或关键属性，则需要筛选出已在对应类目及其所有父、子类目下出现的属性 ID，并将已存在的这些属性复选框置灰；如果是销售属性，则不仅要禁用已有 ID 的属性，还要禁用各级类目中同类型的销售属性。

（7）在修改属性时，如果该属性是普通或关键属性，则可以修改属性（如是否必须、是否多选、是否用于导航）和排序值；如果该属性是销售属性，则只可以修改销售属性的排序值。在修改属性值时，只能修改属性值的排序值。

一个好的类目系统，相当于一个好的地基，对电商平台搭建商品系统、建立搜索策略等均有至关重要的作用，特别是电商平台的品牌管理、规格值管理等均依赖于类目系统，因此，类目表结构之间的逻辑关系处理应当遵循业务一致性。如图 3-3 所示，图例是笔者建立的类目数据表，该表包括前台类目与后台类目的映射，同时包括类目和属性之间的关系。这里要强调一个字段——"features"字段，该字段定义为"特性"，所谓"特性"是什么？它的业务场景是什么？其实，features 比较特殊，一般用来做内部逻辑处理。因为很多表在设计时无法考虑到以后的扩展（如是否是虚拟商品，是否有购买限制）。如果将这些逻辑全部写到表的字段中，那么这张表的字段最后可能会超过 100 个，甚至更多。那么就可以用 features 来代替这些字段。由此可见，表中的每个字段都和业务场景相呼应，产品经理如果想深刻理解业务，最好能够对一些细节了如指掌。

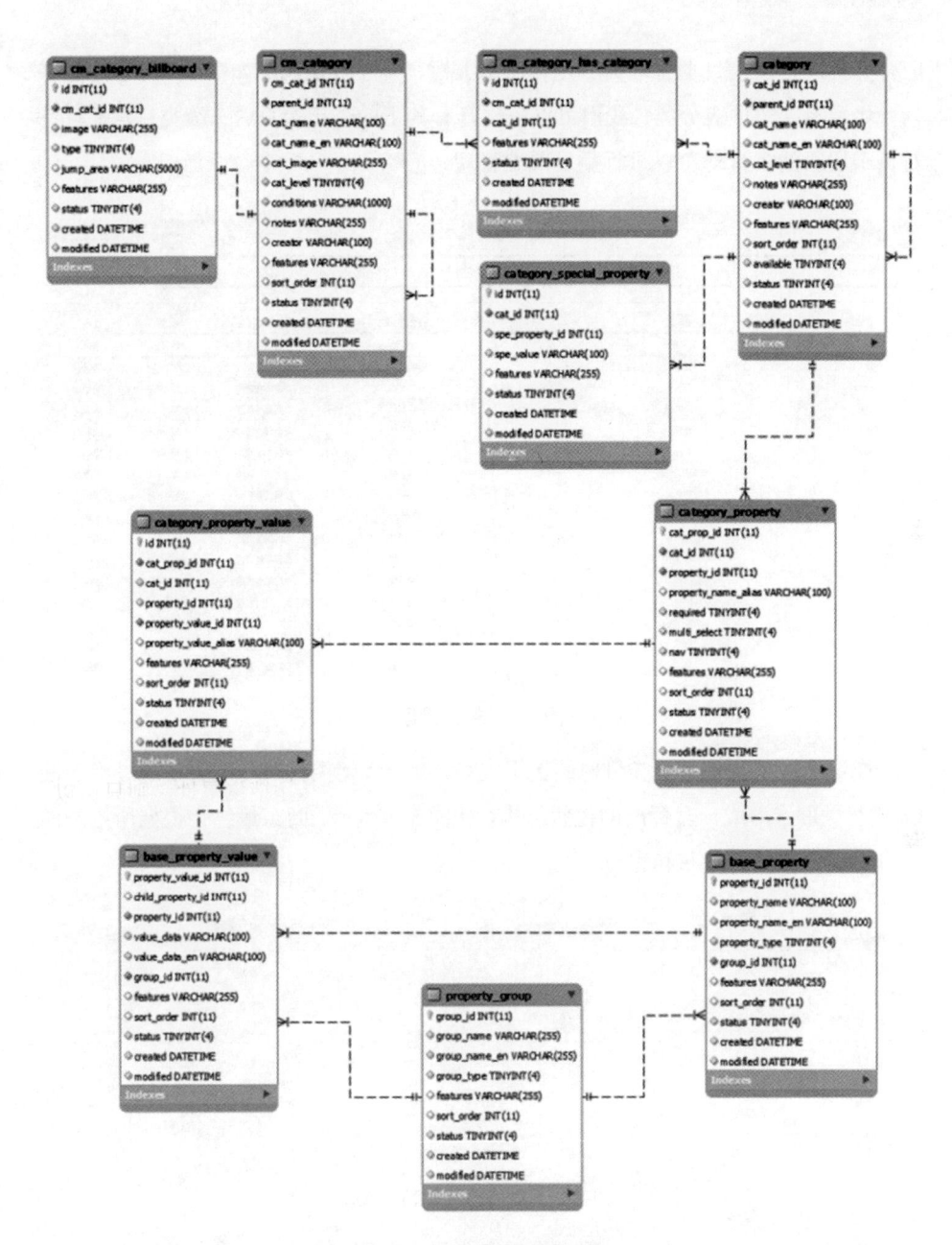

图 3-3 类目数据表结构示例

3.2.6 类目管理系统

类目的管理一般是指后台类目树的维护，核心是要把类目树的逻辑关系进行对应，并且确定在类目上管理类目是否展示上柜、排序等信息。如图 3-4 所示，图书为一级类目，即顶级分类，我们可以依次查看其下的二级类目、三级类目，并且针对每个层级的类目均可以进行类目属性管理。

图 3-4 类目管理

类目管理主要是定义类目树的层级关系，每一级子类目均与父类目通过唯一的 ID 进行关联，形成一套标准的树状结构，如图 3-5 所示。商家最终会根据所维护的类目树进行商品的发布和管理。

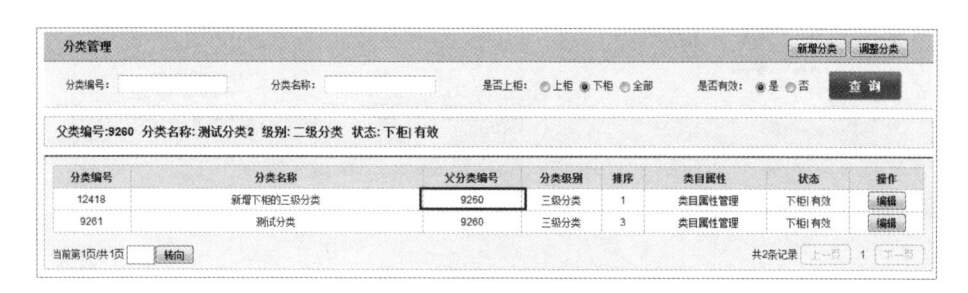

图 3-5 子类目与父类目的关联

在有了类目树后，就可以根据"前台类目+属性"的对应关系在类目树上进行属性和属性值的维护。因为属性本身也是一套体系结构，所以有必要通过一个系统来进行管理和维护，这个系统就是属性管理系统。

3.2.7 属性管理系统设计

属性都是挂靠在类目树上的，因此，属性和类目是共生的关系，属性的维护逻辑是根据属性的分类（关键属性、销售属性、拓展属性）与类目的对应关系来搭建的。此外，属性还有属性值、属性组等一系列关联逻辑，共同形成一个属性管理系统，该系统定义了类目的属性关系，对于平台的搜索、推荐和前台展示均起到支持作用。属性管理系统按照属性关系的维度划分，可以分为属性池管理，属性与类目的挂靠，属性组管理。

1. 属性池管理

在进行属性管理之前，需要确定是否使用属性池进行统一管理，一般对于小型平台来说，其体量不大，就无须采用属性池管理，每个叶子类目可单独设置属性参数；但是，如果平台不断发展，其属性会逐渐增多，并且不同类目可能会有同样的属性和属性值，就会造成大量重复的数据，不便于管理，因此当类目和属性很多时，可以创建一个属性池进行统一管理，如图 3-6 所示。

图 3-6 属性池

当有了统一的属性池之后，就可以从属性池中选择相应的属性为类目挂靠，这种做法的好处是，当类目很多时，一些通用的属性可以挂靠而无须反复创建。具体设计策略为：在新增属性操作场景下，可以在属性名文本框中输入需要绑定的属性信息并查询系统返回结果，选择需要绑定的属性信息，同时可以根据标准化定义，为属性绑定相应的功能，以便在前台引用时分场景使用。"绑定属性"功能如图 3-7 所示。

图 3-7 "绑定属性"功能

若未查询到需要绑定的属性信息，则可以通过"属性管理"新增属性。在属性池管理的思路下，并不是一直往数据库中"写"数据的，该操作称为"关联"。"增加关联属性"功能如图 3-8 所示。

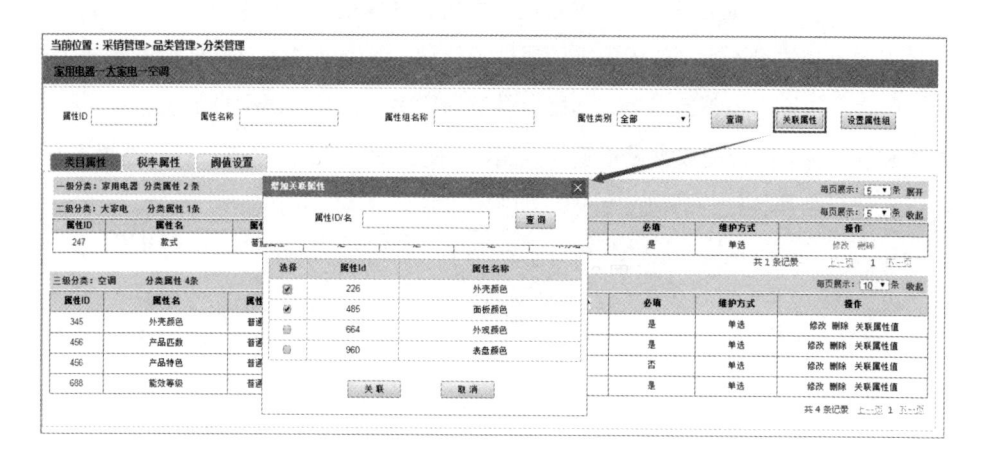

图 3-8 "增加关联属性"功能

属性池的优点在于标准化程度高，数据共用，当运营人员进行新增属性操作时，系统会自动校验唯一性，如果属性不重复，则可以成功保存到系统中。但是，凡事都有两面性，属性池的缺点在于缺少灵活性，例如，在编辑和修改属性时，因为同一个属性可能对应好几个类目，所以对存量数据的修改应格外谨慎，一般做法是，如果属性未被分类绑定，则属性名称可以被修改成功；如果属性已被分类绑定，则需要由系统管理员或产品经理进行评估修改。所以，属性是否使用属性池进行统一管理需要由产品经理视情况和逻辑而定。当然，如果属性池的功能对平台的作用不大，则可以考虑直接"写"库的逻辑。

2. 属性与类目的挂靠

类目的属性根据所属类目的层级进行挂靠，每个层级的类目均和上一级别的父类目产生继承关系，并继承上一级别的父类目的属性，因此，最终类目会将所有层级上的属性继承到 SPU 模板上，在 SPU 模板上，最终挂靠的商品就得到了所有的属性数据。在建立商品时，可以统一通过继承属性集合来完善信息，如图 3-9 所示。

图 3-9 属性与类目的挂靠

3. 属性组管理

有的时候，某些商品的属性非常多，但是同一类属性可能表达的是一个业务逻辑，例如，笔记本电脑的"类型""显示芯片""显存容量"等都是用来描述"显卡"的，因此可以统一进行归类，如图 3-10 所示。

图 3-10 页面上的属性组

在属性管理系统中完成属性定义后，就可以将其关联到某一个分组下。属性组相当于一系列相关联的属性集合，如图 3-11 所示。

图 3-11 "属性组管理"页面

属性组的管理方式和属性是一致的，都可以使用属性池进行统一管理。如果需要将属性归类到某个分组下，则可以通过关联的方式，将一些有联系的属性关联到某个分组下，然后在前端需要分组展示的页面就可以按照组数据进行读取了。"绑定属性组"对话框如图 3-12 所示。

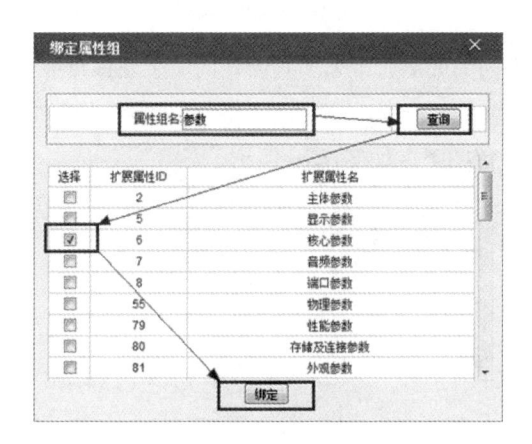

图 3-12 "绑定属性组"对话框

3.3 商品系统

3.3.1 什么是商品系统

商品系统是电商交易流程中最基础、最核心的环节，正所谓"无商品不电商"，商品数据是无处不在的，商家（采销、供应商）发布管理信息、供应商下达采购单、仓储配送、促销、搜索、商品详情页展现、购物支付、财务结算、售后服务等，都离不开商品系统。所以，商品系统是支撑整个电商平台的核心，与其他系统之间存在千丝万缕的联系，在研究商品系统之前，我们有必要明确一些概念。例如，SPU、商品、SKU 等基本概念。为了明确这些概念，我们来看一张图，如图 3-13 所示。

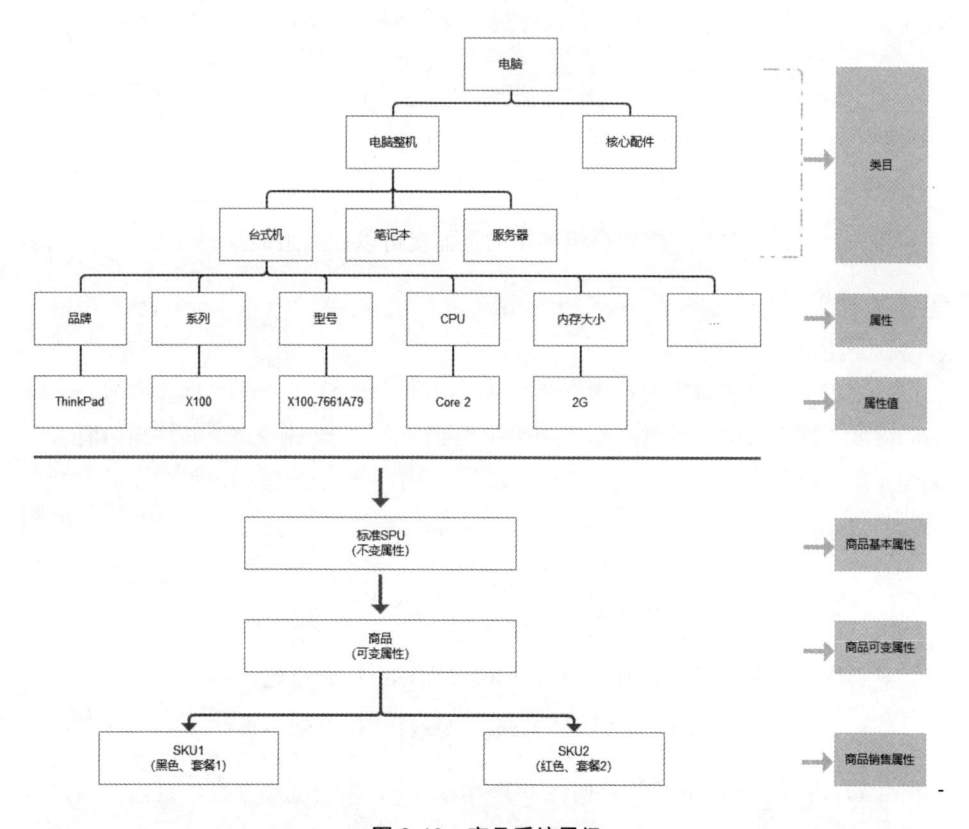

图 3-13 商品系统层级

图 3-13 很清晰地展示了类目、SPU、商品和 SKU 之间的逻辑关系，下面对商品系统涉及的各个要素进行分析。

3.3.2 SPU

SPU 即标准化产品单元，是一组可复用、易检索的标准化信息的集合。该集合描述了一个"产品"的特性。通俗来说，属性值、特性相同的商品就可以称为一个 SPU。也可以说，SPU 是一个抽象出来的模板。一般来说，类目系统中的关键属性（品牌、货号等）能够确定一个 SPU，例如，iPhone 6 就是一个 SPU，诺基亚 N97 也是一个 SPU，这与商家无关，与颜色、款式、套餐也无关。SPU 的属性是分类属性的子集。只要用户在 SPU 中定义了属性，那么用户在录入商品时，就不需要再次录入，也不可以更改。需要注意的是，SPU 没有销售属性，其数据表结构示例如图 3-14 所示。

```
                SPU
spu_id        NUMBER          <pk>
spu名称       VARCHAR2 (50)
分类id        NUMBER          <ak, fk>
状态          NUMBER
关键属性      VARCHAR2 (500)  <ak>
不变属性      VARCHAR2 (1000)
特征          VARCHAR2 (2000)
市场价        NUMBER
创建日期      DATE
修改日期      DATE
```

图 3-14 SPU 数据表结构示例

3.3.3 商品

对于电商开放平台来说，因为商家众多，所以在 SPU 下层一般会增加一个商品的维度，这个商品的维度在淘宝叫 item，在京东叫 product。商品特指与商家有关的商品，商品是挂靠在 SPU 下的，每个商品有一个商家编码，每个商品有多个颜色、款式，并且可以有多个 SKU。商品中的库存是所有 SKU 库存的累加。报价是所有 SKU 报价中最低的价格。因为商品的图片资源、店内分类比较简单，所以在此不再赘述。从数据结构来看，商品信息分为以下几个部分。

（1）基本信息：所有商品都有，如商品名称、广告语等。

（2）关键属性：继承类目属性中的关键属性，如品牌、货号等。

（3）销售属性：继承类目属性中的销售属性，所有商品都有，目前大部分是颜色和尺码这两种。

（4）扩展属性：继承类目属性中的扩展属性，一般与商家销售场景有一定关系，比如，是否能开增值税发票，是否提供保修等，由运营人员根据分类进行配置维护，可以用于展示，也可以用于列表页搜索。

（5）规格参数：由运营人员根据分类进行配置，用于单品页展示。

商品数据表结构示例如图3-15所示。

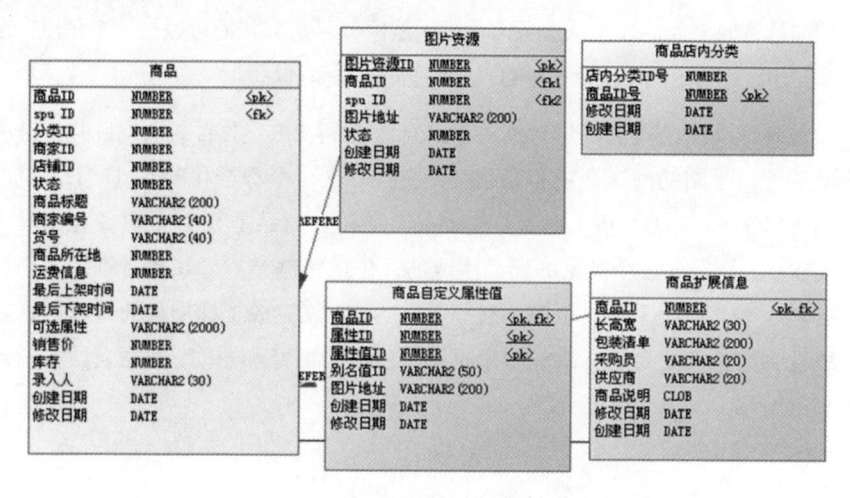

图 3-15　商品数据表结构示例

3.3.4　SKU

SKU 即单品/最小库存单元。目前，SKU 在各种零售商品中应用得非常普遍。例如，某款衣服是一件商品，不同颜色、不同尺码的该款衣服，对应不同的 SKU。SKU 比较简单，就是把销售的值组合存放，再加上库存、价格。例如，该款衣服的黑色大号共有 5 件，每件 20 元；红色小号共有 3 件，每件 21 元。SKU 数据表结构示例如图 3-16 所示。

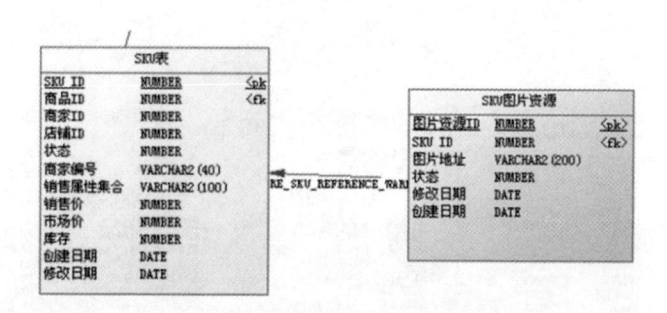

图 3-16　SKU 数据表结构示例

考虑到每个人对于"最小库存单元"的理解和认知不同，所以，这样解释 SKU 还不够透彻，我们结合现实场景来深入理解这个概念：SKU 是库存进出计量的单位，一般以件、盒、托盘等为单位。所以，也可以说，SKU 就是库存的最小单位。例如，在服装行业，"单款单色单码"是一个 SKU，但是有些人认为"单款单色"是一个 SKU，或者"单款"的几个色是一个 SKU，甚至一块面料的几个款式是一个 SKU。当然，这些理解都是有偏差的。如果从业务的角度无法区分，那么我们可以换一个角度，从产品技术的角度来看 SPU、商品、SKU 三者之间的联系和区别。

通过整体商品结构的底层数据关系，可以看到 SPU 主要继承类目的关键属性和不变属性。不同的商家在发布商品时，会挂靠在一个标准化的 SPU 下，也就是说，"SPU ID+商家 ID"可以确定一个商品，所以，商品是 SPU 的具象化。具体可销售的 SKU 是根据每个商家的商品生成的，生成策略会参考该类目维护的销售属性。这样一来，同一个类目下的所有商品和 SKU 就完成了标准化的过程，这就是我们所看到的电商平台的标准化展示页面。SKU、商品和 SKU 数据表结构示例如图 3-17 所示。

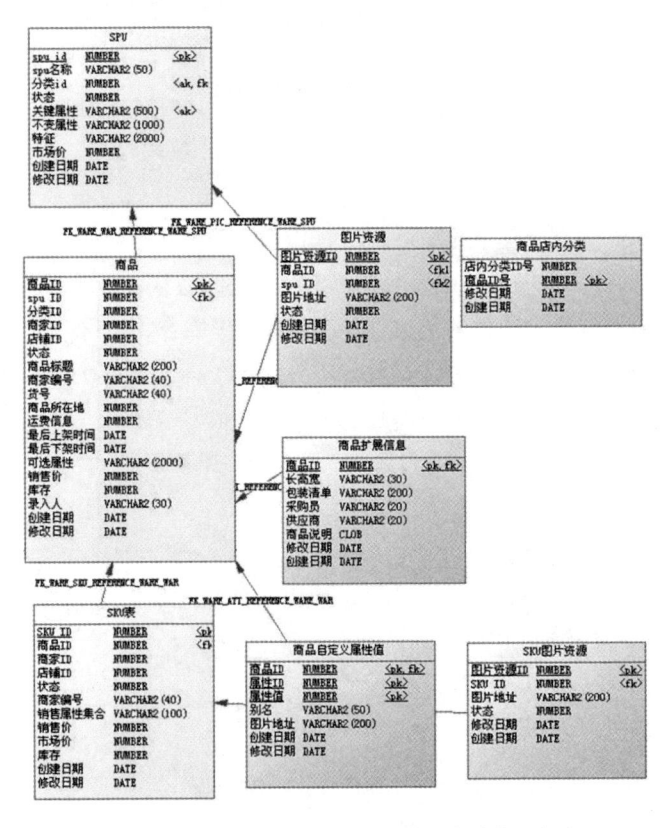

图 3-17 SKU、商品和 SKU 数据表结构示例

3.3.5 创建商品

在有了类目系统和属性系统之后，就可以开始进行商品的创建，在商品创建之前，应先选择挂靠类目和 SPU，商品会调用类目或 SPU 的属性模板，形成该商品售卖所需要的所有信息。这里涉及一个细节问题，正如前文所述：SPU 相当于建立一个商品模板，由叶子类目和关键属性组成。目前，京东、淘宝两大体系所使用的商品结构是有区别的，京东是以商品为维度进行管理的，淘宝是以 SPU 为维度进行管理的，而这两种商品结构对商品售卖会产生很大影响。例如，二者创建商品的步骤就有所不同，如图 3-18、图 3-19 所示，淘宝在进行商品选择类目时可以直接挂靠品牌；而京东则是在选择商品之后再进行品牌的挂靠，品牌维度放在了商品创建层级。

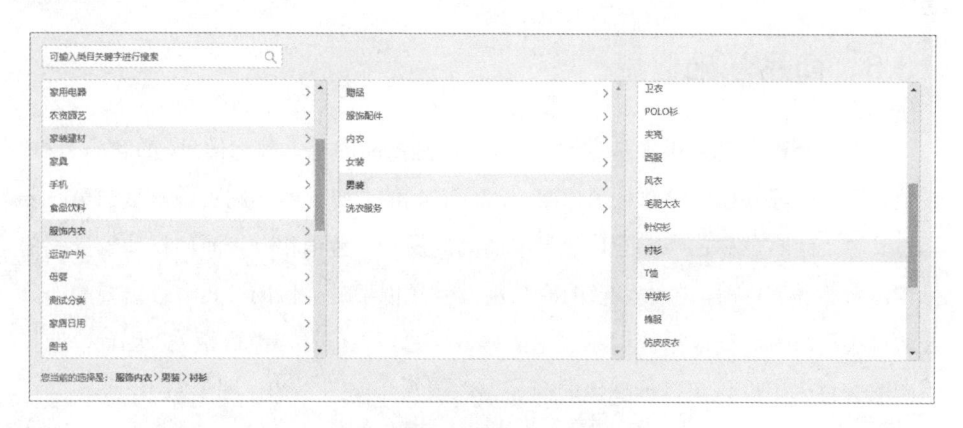

图 3-18 京东商品选择类目

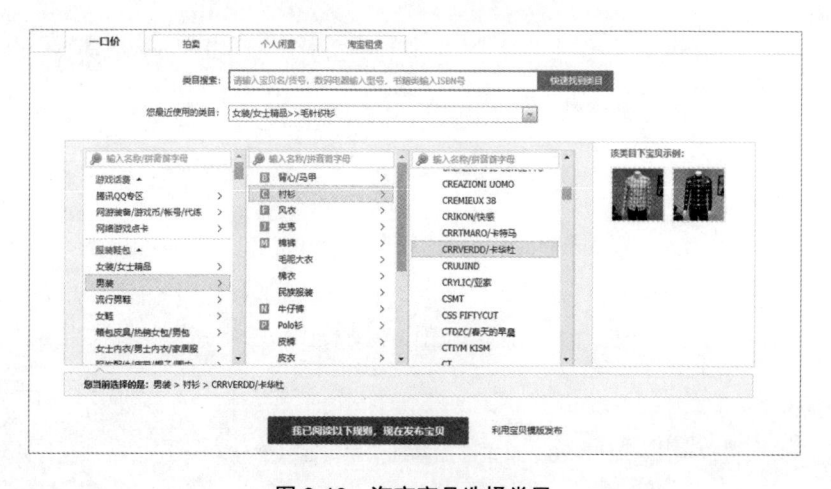

图 3-19 淘宝商品选择类目

除此之外，上述两种商品结构还会对前端商品浏览体验有所影响，比如，详情页的 SKU 在选择切换时京东需要刷新页面，而淘宝则是平滑过渡的等。这些细节都体现了底层架构对产品逻辑产生的影响。类目系统和商品系统均属于底层架构，如果平台已经搭建起来了，则迭代会非常困难，开发成本也会不同，因此，产品经理有必要明确这些细节，并在搭建平台时有所选择，以免为后续的系统埋下隐患。

用户在购物环节接触的商品列表页面、商品详情页面、单品页等所展示的信息都是来自商品创建页面，如商品名称、品牌、商品属性、销售属性、价格、库存等。在商品创建环节，可以调用类目或 SPU 的属性数据来形成商品信息和 SKU 信息，同时需要商家依次完善上述信息，以供平台展示、搜索。商品的信息一般分为基础信息、SKU 销售信息、功能设置等模块。

3.3.6　商品基础信息

商品的基础信息提供了基本的商品描述，是商品的基本静态信息，如商品名称、参数、广告语等信息一般都是用户第一时间看到的，属于用户购买场景里的第一要素。其中，商品名称、广告语等信息与商品的展示、营销相关，而体积、重量等信息与运费相关。目前，各大平台的商品基础信息框架是类似的，其中最重要的部分是通过类目系统和商品系统继承过来的属性信息，该信息与类目相关，因此，选择不同的类目会出现该类目标准化的商品属性模板，如图 3-20、图 3-21 所示。

图 3-20　京东商品基础信息页面（部分）

图 3-21 淘宝商品基础信息（部分）

3.3.7 销售属性

一个商品能否顺利进行售卖，除了要有必要的商品信息，还要有价格、库存等与售卖相关的信息，这就是我们所说的 SKU，即前文提到的最小库存单元。而销售属性决定了一个 SKU 的属性，简单来说，销售属性与库存、价格相关。销售属性根据类目继承，并且在商品页面不可更改，但是其属性值可以进行编辑。SKU 的生成遵循"笛卡尔积"，每个 SKU 需要进行价格和库存的设置，如图 3-22 所示。

除了价格和库存，在 SKU 维度还可以设置图片，如图 3-23 所示。

在销售属性中，库存是比较特殊的。一般来说，第三方商家在京东、天猫销售的库存是自己设置的，而对于自营型的商品来说，如京东自营商品，一般 SKU 库存是来自 WMS 回传数据，我们称之为实物库存。所以，不同类型的模式有不同的设置方法。最后，SKU 信息会被前端页面引用，也就是我们看到的商品规格选择，如图 3-24 所示。

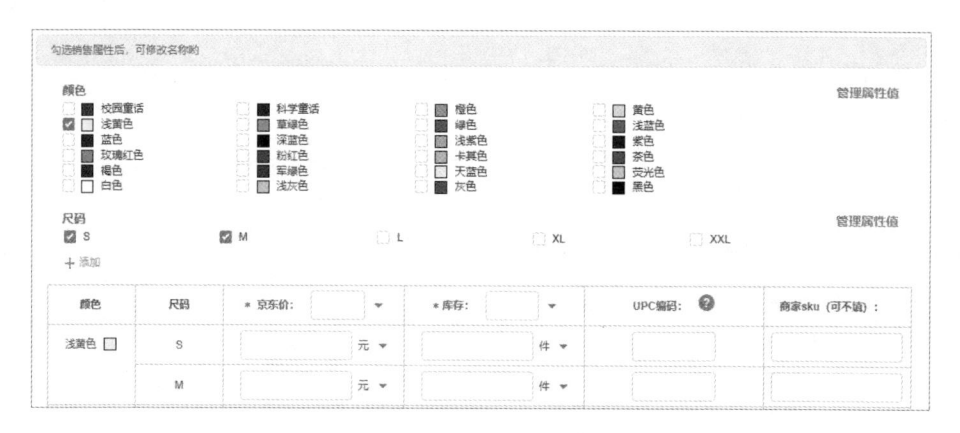

图 3-22　SKU 价格、库存设置

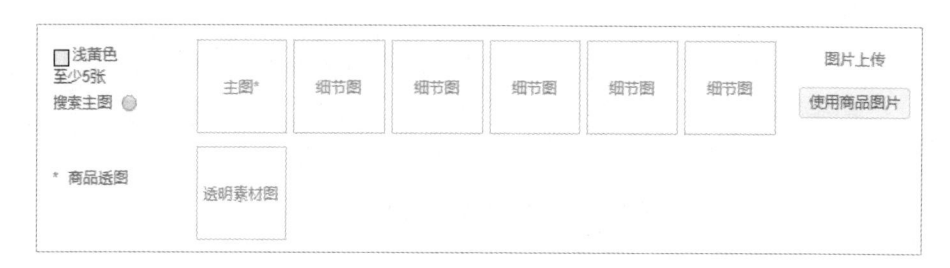

图 3-23　SKU 图片设置

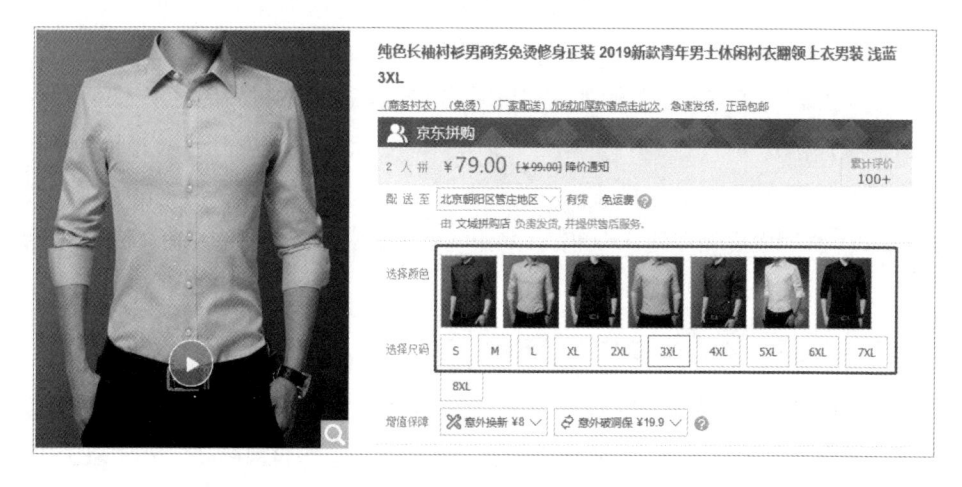

图 3-24　前端页面选择 SKU

3.3.8　其他商品信息

电商的特点是一切交易都在线上完成，用户无法直接感知商品的好坏，因此，图片所传递出来的商品特点尤为关键,也就是商品结构化信息中的商品描述,其中最重要的就是图片的展示,无论销售属性设置的 SKU 图还是商品详情页、商品主图等,均需要高质量的图来促进转化。目前,最常用的方式就是在商品详情页中引用富文本编辑框,商家除了编辑文字,还可以插入做好的图片。对于商家上传的图片来说,一般都有规格限制,如京东要求每张图片宽度为 640 像素、高度不超过 960 像素、容量小于或等于 3000KB 等;图片格式一般为 JPG、GIF 或 PNG 格式,总张数大于 5 张,但不超过 30 张;从前端展示的角度来看,为了更好地进行视觉呈现,图片上的文字字号普遍不小于 20 号。

另外,对于电商售卖来说,物流是无法规避的一个环节,商品的重量、体积等因子决定了运费的多少,因此,在创建商品时,需要关联运费模板。同时,每个商品还有很多碎片化的功能,如支付方式、发票等商品属性,需要商家进行设置,如图 3-25 所示。

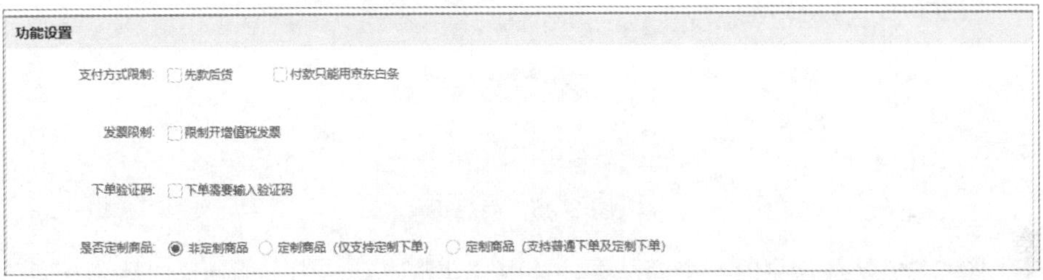

图 3-25 商品功能设置

从产品角度来看,整个商品设置页面按照模块来进行划分,可以将碎片化的功能集中在功能设置区域,很好地包容了不确定性,有很强的可扩展功能。在完成所有的商品信息设置之后,就形成了完整的商品中心,该商品中心在底层技术层面相当于一个商品数据池子,我们称之为商品主数据。那么,这些底层数据如何形象化地展示给用户呢?从原始数据到用户的距离,我们还缺少一个前端页面,这就是商品页。

3.3.9 商品页

商品页不属于后台系统,而是后台系统的具象化展示。商品页特指 PC 端和移动端的商品详情页,也称单品页。该页面展示商品的各项详细信息,可以让用户充分了解产品的各项特性。同时,该页面提供购物车等功能,可以跳转到购物车页,帮助用户进行购买。商品页如图 3-26 所示。

图 3-26　商品页

图 3-26 是最常见的一个商品页，其内容非常丰富，为了能通过"冰山一角"看到"海面下的世界"，我们从后端产品的角度进行解构，分析后端和前端的关系，按照页面的结构来划分，商品页大致可以分为以下几个板块。

（1）商品基本信息：标题、扩展属性、特殊属性、图片、颜色尺码、规格参数等。

（2）商品介绍信息（商品维度信息）：商家模板、商品介绍等。

（3）非商品维度信息：分类信息、商家信息、店铺信息、店铺头、品牌信息等。

（4）商品维度其他信息：价格、库存、广告词、推荐配件、最佳组合推荐等。

商品页解构如图 3-27、图 3-28 所示。

第 3 章 核心系统落地

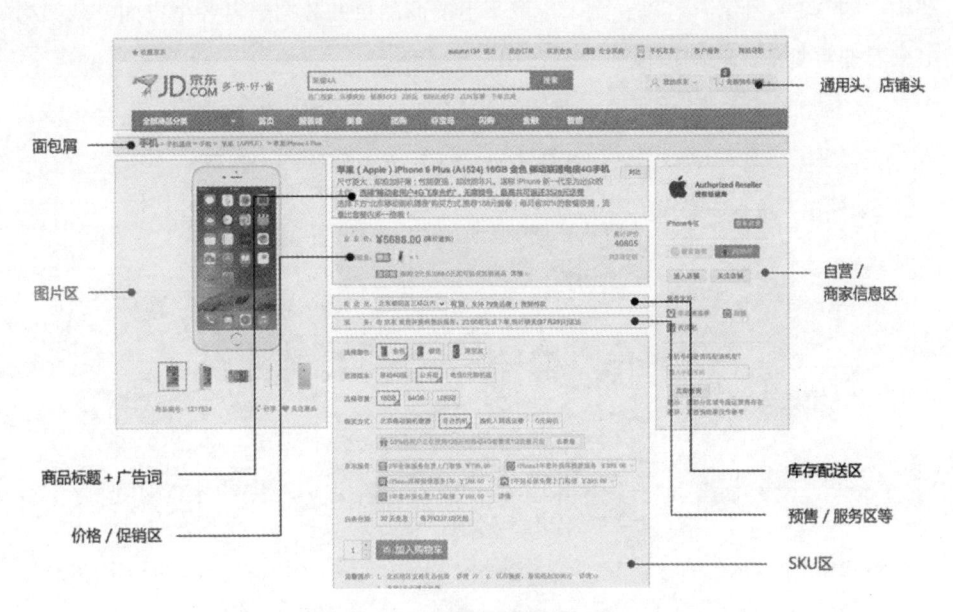

图 3-27 商品页解构（一）

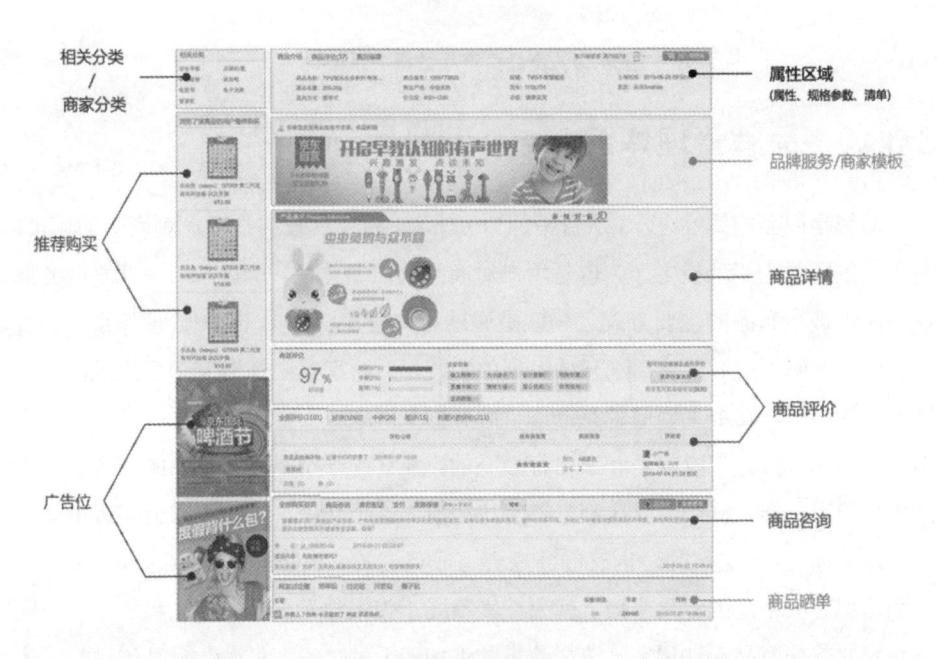

图 3-28 商品页解构（二）

整个商品页的数据来源均是各方系统，其中大部分来自商品主数据。所以，这里也可以从另一个角度审视后台商品创建模块的数据流向。商品页的产品数据关系架构如图 3-29 所示。可以看到，电商平台的商品页的数据来自各个方面，从架构上来看非常复杂，联动性极强。

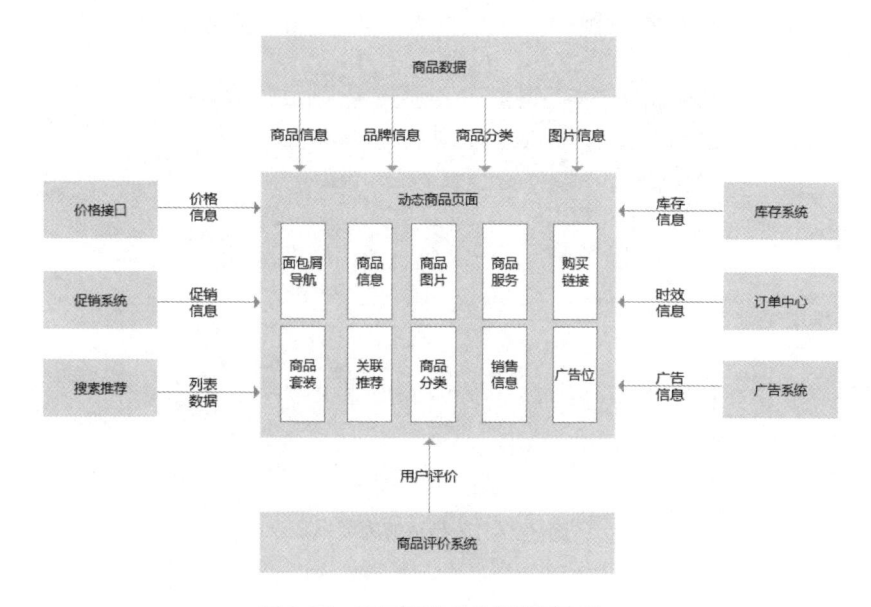

图 3-29　商品页产品数据关系架构

3.3.10　品牌管理体系

品牌是商品的属性之一，从营销的角度来看，品牌承载的是用户对商品的认可，是用户重要的购买动机之一，也是用户对商品的认知体现。因此，用户在平台的海量商品中搜索商品的主要方式之一就是通过品牌搜索。所以，品牌管理体系直接关系到商品的曝光度。在电商刚开始发展的阶段，无论京东还是淘宝都会出现品牌管理方面的问题，其中主要问题是品牌"脏数据"问题。从电商开放平台的发展历史中可以看到，品牌字段都是商家自行填充的，那么同一个品牌，不同的商家所定义的值可能不一样。例如，同样都是"阿迪达斯"这个品牌，有的商家会写成中文的"阿迪达斯""阿迪"等，也有的商家会写成英文的"adidas"等，这样一来，同一个品牌对应不同的定义字段，就为搜索和展示带来很不好的影响，势必会造成同一品牌的部分商品无法展示，造成流量的浪费。于是，各大平台针对品牌进行了体系化建设，加强了品牌管理，目的是将品牌标准化。具体的做法可以概括为品牌申请、品牌审核、品牌绑定（重复品牌复用）。

第 3 章 核心系统落地

如前文所述，在发布商品时，淘宝的商家需要挂靠一个品牌，而京东的商家则需要进入商品设置页面再选择品牌。如果该商品是新品牌，则需要商家自行发布品牌申请，如图 3-30 所示。

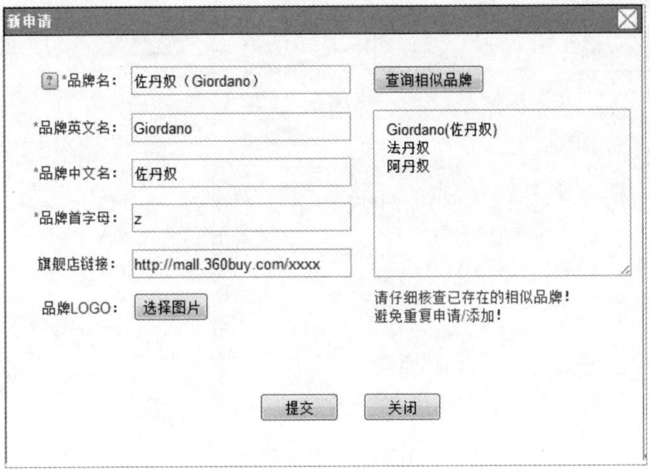

图 3-30 品牌申请

在商家发出申请后，平台会安排品牌管理运营人员进行统一审核，审核的目的就是防止"脏数据"产生，维持标准化。如图 3-31 所示，运营人员可以针对不同的品牌来源进行审核。

品牌名	旗舰店链接	品牌LOGO	申请日期	申请来源	申请人	品牌状态	操作
佐丹奴（Giordano）	点击访问		2013-01-21	内部员工	bjsxul	管理部待审核	查看并修改
佐丹奴（Giordano）	无	无	2013-01-21	POP卖家	佐丹奴	部门已驳回	查看并修改
佐丹奴（Giordano）	点击访问	无	2013-01-21	在线入驻	唐狮专卖店	部门待审核	查看并修改
佐丹奴（Giordano）	点击访问		2013-01-21	内部员工	bjsxul	管理部已添加	查看并修改
佐丹奴（Giordano）	点击访问		2013-01-21	内部员工	bjsxul	管理部已驳回	查看并修改
佐丹奴（Giordano）	点击访问		2013-01-21	内部员工	bjsxul	管理部待审核	查看并修改
佐丹奴（Giordano）	无	无	2013-01-21	POP卖家	佐丹奴	管理部待审核	查看并修改
佐丹奴（Giordano）	点击访问		2013-01-21	在线入驻	唐狮专卖店	管理部已添加	查看并修改
佐丹奴（Giordano）	点击访问		2013-01-21	内部员工	唐狮专卖店	部门已驳回	查看并修改
佐丹奴（Giordano）	点击访问		2013-01-21	内部员工	bjsxul	管理部待审核	查看并修改

图 3-31 品牌审核

如果存在"脏数据"，则可以通过品牌绑定进行管理：先选定一个品牌为主品牌，然后其他品牌与其绑定，向其靠拢，如图 3-32 所示。

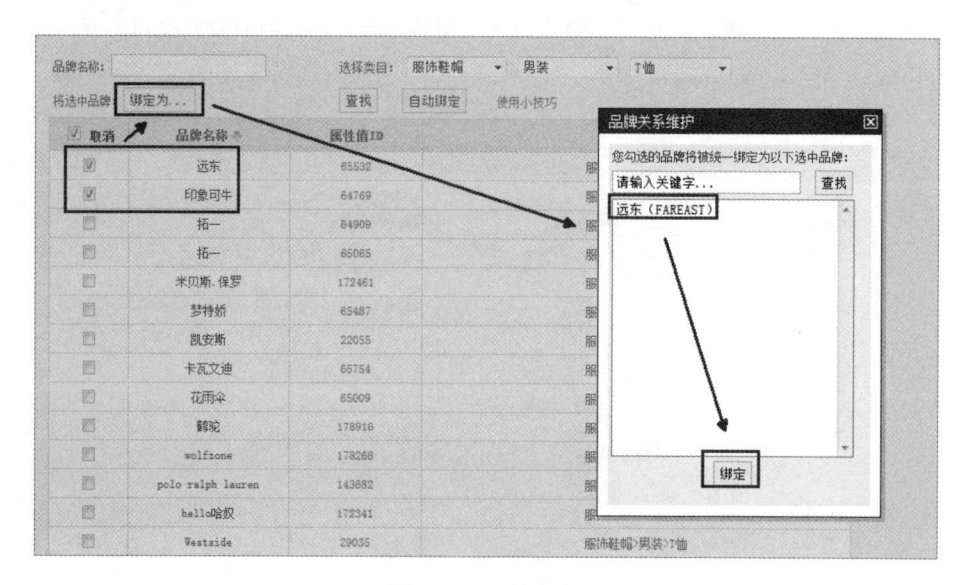

图 3-32 品牌绑定

总之，品牌的统一管理对于标准化来说意义重大，但是也存在一个平衡的情况，在淘宝的发展历史中，品牌管理的尺度关系着商家的体验，因此，无论京东还是淘宝，都是对品牌管理与商品创建松耦合，鼓励商家向统一的标准化品牌上挂靠，通过关联已有品牌、品牌绑定的方式进行事前和事后的管理，最大限度地保证数据的统一。

3.3.11 商品审核

随着商家不断发布商品，开放平台的商品数量会越来越大，每日更新频繁，而且商品信息更新操作完全由第三方商家来做，因此，平台方就会衍生出对商品信息进行审核管控的需求，以期最大限度地减少由于商品信息错误带来的营运风险。

审核功能的使用对象是平台运营部门，产品经理需要全面考虑审核的场景，如分类目、分审核点，而且不同时期的审核条件可能是不一样的，因此，审核的变量需要进行标准化抽象。例如，审核点可以抽象出商品名称、广告语、图片等，在不同时期，不同类目可以根据运营部门的需要自行修改。配置审核规则页面如图 3-33 所示。

第3章 核心系统落地

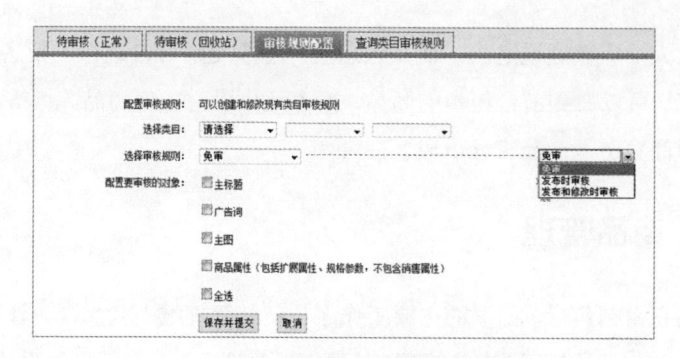

图 3-33 配置审核规则页面

在审核规则配置完成后，一旦商家创建商品成功，商品就会根据规则进入审核阶段，此时商品状态成为"待售"，运营人员需要在内部系统进行商品审核操作，如图 3-34 所示。

图 3-34 商品审核操作

在与商家反馈交互的过程中，建议将驳回原因进行标准化，如图 3-35 所示。除了减轻运营人员的工作量，在数据统计层面，也可以很好地调取统计的商品驳回问题，交给运营人员进行整改。可见，标准化的抽象思维对于后端产品来说是很重要的，这体现在很多细节层面，并且对产品的后续功能具有很大意义。

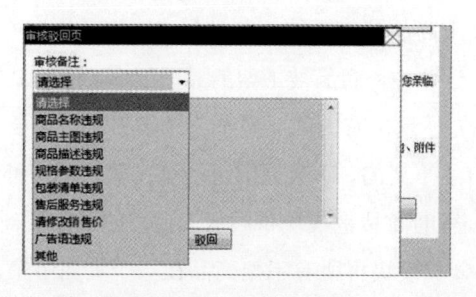

图 3-35 审核驳回操作

在运营人员审核通过之后，商品状态会发生改变，可以进行上架售卖，同时，用户、商家均可以看到前台售卖的商品，商家还可以对在售商品、价格、库存等进行管理，即商家进入商品管理阶段。

3.3.12　商品管理

在商品正常销售后，商家的主要工作之一就是管理线上商品，其管理内容包括在售商品与待售商品管理、审核管理、运费模板管理等，涉及商家售卖的方方面面。与此同时，平台也可以对正在售卖的商品和商家进行管理。具体来说，平台管理的内容包括商家的奖惩、资质的审核等。

1. 在售商品与待售商品管理

商品在平台销售是有一个完整的生命周期的，商品在发布成功之后，即可进入"上架"状态，如图3-36所示。

ID	商品	商家	价格	库存	销量	贸易方式	状态	操作
GS11112222 2017-02-26 15:30	CASIO 卡西欧 G-Shock系列 酷炫双显多功能 电子男表 男士/手表/机械表 CASIO 卡西欧	xxx	400.00-500.12	10	3	一般贸易	上架	查看
GS11112222 2017-02-26 15:30	CASIO 卡西欧 G-Shock系列 酷炫双显多功能 电子男表 男士/手表/机械表 CASIO 卡西欧	xxx	2000.12	10	3	一般贸易	上架	查看
GS11112222 2017-02-26 15:30	CASIO 卡西欧 G-Shock系列 酷炫双显多功能 电子男表 男士/手表/机械表 CASIO 卡西欧	xxx	1111.00	10	3	直邮	上架	查看

图 3-36　在售商品管理页面

随着运营人员或商家对商品的调配管理，商品会出现不同的状态。那么，除正在销售的商品外，其余商品都可以统一归类到"待售商品"中（淘宝命名为"仓库中的宝贝"）。在日常运营中，商品被下架的原因很多，因此其所对应的处理方式也不尽相同，如图3-37所示，有的商品是被系统下架的，需要商家查看下架原因；有的商品是被商家自主下架的，下架原因可能是在等待商家补充库存，也可能是商家暂时不想售卖了；有的商品是在发布后从未上架，需要商家统一提交上架等。因此，"待售商品"分类模块将所有下架商品在一个页面中集合管理，其意义就是方便商家进行管理。

ID	商品	商家	价格	库存	销量	贸易方式	状态	操作
GS11112222 2017-02-26 15:30	CASIO 卡西欧 G-Shock系列 酷炫双显多功能 电子男表 男士/手表/机械表 CASIO 卡西欧	xxx	400.00-500.12	10	3	一般贸易	系统下架 查看原因	查看
GS11112222 2017-02-26 15:30	CASIO 卡西欧 G-Shock系列 酷炫双显多功能 电子男表 男士/手表/机械表 CASIO 卡西欧	xxx	2000.12	10	3	一般贸易	从未上架	查看
GS11112222 2017-02-26 15:30	CASIO 卡西欧 G-Shock系列 酷炫双显多功能 电子男表 男士/手表/机械表 CASIO 卡西欧	xxx	1111.00	10	3	直邮	自主下架	查看

图 3-37 待售商品管理页面

在商品管理的逻辑中，由于商品的上架、下架和审核操作均会对最终商品状态产生影响，因此初次接触这项工作的产品经理往往会觉得无所适从，在此笔者提供一个参考方法：锚定商品管理主线，并以审核点为辅助，先画出整个商品的状态机流程后，再根据审核策略加入审核点，以此来完成商品状态变更的整体逻辑，如图3-38 所示。

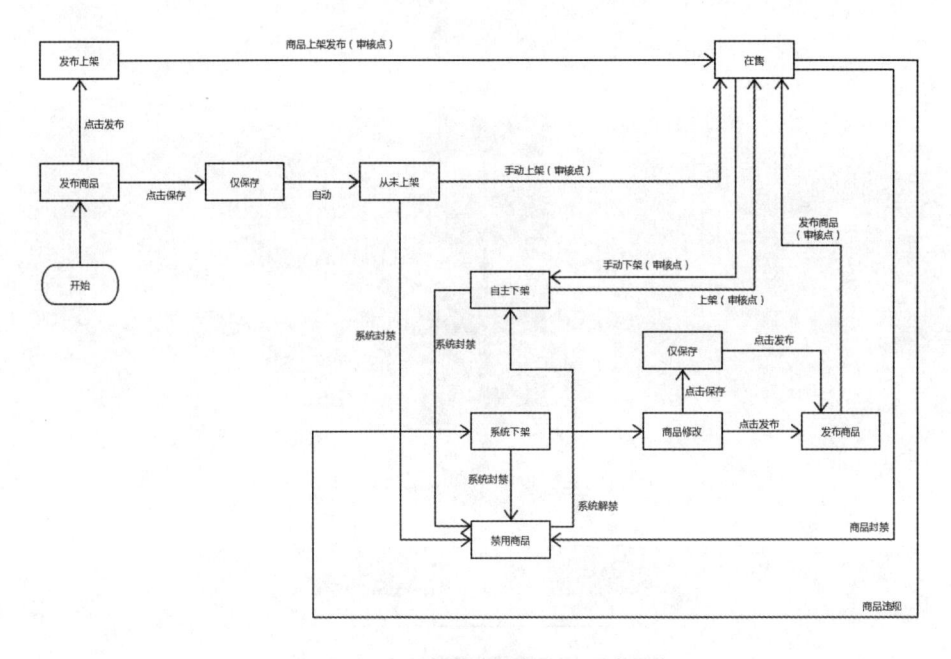

图 3-38 商品状态变更状态机及审核点

2. 审核管理

随着平台的发展，商家和商品的数量逐渐增多，电商平台作为"裁判员"会越来越重要。平台有责任也有义务对信息进行过滤和管理。因此，审核管理工作会越来越重要。可以说，一个平台在用户心中的"信誉度"和"美誉度"与审核管理的效果是息息相关的。审核管理的有效程度决定了平台的品牌质量，所以，审核管理工作会随着平台的发展越来越重要，也越来越烦琐。值得注意的是，审核管理工作相对枯燥，涉及大量重复性工作，虽然这些工作看似简单，但是非常考验平台运营人员的耐心和细心。

目前，我们所能见到的优秀平台均离不开大量审核管理人员的努力工作。从宏观层面来看，审核管理工作主要包括商家审核和商品审核，产品经理的主要目标就是在把握业务逻辑的基础上，最大限度地提高产品的可用性，以提升内部管理效率。

1）商家审核

商家审核的核心工作是对商家的入驻过程和经营过程进行审核管理，审核人员需要审核商家经营信息、资质信息和经营的合规性等，并决定是否和商家进行合作。商家入驻审核流程如图 3-39 所示。

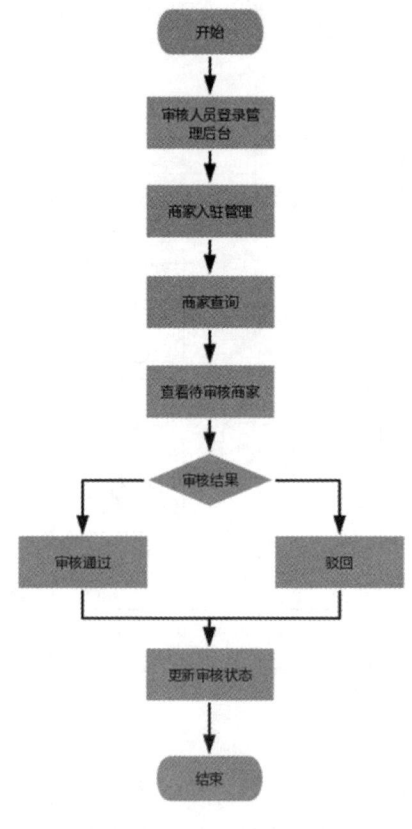

图 3-39　商家入驻审核流程

在审核流程中，产品经理的主要目标是提高内部工作效率。因此，建议产品经理将与审核业务相关的静态信息和动态信息进行聚合展示，比如，产品经理可以将商家入驻的审核页面分为经营信息、公司资质、产品资质3个场景进行聚合展示，以便最大限度地减少审核人员的工作量。商家审核页面如图3-40所示。

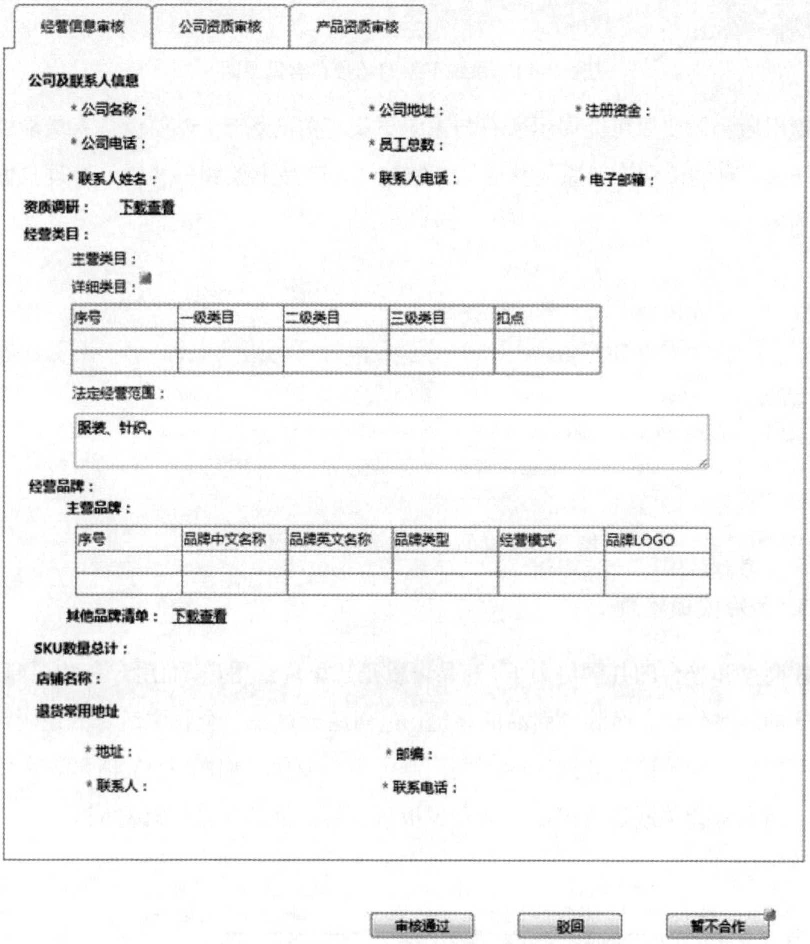

图 3-40　商家审核页面

2）商品审核

除了商家可以自行管理商品，运营人员也可以对商品的上架、下架状态产生影响。如果运营人员认定正在售卖的商品不合规，则可以自行将商品进行下架处理。那么，除商家自主下架外的场景，我们都称之为"系统下架"。系统下架的场景和常见原因如图 3-41 所示。

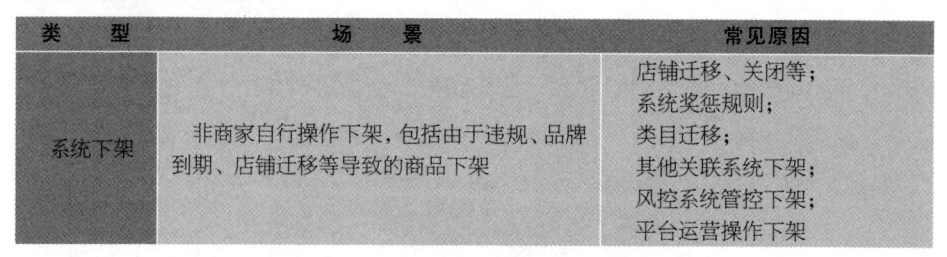

类型	场景	常见原因
系统下架	非商家自行操作下架，包括由于违规、品牌到期、店铺迁移等导致的商品下架	店铺迁移、关闭等； 系统奖惩规则； 类目迁移； 其他关联系统下架； 风控系统管控下架； 平台运营操作下架

图 3-41 系统下架的场景和常见原因

管理后台需要尽可能展示所有与系统下架有关的场景，以便运营人员能够通过业务场景，有效识别下架原因并通知商家整改。商品上架和下架操作管理页面如图 3-42 所示。

图 3-42 商品上架和下架操作管理页面

3. 运费模板管理

在商家和平台的共同努力下，商品可以正式呈现给用户。而用户在购买商品时，最关注的就是价格。而除了商品的售价，电商还会存在一个收取运费的逻辑，并且运费会根据商家、商品和地区的不同而产生不同变化，如图 3-43 所示。在发布商品时，商家都会关联运费模板。运费模板可以将商品和运费进行对应。

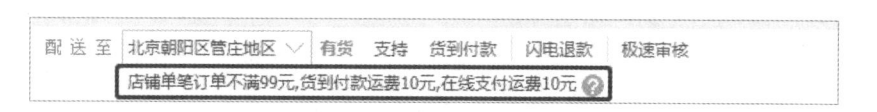

图 3-43 商品运费

商家和消费者在线下进行面对面交易的场景中，不存在通过物流配送给消费者的成本。然而在电商平台，由于网络的规模效应，商家和用户离散地分布在全国各地，商家往往需要通过快递物流将商品交付给用户。因此，在物权的转移过程中会产生运费。而运费模板实际上是一种规则模板，解决的是平台或商家在一次交易过程中如何收取商品运费的问题。

如果想要设计好运费模板，则产品经理需要重点解决"商品是什么？""如何计费？"这两个层面的问题。根据这两个问题可知，运费模板的本质就是关于商家的成本核算问题。那么，结合第 1 章中关于供应链的物流业务知识，对于电商商家来说，无论使用哪种物流服务都会存在一定的成本。因此，商家往往会根据商品的特点，制定不同的经营策略，将成本支出的效率最大化。例如，商家对大件商品一般会按照重量和体积收取运费；有的商家会将商品的一部分利润用于客户运费的补贴，以此作为营销手段吸引用户下单等。而这些运费策略往往都可以通过运费模板来设置。

1）运费模板设计

运费模板的产品模型主要以运费规则为核心，所以应当以商家的成本为出发点来设计。以较为复杂的京东平台为例，商家的成本除了商品本身，还有支付方式，如货到付款和在线支付，因为在货到付款的场景中，用户下单门槛低，往往会因为冲动消费等，在最后商品交付阶段产生拒收行为，所以货到付款的商品的退货成本往往会高于在线支付的商品，而该成本基本都由商家承担。

从货到付款和在线支付的维度来看，运费会存在逻辑差异。所以，运费模板的逻辑维度会存在"按照单品维度设置运费""按照店铺维度设置运费""按照单品加店铺的混合模式设置运费" 3 种基本的划分方式。在此基础上，较为复杂的支付场景会存在区分货到付款和在线支付两种维度的运费计算模式。

（1）单品运费模板。

单品运费模板，即为店铺内的每个商品设置独有的运费收取方式，可以独立计算每个商品的运费。当一个订单包含多个不同商品，也即一单多品时，运费模板可以提供"叠加计算""按最高值计算"两种运费计算方法，如图 3-44 所示。同时，每个单品运费模板都可以支持按区域、按支付方式（在线支付、货到付款）等个性化设置，如图 3-45 所示。

图 3-44 运费模板及运费规则选择

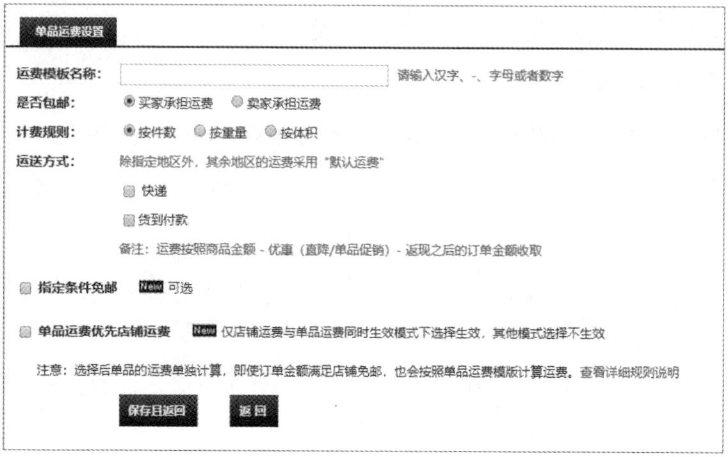

图 3-45　单品运费模板的个性化设置

一单多品是指同一订单中有多个 SKU 一起下单，而这些 SKU 的运费模板选择的不是同一个。例如，同一订单中有两个 SKU，一个 SKU 的运费模板是按重量设置的，另一个 SKU 的运费模板是按体积设置的，或者虽然都是按重量设的，但是它们的首重和续重收费规则不同。总之，一单多品就是一张订单里有多个 SKU，而且它们的运费模板设置的规则是不相同的。

按最高值计算，即先把这些 SKU 分别计算运费（如果这些 SKU 属于同一个运费模板，则一起计算），然后订单运费取运费中的最高值。例如，订单中有 A、B、C 3 个商品，商品 A 所设的运费模板是首件运费 15 元，商品 B 和商品 C 所设的运费模板是同一个，都是首重 1kg 运费 10 元。那么单独计算商品 A 的运费是 15 元；商品 B 和商品 C 加起来重量不到 1kg，那么商品 B 和商品 C 单独计算运费是 10 元。15 元>10 元，所以该订单的运费为 15 元。

叠加计算，即先把这些 SKU 分别计算运费（如果这些 SKU 属于同一个运费模板，则一起计算），然后再将计算结果相加得到订单运费。例如，订单中有 A、B、C 3 个商品。商品 A 所设的运费模板是首件运费 15 元，商品 B 和商品 C 所设的运费模板是同一个，都是首重 1kg 运费 10 元。那么单独计算商品 A 的运费是 15 元；商品 B 和 C 加起来重量不到 1kg，那么商品 B 和商品 C 单独计算运费是 10 元。15 元+10 元=25 元，所以该订单的运费为 25 元。

如果在单品运费模板中设置了"单品运费优先店铺运费"，则在店铺运费与单品运费同时生效的模式下，单品运费规则优先生效。例如，商品 A 的销售金额为 100 元，对应的单品运费是首件 15 元，并且设置了"单品运费优先店铺运费"，同时店铺运费设置为每张订单不满 69 元收取运费 10 元，那么虽然商品 A 的销售金额 100 元大于店铺包邮的 69 元，但是仍然要被收取运费 15 元；同理，店铺运费设置为固定运费 10 元，商品 A 仍然要被收取运费 15 元。这里有个问题，如果商家设置了"单品运费优先店铺运费"，同时设置了单品指定条件免运费，运费应当怎么计算？如果商家设置了"单品运费优先店铺运费"，则单品运费规则优先生效，只有达到单品包邮条件才免运费，否则正常收取运费。例如，商品 A 的销售金额为 100 元，对应的单品运费是首件 15 元，每增加 1 件运费增加 2 元，并且设置了"单品运费优先店铺运费"，同时设置了满 3 件免运费，如果单张订单购买了 3 件或 3 件以上商品 A，则该张订单免运费，如果单张订单购买了 2 件商品 A，达不到包邮条件，则需要收取运费：首件 15 元+续件 2 元＝17 元。

单品运费模板的计费规则如下所述。

①按件数计费规则计算逻辑。

购买 x 件商品，计费规则为：a 件商品的运费为 b 元，每增加 c 件商品，运费增加 d 元。那么，当 $x>a$ 时，运费$=b+(x-a)/c \times d$ 元。说明：如果 $0<(x-a)/c<1$，则 $(x-a)/c$ 的值取 1；如果 $(x-a)/c$ 除不尽，则遵循进位原则。当 $x \leq a$ 时，运费$=b$ 元。按件数设置运费模板如图 3-46 所示。

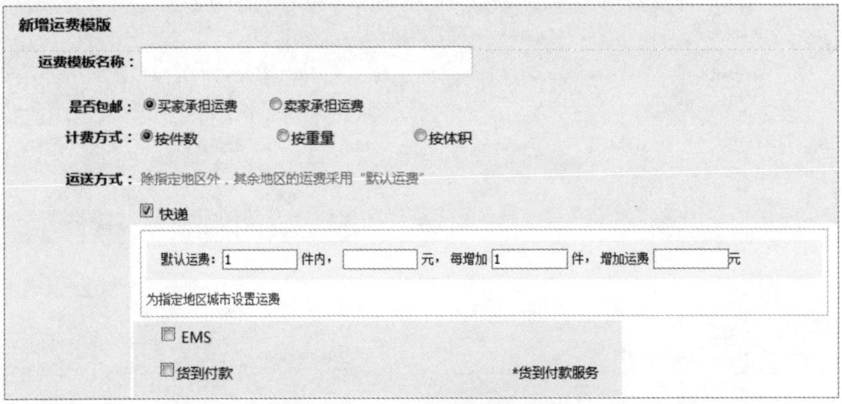

图 3-46 按件数设置运费模板

在该运费模板中，可以为指定地区设置运费，除指定地区外的其他运费都按默认运费收取；运费金额（首件运费和续件运费）限制在 0.00～999.99 元，且续件运费必须小于或等于首件运费；首件和续件限制在 1～9999 件；单击"为指定地区城市设置运费"按钮，即可显示"未添加地区"，如图 3-47 所示。

图 3-47　指定地区运费模板设置

②按重量计费规则计算逻辑。

购买 x 件商品，每件商品重量为 m kg，计费规则为：首重 a kg 的运费为 b 元，每增加 c kg，运费增加 d 元。那么，当 $x×m>a$ 时，运费 $=b+(x×m-a)/c×d$ 元。说明：如果 $0<(x×m-a)/c<1$，则 $(x×m-a)/c$ 的值取 1；如果 $(x×m-a)/c$ 除不尽，则遵循进位原则。当 $x×m≤a$ 时，运费 $=b$ 元。按重量设置运费模板如图 3-48 所示。

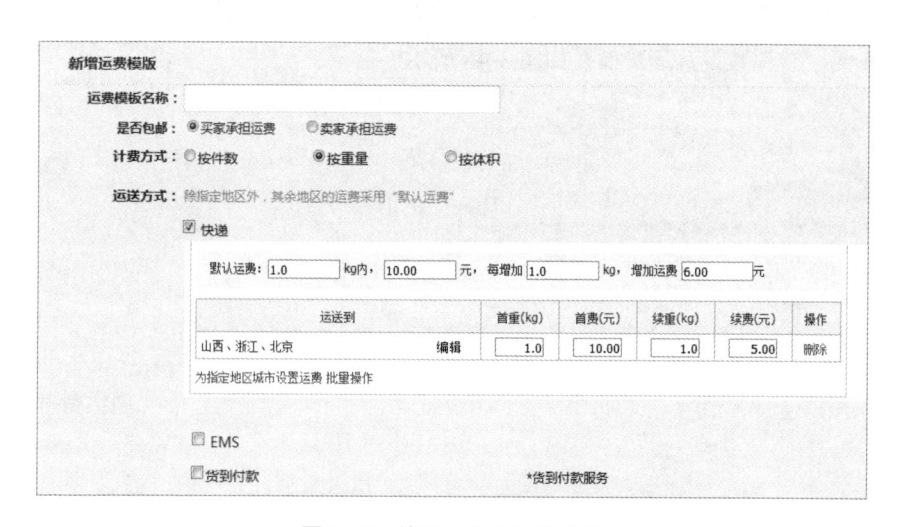

图 3-48　按重量设置运费模板

在该运费模板中，可以为指定地区设置运费，除指定地区外的其他运费都按默认运费收取；运费金额（首重运费和续重运费）限制在 0.00～999.99 元，且续重运费必须小于或等于首重运费；首重和续重限制在 0.1～9999.9kg；单击"为指定地区城市设置运费"，默认显示"未添加地区"（在选择地区后，"未添加地区"消失），如图 3-49 所示。

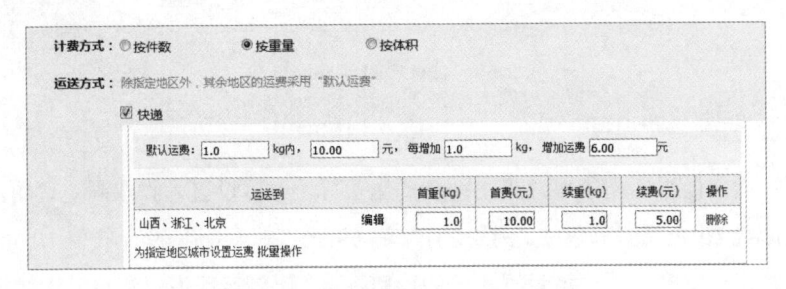

图 3-49 按重量设置地区运费模板

③按体积计费规则计算逻辑。

购买 x 件商品，每件商品体积为 $m\mathrm{mm}^3$，计费规则为：首体积 $a\mathrm{m}^3$ 的运费为 b 元，每增加 $c\mathrm{m}^3$，运费增加 d 元。那么，当 $x×m>a$ 时，运费=$b+(x×m-a)/c×d$ 元。说明：如果 $0<(x×m-a)/c<1$，则 $(x×m-a)/c$ 的值取 1；如果 $(x×m-a)/c$ 除不尽，则遵循进位原则。当 $x×m≤a$ 时，运费=b 元。按体积设置运费模板如图 3-50 所示。

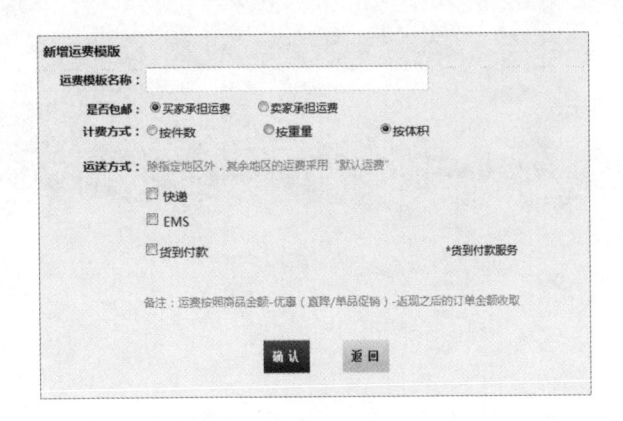

图 3-50 按体积设置运费模板

在该运费模板中，可以为指定地区设置运费，除指定地区外的其他运费都按默认运费收取；运费金额（首体积运费和续体积运费）限制在 0.00～999.99 元，且续体积运费必须小于或等于首体积运费；首体积和续体积限制在 0.1～999.9m^3；单击"为指定地区城市设置运费"，默认显示"未添加地区"（在选择地区后，"未添加地区"消失），如图 3-51 所示。

图 3-51 按体积设置地区运费

（2）店铺运费模板。

店铺运费模板即整个店铺采用统一的运费标准，可设置为收取固定费用，如收取固定运费 10 元或满额包邮。例如，订单满 69 元包邮，不满 69 元收取 10 元运费。店铺运费模板支持不同区域设置不同的运费标准。店铺运费设置和单品运费设置是互斥的，如果商家设置了店铺运费，则单品上保存的运费模板不生效，整个店铺采用统一的运费标准（店铺运费的优先级高）。店铺运费模板的设置如图 3-52 所示。

图 3-52 店铺运费模板的设置

（3）单品加店铺的混合运费模板。

在这种运费模板下，店铺运费与单品运费同时生效。这种模式的逻辑比较复杂，其运费计算可以遵循如下逻辑。

①店铺运费与单品运费同时生效，店铺运费优先判断。

②如果店铺运费按固定运费设置，则全部以店铺运费设置的固定运费为准，例如，店铺运费设置为固定运费10元，则所有订单都收取10元运费。

③如果店铺运费设置了免邮金额，则按照免邮规则计算运费。若订单不满足店铺运费设置的免邮金额，则按照单品运费收取。

④如果店铺运费设置了满额包邮，则订单金额达到包邮标准，免运费；如果订单金额未达到包邮标准，则按商家设置的单品运费进行收费。例如，店铺运费设置为每张订单不满59元，运费10元。当订单金额小于59元时，按照单品运费模板中设置的相关规则计算运费。

⑤如果单品运费模板上设置了"单品运费优先店铺运费"，则单品运费模板绑定的商品的运费需要单独计算，即使订单金额满足店铺免邮的条件，也会按照单品运费模板计算运费。该种方式集合了单品运费模板和店铺运费模板的优点。

2）运费模板的应用

在运费模板设置完成后，商家需要在运费模板列表页选择"运费模板应用模式"为"店铺运费"或"单品运费"；一般默认初始值为"店铺运费"。如果选择"运费模板应用模式"为"店铺运费"，则单品运费模板不生效；如果选择"运费模板应用模式"为"单品运费"，则店铺运费模块不生效，如图3-53所示。

运费模板应用模式：	● 店铺运费　　○ 单品运费				
新增运费模板					

111　　　　　　　　　　　　　　　　最后编辑时间：2013-07-09 20:44　复制模板 ｜ 修改 ｜ 删除

运送方式	运送到	计费规则			
快递	全国	每张订单不满259.00元，运费15.00元			

重量模板　　　　　　　　　　　　　最后编辑时间：2013-07-09 21:03　复制模板 ｜ 修改 ｜ 删除

运送方式	运送到	首重(kg)	运费(元)	续重(kg)	运费(元)
快递	全国	123.0	666.00	1.0	6.00
快递	山西,浙江,北京	1.0	10.00	1.0	5.00
EMS	全国	1.0	5.00	1.0	4.00

件数模板　　　　　　　　　　　　　最后编辑时间：2013-05-21 13:50　复制模板 ｜ 修改 ｜ 删除

运送方式	运送到	首件(个)	运费(元)	续件(个)	运费(元)
快递	全国	1	5.00	2	5.00
快递	天津,山西,北京,上海,江苏	1	6.00	1	6.00

图 3-53　"运费模板应用模式"的选择

同时，商家在商品发布页面需要关联运费模板，如图 3-54 所示。

商品物流信息

发货地：　[　　　▼]　[　　　▼]

运费：　[中件商品运费模板 ▼]　[?]　[新建运费模板]

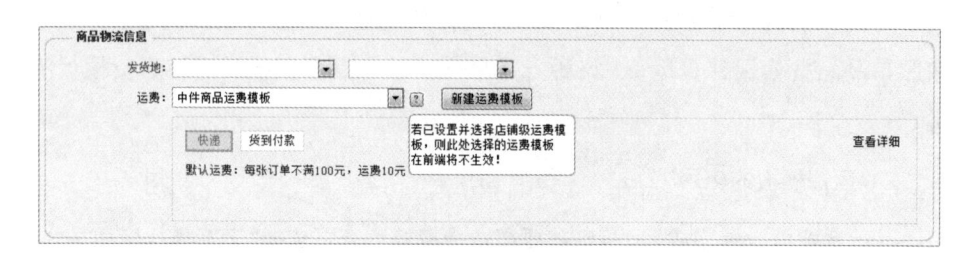

　　　　若已设置并选择店铺运费模
　　　　板，则此处选择的运费模板
　　　　在前端将不生效！

[快递]　[货到付款]

默认运费：每张订单不满100元，运费10元　　　　　　　　　　　查看详细

图 3-54　关联运费模板

在后端设置好运费关联之后，在前端通过一系列条件查询，就可以在商品页显示运费信息，相关底层逻辑如图 3-55 所示。由图 3-55 可知，运费与商家、地址、SKU ID、商品购买数量相关，所以商品页传递商家 ID、二级地址、SKU ID、购买数量给运费接口，运费接口返回运费类型和运费金额给商品页，商品页根据返回的数据显示对应的文案。运费在页面的展示如图 3-56 所示。

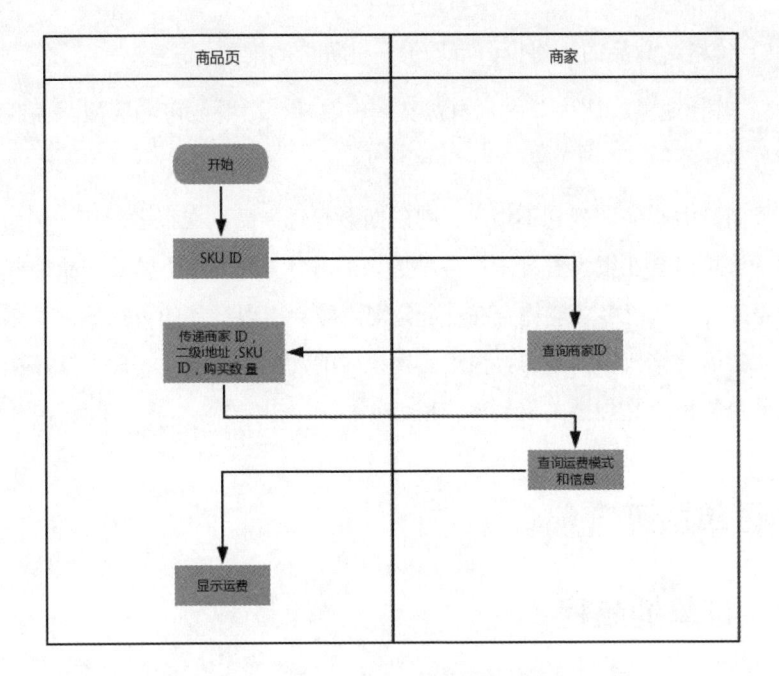

图 3-55　商品页显示运费的底层逻辑

图 3-56　运费在页面的展示

4. 商品中心

商品中心是电商平台商品核心业务数据的汇聚地，商品中心的可用性会在很大程度上影响商家、开放接口、其他兄弟部门等调用方的业务的正常运行。商品中心一般承担的主要业务包括以下内容。

（1）商品业务：商品发布编辑、商品上/下架、商品删除、商品打标等。

（2）SKU 业务：SKU 的创建、删除、恢复、图片设置等。

（3）运费模板：设置/取消商品的运费模板。

（4）库存：设置库存数量、增减库存数量、开启分仓等业务。

（5）价格：商品的销售价、市场价、进货价的维护。

（6）其他业务：店内分类、自定义销售属性、限购或可购区域、关联版式、广告词等。

如果商品中心前期规划不周全，则后期会导致产品存在很多问题。例如，商品中心的开放接口会在很大程度上被各种繁杂的具体业务依赖，如果产品抽象不够严谨，如业务规则和很多功能耦合在一起，则可能会出现产品的可扩展性不强，实现一个新业务需要修改很多地方，很难实现统一的功能等问题。因此，打好基础可以对后续平台的稳定起到至关重要的作用。

3.4 订单系统

3.4.1 订单的旅程

相信在京东有过购物经历的朋友对图 3-57 所示内容并不陌生，从用户提交订单到收到商品，订单经历了一段奇妙的旅程，该图所展示的只是上百个片段的缩影。那么，订单究竟经历了什么？下面我们通过实际的购物过程来进行了解。

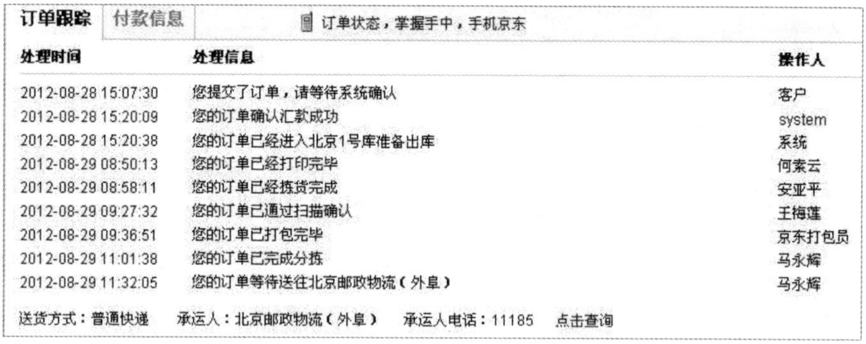
订单跟踪　付款信息　订单状态，掌握手中，手机京东

处理时间	处理信息	操作人
2012-08-28 15:07:30	您提交了订单，请等待系统确认	客户
2012-08-28 15:20:09	您的订单确认汇款成功	system
2012-08-28 15:20:38	您的订单已经进入北京1号库准备出库	系统
2012-08-29 08:50:13	您的订单已经打印完毕	何素云
2012-08-29 08:58:11	您的订单已经拣货完成	安亚平
2012-08-29 09:27:32	您的订单已通过扫描确认	王梅莲
2012-08-29 09:36:51	您的订单已打包完毕	京东打包员
2012-08-29 11:01:38	您的订单已完成分拣	马永辉
2012-08-29 11:32:05	您的订单等待送往北京邮政物流（外阜）	马永辉

送货方式：普通快递　承运人：北京邮政物流（外阜）　承运人电话：11185　点击查询

图 3-57　京东订单跟踪信息

不同用户在进入京东主页后所看到的商品是不完全一样的，这是由于，后台系统通过分析近十亿商品的价格、评价等信息，并结合用户所有的浏览记录、购买偏好等，可以筛选出用户可能需要的商品，而且所有的分析和筛选都会在毫秒级完成。

第 3 章 核心系统落地

那么，后台系统如何从海量的商品中分析并筛选出用户心仪的商品呢？京东提供了搜索页和频道页两个入口，在用户输入关键词或单击类目后，搜索系统就开始服务：首先进行意图分析，系统在线部分会调用用户画像系统获得用户的特征；其次为了能够快速返回搜索结果，系统离线部分会依托大数据平台的上千台服务器开展大量工作，包括排序特征挖掘、全量索引、实时价格库存更新等；最后，呈现给用户一个个性化的搜索结果。

除此之外，后台系统还会根据所有用户的总体购买情况实时调整商品的优惠力度，例如，某件商品的热度越来越高，该商品的优惠力度也会同步增加，商品热度是根据该商品的浏览频次、加入购物车的频次和浏览购买比例等综合指标进行评估分析得出的。这种做法的目的是实现买卖双方效益的最佳平衡，即在保证商家利益的同时给消费者带来最大的实惠。在上述情境中，一个用户的浏览过程就会涉及上亿级别的数据在上千台服务器之间不断流转，这样的数据流量相当于 1s 下载完成一部高清电影，而促销当天通常会有数亿用户浏览。

当用户挑选到心仪的商品后，即可经由购物车进行结算或直接进行结算。在填写订单信息页面中，京东会根据自身优势提供在线支付和货到付款两种支付方式。所以，订单系统需要准确区分在线支付和货到付款的订单，并使这些订单分别进入不同的后续处理流程。一般来说，用户每次提交订单的时间控制在 100ms 以内。在如此短暂的响应时间内，后台系统经历了非常复杂的业务逻辑：恶意用户检查，库存状态校验，库存预占，支付密码校验，扣京豆、余额和优惠券，生成订单号，更新购物车，保存订单等，涉及的系统数量多达上百个。

对于系统而言，用户的一次提交订单的动作就是一条最高优先级的指令。交易系统引擎会根据用户的下单动作，安排行程并通知订单中心（用户可以在订单中心随时查看整个生产过程）、财务中心（需要准备多少钱）、仓储中心（由哪个库房生产等），保证用户的订单有条不紊地进入后续生产流程，而整个过程的最长耗时为 300ms。

在用户提交订单之前，时效系统会为用户计算出精准的送达时间，同时，会根据发货仓库、配货中心、送货地址、地图、实时路况等核算出最佳路线，并给出适合的时间。为了更快、更好地把货物送到用户的手里，订单履约系统承担着订单生成后的履约工作,以确保实物流转和订单信息的秒级精准同步。订单履约系统主要完成过滤存在风险的订单、准备生产信息、制订生产计划等工作,最后把满足生产条件的订单传递到库房进行物流生产。同时,订单履约系统还承担着下游系统主数据、订单处理状态回传给订单中心、库存中心等工作,可被称为用户订单业务中最核心的后台支撑系统。

在订单生成之后,并不会立刻下传到库房,而是会经过拆分、时效计算、转移、预分拣、发票数据准备、面单数据准备等一系列步骤。用户可能通过一张订单购买了很多商品,如电脑、图书、日常用品等,然而为了方便管理,这些商品是被存放在不同仓库。这就需要将一张大订单拆分成多张小订单进行生产,即订单拆分。系统可以根据用户所购买的商品的种类、大小、有无现货,以及所在仓库距用户的远近等,综合计算出一个最优方案,并以此对订单进行拆分。同时,用户在下单时使用的优惠券、京豆、礼品卡等也要合理地分摊在每张新订单上。在订单拆分之后,不仅可以让用户更快地收到商品,而且可以降低运营成本,可谓一举两得。

在拆分订单时,系统会发出电子发票的任务,这里需要注意的是,不同商品品类对应不同的工商或税务要求。在订单拆分完成后,订单履约中心会调用订单时效模块,逻辑上会考虑生产时效、生产成本、库存、用户体验等多个因素,给出一个优化的方案;原则上会在满足订单履约承诺的基础上尽量节省生产成本。在确定配送中心后,就可以联合库房号来确定具体的库房,同时要注意明确订单是否到了生产时间,没到生产时间的订单和库存不满足的订单会继续处于等待状态。然后,订单履约中心会调用青龙物流系统的预分拣模块,通过匹配用户填写收货地址和配送站点,并考虑生产能力和负载情况,分配最佳的配送站点。最后订单履约中心还会调用订单时效模块,修正订单可到达用户处的时间;调用发票模块,准备好发票数据;调用面单模块,准备好面单数据。

在一切准备工作就绪后,订单履约中心下传模块会将符合生产条件的订单立刻下传到库房。订单状态变更为"您的订单已经进入***库准备出库""您的订单预计***日送达您手中"。上述流程为京东自营配送的产品处理流程,而第三方商家的入仓订单的处理流程相对简单,不需要判断是否满足生产条件,只要经过预分拣环节,确定京东可配送后,就可以下发到商家的后台系统,由商家完成订单后续的备货、发货流程。在经过库房拣货组、复核组、打包组进行的订单库房生产环节后,订单状态变更为"您的订单已拣货完成""扫描员已经扫描""打包成功"。在订单拣货完成后，会回传一条"拣货完成"的消息。

为了提高人工拣货效率，减少拣货人员在库房的行走路程，通常会将多张订单同一商品进行合并拣货，再将所有的商品分拣到相关订单中，这个过程叫"分货"，该过程非常复杂，特别是京东存在一单一品和一单多品的订单。然后，复核人员在复核台上将订单商品进行扫描确认，并进行商品打包操作。同时，在商品复核、打包操作完成后，由复核人员回传状态给订单跟踪系统。到目前为止，库房内生产操作基本完成。

库房生产还有一项非常重要的工作是打印发票。发票主要分为离线发票和在线发票，离线发票是订单履约中心将发票打印模板和发票数据信息提前推送给库房的发票；在线发票是库房根据订单号获取开票模板，通过调用发票接口调用的发票。发票类型有普通发票、增值税发票和电子发票，普通发票是财务部门通过税控机打印后回传，再交由青龙配送系统进行配送的发票；增值税发票在下单时会要求填写邮寄地址，也是通过青龙配送系统进行配送的发票；电子发票是由用户自行下载打印的发票。打包完成的商品会被送往分拣中心，由分拣中心将送往配送中心的所有订单准备就绪。此时订单状态变更为"您的订单在【***分拣中心】发拣完成""您的订单在【***分拣中心】发货完成，准备送往【***配送站】"。

当商品打包完成后，会通过龙门架对接分拣机传送到分拣中心，通常分拣中心就在库房隔壁；分拣中心会对包裹进行收货、验货、分货、装车、发车，同时将状态回传给订单跟踪系统；订单经过几个小时的车程抵达配送中心，由相关工作人员完成验货；最后由配送员将订单按照分配的地址送达用户手中，至此，一个完整而详细的订单流程就结束了。在上述庞大复杂的链路中，订单系统绝对是至关重要的，可以说具有承上启下的作用。那么，为了理解复杂的订单业务，我们可以对订单从诞生到最后结束的整个生命周期进行解构，将其分为下单前的准备工作，以及下单过程中和下单后的一系列环节来看。

3.4.2 下单前的准备工作

用户在精心挑选商品后，就开始了下单前的准备工作，那么从商品到订单是如何形成的呢？结合我们自己的购物经历来看，用户往往会先将商品加入购物车，然后进行支付结算。因此，在下订单前，我们有必要了解一下购物车和结算页这两大前置产品模块。

1. 购物车

在现实生活场景中，我们去购物中心，都会使用购物车来收集我们需要的商品，最后去收银台进行付款。同样，电商平台的购物车创意就是来源于线下生活场景。对于电商平台的购物车来说，它相当于现实中超市的购物车，不同的是，现实中超市的购物车是实体车，电商平台的购物车是虚拟车。用户可以在购物网站的不同页面之间跳转，以选购自己喜爱的商品，并可以将该商品保存到购物车中，最后将选中的所有商品通过购物车进行统一结账，从而尽量让用户在电商平台体验到在现实生活中购物的感觉。如图 3-58、图 3-59 所示，分别展示了京东购物车和淘宝购物车的样式。

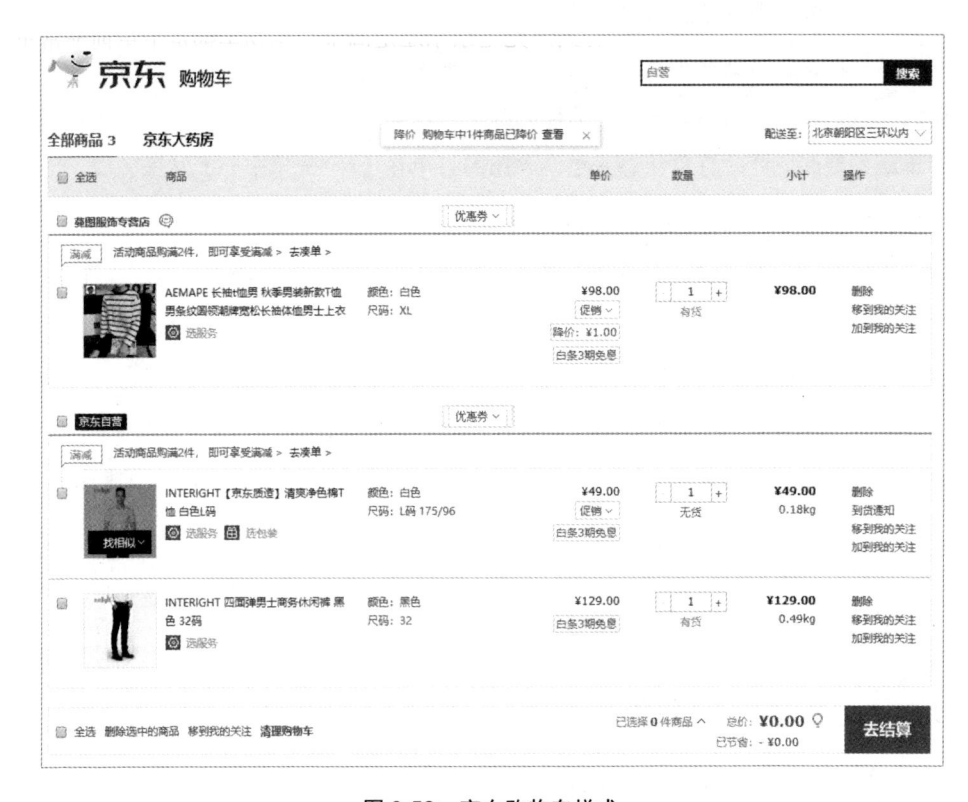

图 3-58　京东购物车样式

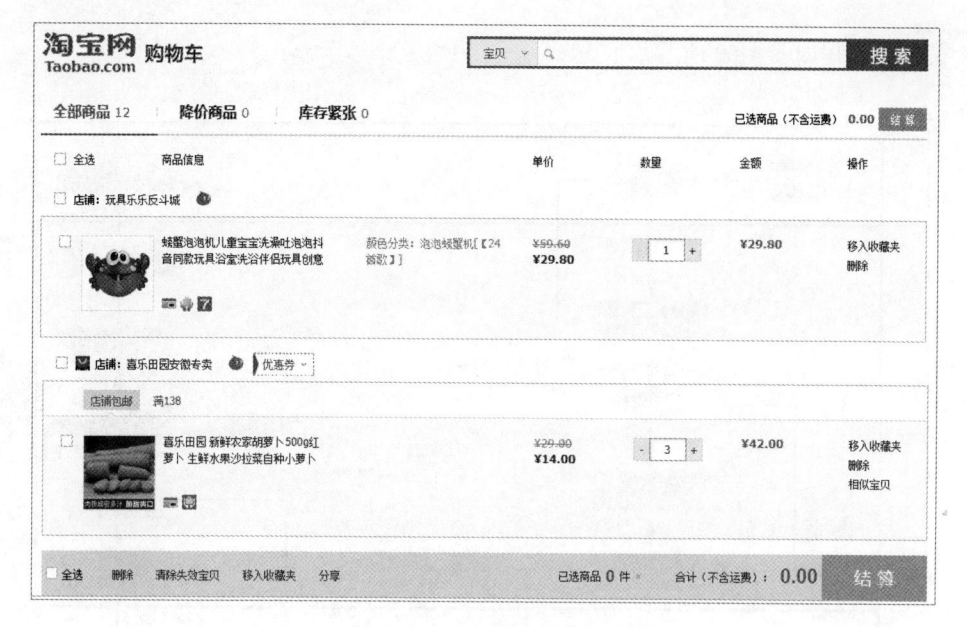

图 3-59　淘宝购物车样式

从图 3-58 和图 3-59 可以看到，无论京东还是淘宝，购物车都是下单前非常重要的一个环节。可以说，购物车连接了用户和商品，与现实生活中的购物车有极其相似的地方。但是，在互联网的世界里，购物车也有自己独特的一面：电商平台的购物车是虚拟的概念，与实体购物车存在差异，电商平台的购物车不受时间、空间的限制，在随意性增大的同时可以弱化人、物之间的关系。因此，除了购买，用户将商品加入购物车的行为还延伸出更多的场景，如收藏、凑单等。随着场景的不断延伸，购物车的用途也越来越多样，除了最常见的普通商品下单，营销场景也成为购物车的重要功能之一。比如，用户的收藏商品可以进行降价促销触达，甚至用户画像等，因此，线上购物车与线下商超单纯承载商品的购物车相比，线上购物车更具备营销层面的意义。

在做一款产品时，我们一般很难将某一个功能模块完全脱离出来，这是因为我们所做的产品本身是业务服务，它是一个流程性的整体，所以购物车的诞生，除了基本的用户需求来源，业务场景也是重要的驱动因素。纵观目前电商的核心购物场景，购物车的业务基本可以概括为商品管理、场景营销两个层面。

1）购物车的设计

购物车的核心价值在于商品管理和场景营销两个层面，从宏观上来看，购物车的业务流程如图 3-60 所示。

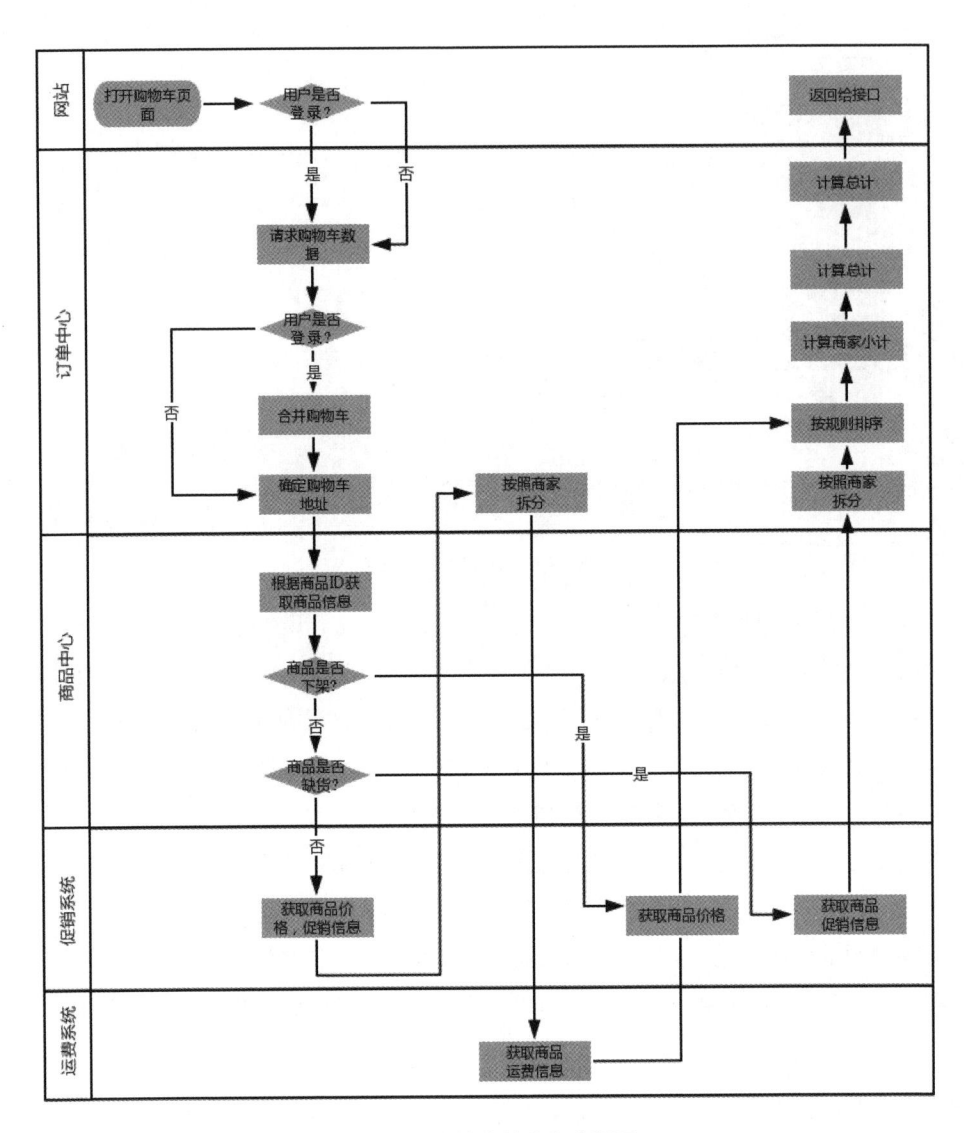

图 3-60　购物车的业务流程图

根据购物车的领域模型来看，产品的核心模块设计都需要考虑什么呢？我们先通过购物车的入口来看，如图 3-61、图 3-62 所示。

第 3 章 核心系统落地

图 3-61 天猫购物车入口

图 3-62 京东购物车入口

目前，主流电商平台的购物车入口逻辑基本类似，都是在商品页面与购买并列。

在将商品加入购物车时,使用购物车入口需要注意以下细节。

(1)一般在将商品加入购物车后会留在当前页,系统会提示"加入购物车成功"。但是,如果商品是特殊商品,则在业务逻辑上不能被加入购物车。针对特殊商品(不支持加入购物车的商品),应当在调用购物车入口后,提示"此商品暂不支持加入购物车,请到商详页查看具体信息",且相关商品不能被加入购物车。

(2)如果批量加入购物车的商品全部支持加入购物车,则系统会提示"加入购物车成功"。

(3)如果批量加入购物车的商品全部为特殊商品,均不支持加入购物车,则系统会提示"此商品暂不支持加入购物车,请到商详页查看具体信息",且相关商品不能被加入购物车。

(4)如果批量加入购物车的商品若部分支持加入购物车、部分不支持加入购物车,则返回加入购物车成功标识,并提示"加入购物车成功"。例如,批量加入购物车的 5 个 SKU,3 个能被加入购物车、2 个为特殊商品不能被加入购物车,在将这 5 个 SKU 加入购物车时,能加入购物车的 3 个 SKU 成功加入购物车,而 2 个特殊商品不进行加入购物车处理。

一般来说,在产品技术层面可以将加入购物车功能进行工具化,即为采销或商家建立 SKU 时,有一个屏蔽标识,勾选后即可实现特殊商品屏蔽。

2)购物车的合并

对于购物车这个产品来说,我们需要了解两个技术概念。

(1)服务器购物车:用户已经登录,购物车数据存储在服务器中,该购物车简称服务器购物车。

(2)Cookie 购物车:用户未登录,购物车数据存储在本地 Cookie 中,该购物车简称 Cookie 购物车。

需要注意的是,只有在用户登录的情况下才会合并购物车。一般合并的逻辑为:将 Cookie 购物车全部添加至服务器购物车。如果遇到相同的 SKU,则无论它们各自的数量是多少,均以服务器数量为准。如果两个 SKU 的基本信息相同,但定制信息不同,则认为它们是两个不同的 SKU。

3）购物车的信息展示

（1）购物车中的商品：一般购物车主页都会展示商品标题、图片、数量，以及商品的规格，如颜色、尺码、价格、库存等。

（2）当展示库存时，会校验库存状态。购物车库存状态分为下柜、无货、采购中、有货、不支持销售。判断逻辑为：先判断该商品在当前地区是否支持销售，如果该商品不支持销售，则展示"该地区不支持售卖"；如果该商品支持销售，则校验库存状态；如果该商品有货且库存数量大于 x 件，则不处理；如果该商品库存数量小于或等于 x 件，则展示"仅剩 x 件"；如果该商品无货，则展示"无货"；如果该商品处于预订中，则展示"采购中"。此环节主要调用商品和库存接口。

（3）相关管理功能包括修改数量、清空购物车、删除商品等。在用户选择删除商品时，可提供"删除"和"移到我的关注"两个选项，从而最大限度地减少商品的流失，促进成单，同时也为 CRM 系统构建用户画像，如图 3-63 所示。

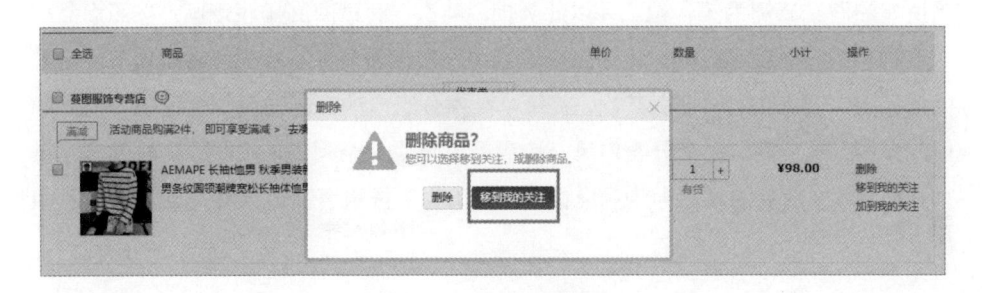

图 3-63　用户选择删除商品

这里涉及一个"记忆勾选"的功能，在目前这个购物车的收藏属性被放大的时代，用户往往习惯于在浏览商品时，把喜欢的商品收藏起来，或者等待"大促"时购买，或者择机下单等，这就导致购物车内存在大量未购买商品，对用户刚刚加入购物车的商品进行定位就产生了很大的困难。因此，为了提高购物车的可用性，产品经理们创造性地提出了"记忆勾选"的强大功能。所谓记忆勾选，就是系统根据用户将商品加入购物车的行为进行自动勾选，以减少用户寻找商品的成本，最大限度地促进成单。记忆勾选以用户添加商品到购物车这个动作为时间记录的开始，例如，当用户在添加商品 A 时，如果用户在 n 小时之内访问购物车，则记忆勾选状态，延续计时（不添加商品进入购物车，商品 A 为勾选状态）；如果用户在 n 小时之内再次添加，则记忆勾选状态，且延续计时（添加商品 B 到购物车，商品 A 和商品 B 均为勾选状态，并按照商品 A 加入购物车的倒计时延续计时）；如果用户在

n 小时之后再次访问购物车，但没有新添加商品到购物车，则保留上次勾选状态（未添加任何商品，访问购物车，商品 A 和商品 B 为勾选状态）；如果用户在 n 小时之后添加商品到购物车，会反选掉 n 小时之前的勾选状态（添加商品 C 到购物车，商品 A 和商品 B 均不勾选，商品 C 为勾选状态）；目前，各大平台选用的时间阈值为 3 小时，即 n=3 小时。

4）购物车的排序

用户频繁地向购物车内添加商品，那这些商品是如何展示和分组的呢？这就涉及一个非常核心的概念：购物车的排序。

所谓排序，就是解决商品按什么维度展示的问题。一般来说，排序有两个维度：首先购物车中按商家店铺进行排序；其次每个商家店铺中按商品排序。这是一个总的原则，也就是店铺维度大于商品维度，购物车结构划分按照商家维度进行区分展示。那具体规则是什么呢？首先，商家店铺排序规则：以最后一个加入购物车的商品所属的商家店铺为第一位，并以此类推。其次，商家商品排序规则：按照商品加入购物车的时间倒序排列。这个排序的实现逻辑比较复杂：首先，将购物车中所有的商品按照商家进行分组；其次，将每个商家分组内的商品按照加入购物车的时间倒序排列；最后，取每个分类内第一个商品组合成一个列表，按照添加时间倒序排列，此列表中商品的顺序即为商家的顺序。购物车按照店铺进行分类展示如图 3-64 所示。

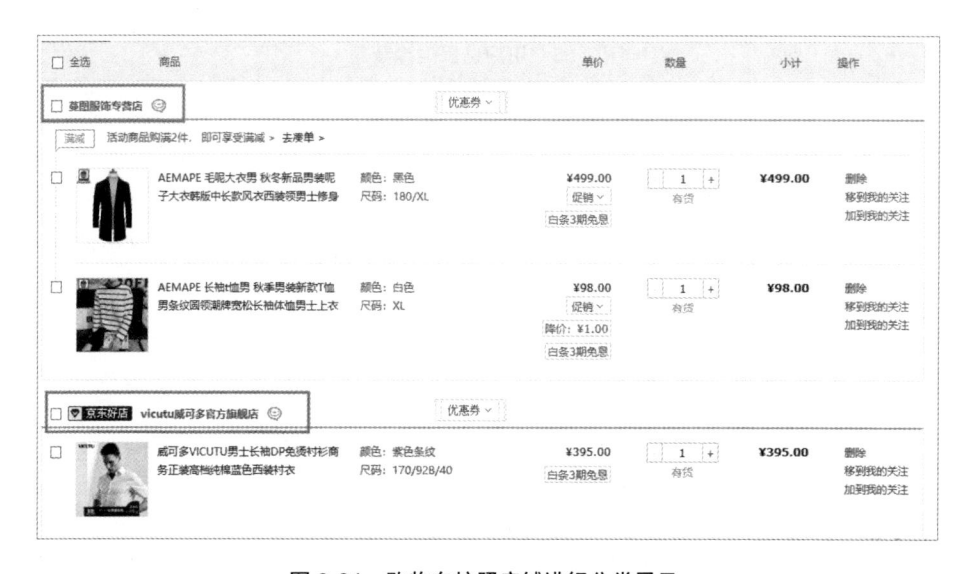

图 3-64 购物车按照店铺进行分类展示

5）购物车的运费策略

购物车的运费策略基本相同，但是如果涉及整站的不同模式的商品，则可能存在不同的运费策略。例如，生鲜商品的运费单独计算，凑单免运费等。一般来说，因为不同品类的商品的运费规则不一样，所以可以由购物车向库存系统上传已勾选的商品，并由相关配送系统下发运费规则。因为购物车里的商品只是处于收集阶段，具体运费的计算会交给结算页面，所以在购物车阶段的展示偏重于营销层面，例如，在京东的购物车里，运费的展示维度分为不展示、还差 $xx.xx$ 元免运费、去凑单/凑单免运费/凑运费、已免运费、运费以结算页为准等展现形式。

6）购物车的营销

购物车的核心价值是商品的容器，但是，在电商平台，用户与商家、商品之间都是弱关联的。用户对商品的感知并不强，所以，从产品的角度来说，需要有一个工具载体，将商品的价值传递给用户，而这个传递过程就是购物车营销。最终用户获得价值，就是从购物车下单，那么，从业务的角度来说，购物车的营销也是平台促进订单成交的一个手段，可以提升购物车的整体收益，营销方式包括单品促销、场景营销等。

（1）单品促销。

单品促销，即对商品价格的直接优惠，在购物车中，促销系统会将促销后的价格下发给购物车。一般来说，单品促销在购物车中的应用会有以下几种情况。

①令牌价。针对指定用户，展示优惠价格。例如，特定的价格标签包括某类会员价、专属价、粉丝价、新人价、企业价等。当用户未登录时，不展示任何价格标签；当用户登录后，系统会根据用户身份命中的价格，判断当前用户命中的所有价格中的最低价格，并把最低价格及标签传给前台。

②立减。即在价格上方（即降价标签所在行）展示"减 x 元"，一般套装会进行这种促销活动，并展示在套装价格后方。购物车中的"立减"如图3-65所示。

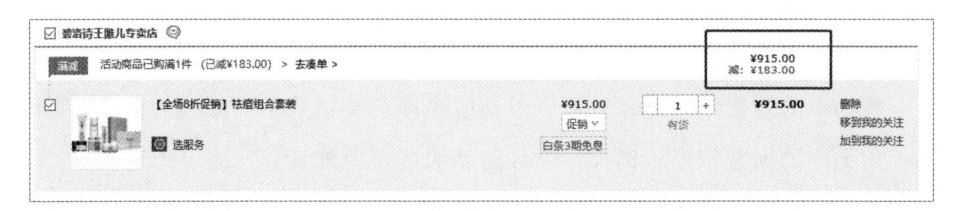

图 3-65 购物车中的"立减"

③促销活动。一个商品可以参加多种促销活动,而"促销"下拉列表可以展示该商品目前参加的促销活动,并提供促销活动修改功能,在用户修改促销活动时,"促销"下拉列表中的所有信息,由促销系统以文本的形式下发,如图 3-66 所示。在一个商品命中促销活动时,购物车的促销状态分为用户选择和默认选中:如果购物车中记录了用户手动选择的促销活动,则当用户再次进入购物车时,不改变促销状态;如果购物车中商品是默认选中的促销活动,则当用户再次进入购物车时,会改变促销状态,获取促销系统返回的新促销活动,最终,在用户去结算时,会以购物车新命中的促销活动为准。

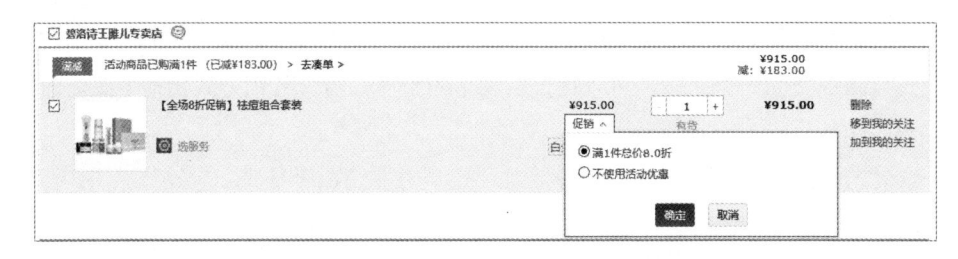

图 3-66 购物车中的"促销"入口及选择

④优惠券。优惠券主要由商家或电商平台进行发放,可以抵用订单金额或运费。购物车优惠券整体逻辑:购物车上传每个店铺下的 SKU 至优惠券系统,优惠券系统返回券池中各 SKU 可用的优惠券,如果该店铺下的 SKU 有可用的优惠券,则展示优惠券入口。"优惠券"下拉列表分可领取和已领取两个部分,如图 3-67 所示,京东购物车内优惠券入口领券逻辑为:在店铺分别针对折扣券和代金券进行统一领取。

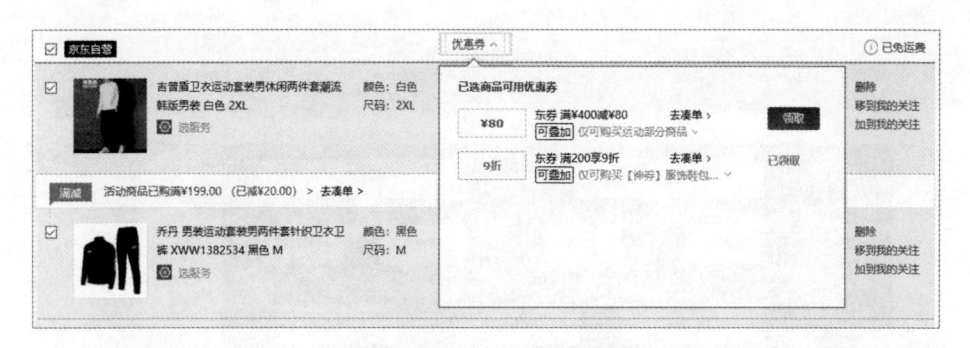

图 3-67 购物车中的"优惠券"

（2）场景营销。

除了普通的促销和优惠券，购物车还可以针对一些场景进行营销，例如，商家可以对加入购物车的商品进行定向降价，这样就在购物车内形成了精准营销：降价。此外，常用的营销方式还有赠品、套装促销、每满减、百分比满减、阶梯满减、跨店铺满减等。营销方式千变万化，在此不再赘述，产品经理应该根据自己的业务场景和模式制定相应的策略。

总之，购物车这个产品的价值在于让用户在电商平台上拥有和现实生活一样的购物体验的同时，用自己的优势弥补用户对商品感知不足的缺陷，真正做到让商家或平台传递价值，让用户获取价值。可以说，购物车产品的关联系统非常复杂，是电商平台的一个难点。例如，用户通过商品系统等添加商品到购物车中，同时商家通过促销系统传递商品的营销价值。商家的最终目标还是希望用户能够在购物车内进行转化。当用户在购物车内提交订单时，所有商品数据会打包向下流转，这时就需要知道具体用户的地址信息、所有商品的金额、优惠券等，也就进入下单前的准备工作的第二步：结算页。

2. 结算页

进入结算页，基本上就到了下单前的准备工作的最后一步。结算页关注下单用户的地址、商品分类、配送方式和金额等。结算页位于购物车和订单提交的中心位置，是下单前将订单要素聚合的页面，结算页与周边系统关系如图 3-68 所示。

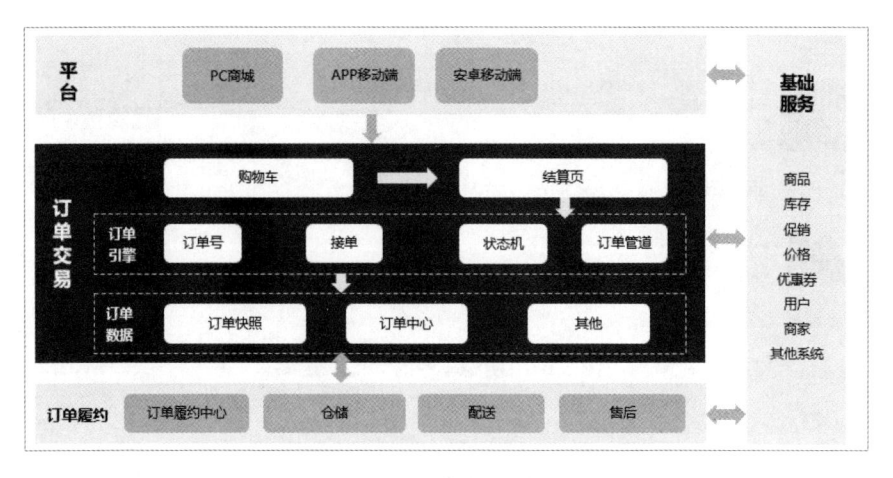

图 3-68 结算页与周边系统关系

结算页的设计一般需要考虑订单提交要素，将订单系统需要的变量聚集并提交，因此涉及范围比较广，和业务策略的相关性较强，常见的订单提交要素包括地址、支付方式、配送方式、虚拟资产、价格等。

1）地址

根据用户的使用习惯，大部分用户（经过调研，大概76%的用户）在购物结算时，直接使用默认账户信息（如默认地址、默认配送及支付方式、默认发票信息）而不做二次修改。针对这种情况，在用户选择收货地址时，会把近期订单中该地址对应的"配送方式"与"支付方式"调出来，如果没有相关信息，则调用用户设置的默认地址，此时用户只需单击"保存地址"按钮，即可进入"核对状态"的结算页。地址维护入口如图 3-69 所示。

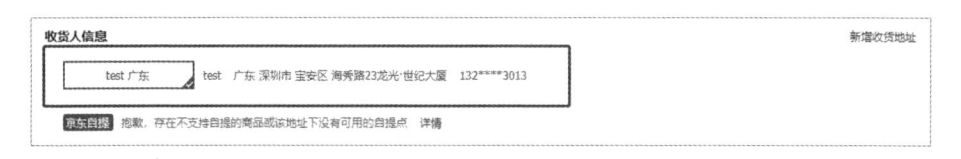

图 3-69 地址维护入口

结算页与"地址"关联的业务比较多，产品经理需要根据自身业务考虑地址的关联逻辑，以京东为例，当地址变更后，可能对支付方式、商品售卖、发票开具等业务均有联动影响，比如，地址变更后会验证商品的区域是否有限购逻辑，地址变更后是否支持货到付款。另外，如果支持自提，地址变更后是否会更改自提点等。

2）支付方式

一般电商平台都支持货到付款和在线支付两种支付方式，并且会将在线支付设置为默认支付方式。支付方式会和用户体系、地址库关联，在商品、地址符合要求的情况下，默认使用上一次的支付方式。当订单同时存在"支持货到付款"和"不支持货到付款"的商品时，需要对商品进行分类。

3）配送方式

在商品符合要求的情况下，默认使用上一次的配送方式。当商品的配送方式不同时，对商品进行分类，如图 3-70 所示。

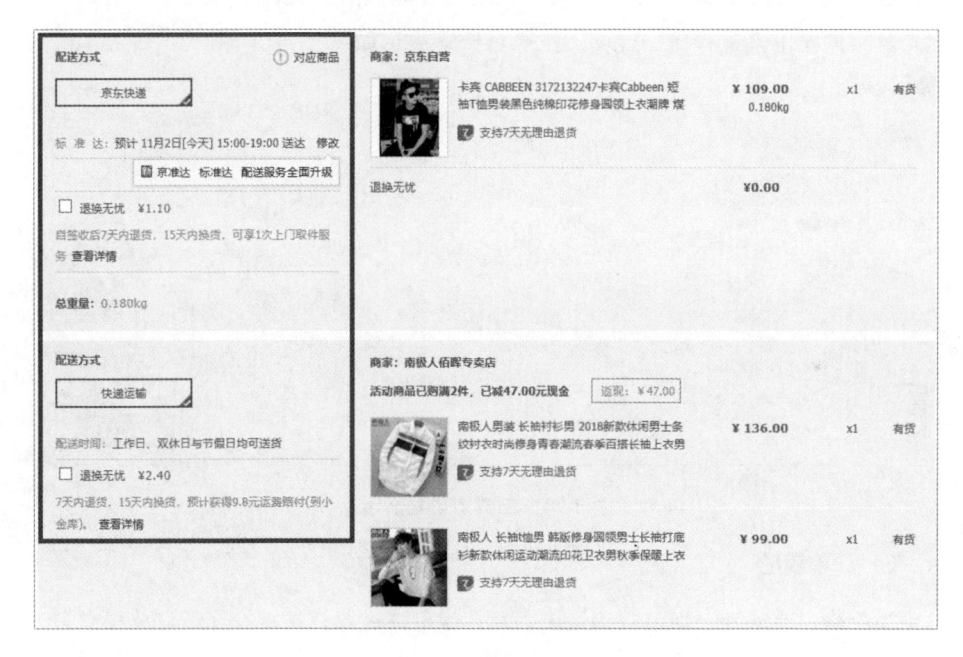

图 3-70　结算页中的配送

4）虚拟资产

虚拟资产即优惠券、用户积分等形式的虚拟权益。目前，每张优惠券都与结算页能够支持的商品对应，结算页将目前的商品信息和每个商品的金额作为参数调用优惠券系统接口，返回可用/不可用的优惠券列表，并且展示每张券能够使用的结算页商品列表。优惠券是否可用在结算页会进行判断，此处与业务策略联系紧密。以京东的结算页逻辑为例，从系统角度来看，优惠券类分为京券、东券、免运费券。

在结算页调用优惠券时要注意：京券和东券不能同时使用；免运费券只能用于基础运费，且可以叠加。另外，极速达、移动仓均不支持免运费券。

5）价格

最后，结算页会综合用户所选的各种价格要素，统一进行价格计算，形成最终的下单价格。一般来说，订单最终实际支付金额=商品总金额+运费-优惠总金额。在现实场景中，会根据具体平台业务在该模型上扩展，例如，京东的购物车价格模型为：购物车总价=商品总价-优惠促销-返现-特殊促销（如跨店铺满减等）；而最终得到结算页的订单总价格模型为：订单总价=购物车总价+运费+服务费-运费券-其他优惠券-京豆-礼品卡-余额。总之，价格计算模型要义在于区分平台策略，将优惠策略抽象出来进行统一定义。结算页价格展示如图3-71所示。

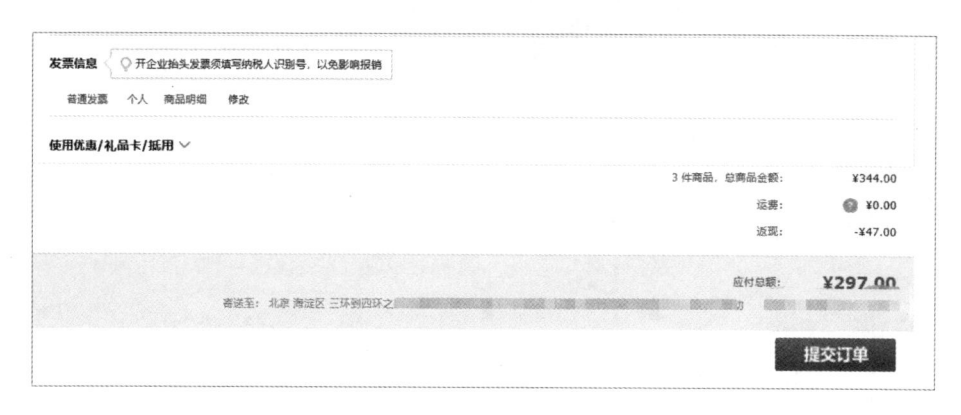

图 3-71　结算页价格展示

6）订单校验

当价格、地址等一切信息确认无误后，就可以进行订单提交了，订单提交是下单前准备工作的最后一步，意味着商品信息从各种碎片数据形成了一个固定的订单数据，并进入订单流程。在用户提交订单时，一般电商平台会瞬间处理大量的校验工作，例如，预占实时库存，优惠券使用逻辑校验，扣减余额，扣减用户积分，调用接订单服务或接口等。另外，还会处理一些风控问题，例如，用户是否为恶意用户等。

7）提交后的任务

在订单校验工作完成之后，系统内部会开始与各个对接系统进行交互。首先，系统会给订单中心发送订单消息，同时更新用户系统中的购买商品数量，以及用户下单数量。如果订单中有预售商品，则会同步预售数据和规则；如果订单中有其他业务，则会同步业务逻辑到订单层，比如，京东有合约机，会同步合约机号码；如果订单中有自提业务，则会判断和占用自提柜等。其次，如果用户支付成功，则显示成功页信息并清空购物车。最后，在结算页提交时，会涉及支付清结算系统，该系统和结算页是上下游关系，一般会通过统一收银台进行外化展示，详细介绍参见第 4 章相关内容。

3.4.3 订单交易系统

当用户从结算页提交后，就将商品数据"制成"了订单数据。订单交易系统需要很多其他系统的支撑，从而共同完成订单数据的流转。比如，用户从购物车或单品页面提交订单时，订单数据会先进入订单履约流程，通过进行风控、拆分、转移、面单、发票、预分拣等处理后进入仓储流程，然后，订单商品会通过仓储系统获取并由分拣系统分配到站点通道，由统一的配送员配送给用户。同时，从财务流层面来看，电商平台的财务部门在收到配送完成的通知后，会对订单流水进行账款核对，并通过一定周期将商品的货款结算给商家。通过上述流程，即可完成用户购买的正向交易。

纵观订单的整个生命周期，大部分业务系统都会与订单交易系统进行协同工作，并且随着业务的增长，订单交易系统的复杂度会直线上升。通过一个普通订单的结构，我们可以看到，订单不仅涉及线上各个系统中众多数据的流转过程，如 ERP、商品数据和订单状态等，还涉及支付、结算、退款等财务相关的"钱"的流程，并且如果订单顺利完成，则订单还会涉及货物入库、出库、运输、退货、报废、报损等货物流转过程。因此，订单交易系统就是一个集合信息流、资金流、物流的统一中心平台。各种变化多样的业务逻辑，都会体现在一张小小的订单上。对于京东、天猫这样的超大型系统来说，一张订单从加入购物车开始直至完成，有超过 100 个系统为该张订单服务。可以说，订单交易系统是电商平台的心脏。由于电商平台业务的多样性和衍生服务的多样性，交易的细节也有所不同，因此，各种类型的订单流程也不断出现。如果说订单流程是组成订单交易系统的"分子结构"，那么，订单流程中核心的"原子"即订单状态。订单流程是抽象化的业务逻辑，在这个业务逻辑中，订单状态决定了业务的生命周期。所以，产品经理了解订单交易系统的切入点就是订单流程和订单状态。

1. 订单正向流程

订单流程可以说是业务流程在系统内的映射，是一个业务领域的抽象模型。订单流程和电商平台本身业务逻辑是高度相关的。由于不同平台的商业模式和业务逻辑不同，因此其对应的订单业务流程也不同。例如，京东的优势在于自营供应链，其订单流程往往会存在仓储配送的逻辑；而淘宝因为是平台基因，因此其订单流程大多是第三方开放平台的流程逻辑。虽然订单流程看似没有规律可循，但是总的来说，可以从销售模式、配送方式、支付方式3个方面来进行归纳：如果考虑销售模式，则可以归纳为自营和第三方开放平台；如果考虑配送方式，则可以归纳为自营配送（如京东配送），第三方物流公司配送；如果考虑支付方式，则可以归纳为货到付款和在线支付。由于自营配送问题发生在电商平台内部，而且自营物流体系和第三方物流体系在订单流程上的最大不同在于订单生产配送的过程有差异，可以归纳到供应链部分，因此，对于前端订单流程，我们可以区分为自营在线支付、自营货到付款、第三方开放平台在线支付和第三方开放平台货到付款4种流程。我们以京东为例来看订单正向流程。

"自营在线支付订单正向流程""自营货到付款订单正向流程"都是针对自营的商品订单。这两类订单的正向流程的主要区别在于，在线支付的订单会在用户提交订单后，由系统比较对账信息并确认收款后进入生产流程；而货到付款的订单会在用户提交订单后，直接进入订单系统进行各种判断，以及与其他系统的通信等操作，并在用户收货之后再进行付款操作。这两类订单的正向流程如图3-72、图3-73所示。

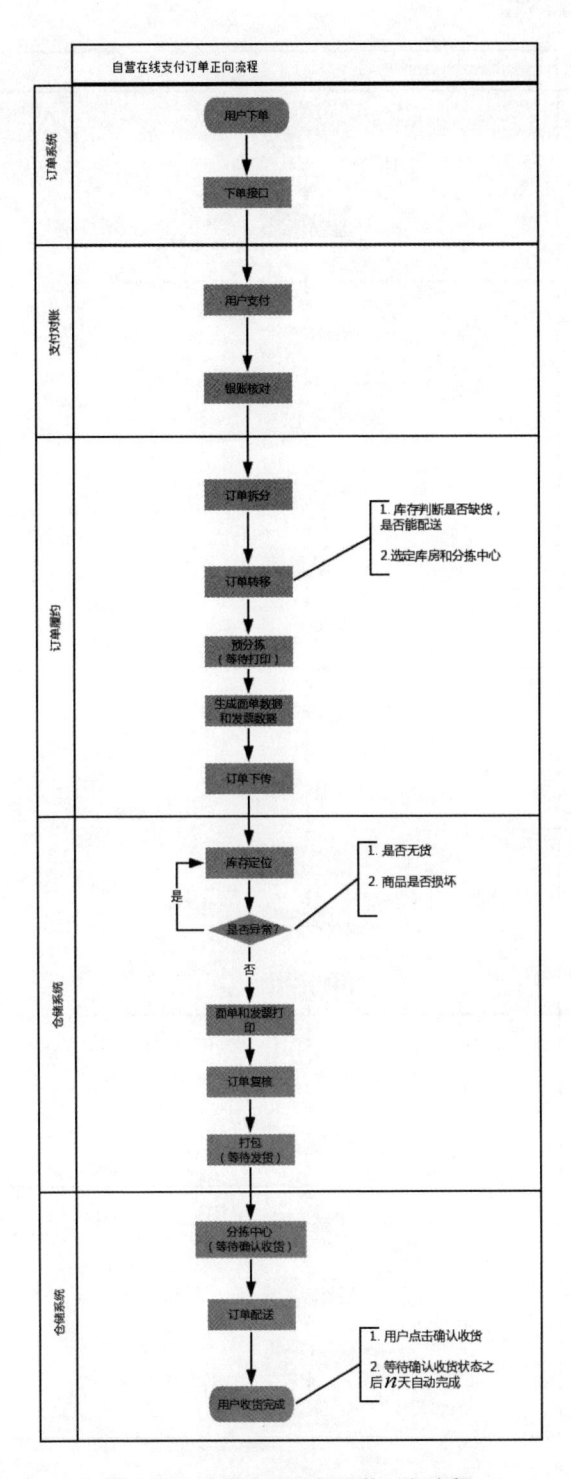

图 3-72 自营在线支付订单正向流程

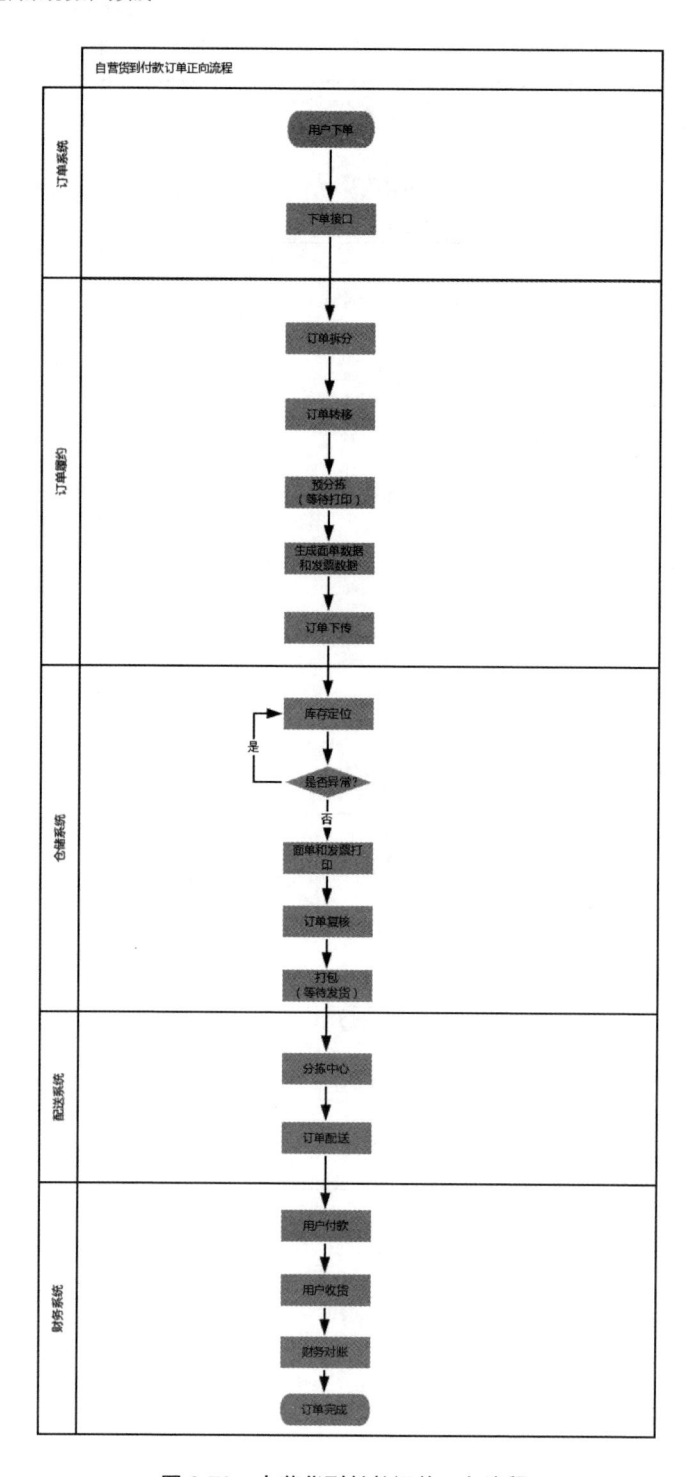

图 3-73 自营货到付款订单正向流程

非自营类的订单正向流程包括"第三方开放平台在线支付订单正向流程""第三方开放平台货到付款订单正向流程"两部分。这两类订单的正向流程的主要区别在于,在线支付的订单会在用户提交订单并完成付款后,订单信息再进入订单系统,而货到付款的订单会在用户提交订单后,直接进入订单系统进行各种判断,以及与其他系统的通信等操作,并在用户收货后再进行付款操作。例如,在京东的业务模式中,SOPL、FBP 等模式是第三方商家入仓后使用京东配送的模式,该模式支持商家使用货到付款的方式进行配送。类似京东这样的平台,有自己的配送体系,可以进行货到付款,这是因为货到付款的核心在于货款由平台代收代付,所以,即便支付没有发生在线上,平台也能够把控交易流程。此处不再赘述。第三方开放平台在线支付正向订单流程如图 3-74 所示。

1) 订单状态

订单流程类似于业务的画像,我们能够从中理解每个业务流程的生命周期,而此时涉及的复杂业务就是状态和状态之间的先后关联逻辑和使用场景。这也是订单状态的设计原则,即通过场景和上下文关联来定义每一个业务节点。订单状态往往是碎片化的,如果没有一个简单的区分方法,则在设计时可能会遗漏,因此,本书建议通过一些场景维度来进行区分,如表 3-1 所示。

表 3-1 按场景维度区分订单状态

流程场景	订单状态	订单状态释义
流程类状态	新订单	最新生成的订单
	等待打印	订单已经下传到仓库,等待打印面单
	等待出库	订单已经被打印,等待工作人员出库
	等待打包	商品在出库中,等待工作人员打包
	等待发货	复核完成,等待配送发货
	等待确认收货	订单已经从库房发出,等待用户收货
	上门自提	商品已经到自提点,需要用户自提
支付类状态	等待付款	订单新生成,等待用户支付
	延迟付款确认	类似预售订单需要延迟付款,等待后续支付的场景
	收款确认	用户已经支付成功
	等待退款	逆向流程,用户申请退款中
异常类状态	锁定	可能由于修改订单或系统锁定无法继续进行,比如,收货地址不全、缺货、短配、用户退款转工单等业务场景
	无法到货	订单中有商品无法到货
终止类状态	已完成	订单已经成功完成交易

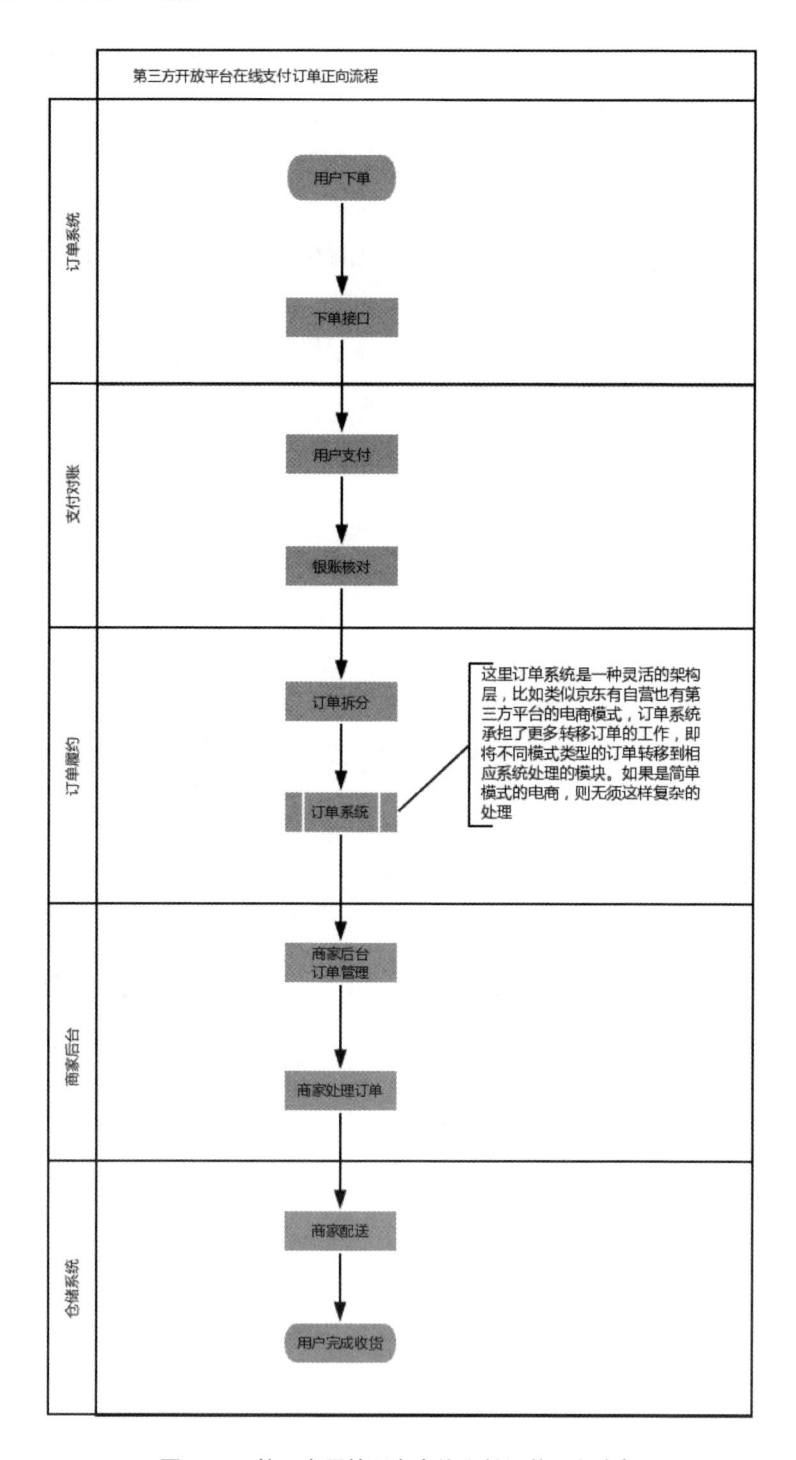

图 3-74　第三方开放平台在线支付订单正向流程

2）订单拆分

（1）什么是订单拆分？

订单拆分是电商系统里很常见，同时也很重要的一个部分。所谓订单拆分，就是在用户提交订单后，将不满足在同一个订单生产的商品进行拆分。拆分逻辑一般根据平台业务逻辑而呈现不同的复杂度，以京东为例，用户在京东提交订单后，会在订单详情页看到一句话："您的订单由于不在同一个商家会带来拆分。"拆分原因有很多，比如，京东的商品有很多类型，有些商品直接由厂商送货，有些商品由京东配送，而京东配送的商品会根据商品类型的不同而存在于不同的仓库中。所以，京东的订单拆分系统可以实现一种功能：当用户提交订单后，系统会根据商品的类型将其拆分为各种子订单，并且计算出每个子订单的价格、优惠等信息，再由下游系统直接对子订单进行生产，并将多个子订单分开进行配送。

（2）订单拆分的流程和方法。

订单拆分的前提与平台业务相关，按照目前电商平台的业务，如果平台的构成包括第三方商家和自营商品，支付方式包含在线支付和货到付款，那么这种综合形态的订单拆分流程会较为复杂：对于下单阶段的所有订单来说，如果是货到付款的订单，则直接进行拆分；如果是在线支付的订单，则需要判断是否支付完毕，如果确认支付完毕后，则进行拆分。拆分的主要目的是将不同的库房、商家、商品特殊属性、库存状态的订单分开。在拆分之前，会将订单金额按照价格比例等进行分摊。所以，订单拆分基本上可以按照支付方式进行第一次拆分，第一次拆分主要负责将货到付款的所有商品进行拆分处理；然后进行第二次拆分，第二次拆分负责将在线支付的订单进行拆分处理。根据京东的订单拆分规则来看，订单拆分的方法包括如下几种。

①按照支付方式拆分：例如，根据在线支付和货到付款的订单进行拆分。

②按照商品分类拆分：例如，普通商品、液体、奢侈品的拆分逻辑会有不同。一般奢侈品会进行单独拆分、独立包装等。

③按照库房拆分：例如，京东在全国分布有不同的仓库，甚至细分到不同品类存放于不同的仓库，如3C仓、日百仓、图书仓等，那么相应出库的商品就会根据仓库来进行拆分。

④按照商家拆分：例如，自营和第三方商家的商品如果在一个订单里，则需要进行拆分，拆成自营的订单和第三方商家的订单，并分别进行生产和配送。

⑤按照促销方式拆分：例如，赠品组合处理、套装组合处理等，均需要单独计算赠品或套装价格，并进行独立拆分，算法在此不赘述。

⑥其他拆分方法：例如，有些商品的出库逻辑是一单一货，或者厂商直送的业务，均需要进行独立拆分。

所以，如果一个类似于京东业务模式的平台要进行订单拆分，鉴于其业务是由货到付款和在线支付，自营仓储和第三方商家共同组成的，那么，这类平台的订单拆分可以采取以下流程。

首先，订单系统获取购物车内的商品信息，以及商品上绑定的相关商家信息、库房信息等。然后，在用户提交订单并支付后，订单系统会获取订单的实际支付信息，按照一定优先级和商品属性，将不同库、不同商家的商品拆分成不同的子订单，并计算子订单价格。同时，在构建子订单时，订单系统会按照子订单和父订单的价格比例，将父订单的优惠券、运费、礼品卡、余额和实际支付金额拆分给子订单。最后，订单系统会检查拆分结果，检查的逻辑一般包括以下几种。

①原购物车需为空，即购物车下单后需要清空。

②子订单数量需大于 0 元。

③用户实际支付金额不能小于 0 元。

④子订单和父订单的商品数量需相等。

⑤子订单和父订单的优惠券金额需相等。

⑥子订单和父订单的余额使用需相等。

⑦子订单和父订单的运费需相等。

⑧子订单和父订单的实际支付金额需相等。

⑨子订单和父订单的总金额需相等。

⑩订单中第三方商家的商品的商家信息是否正确，以及其他业务规则等。

在系统检查拆分结果正确无误后，即完成了从父订单到子订单的过程。在订单拆分的过程中，核心的要点在于子订单的构建，而子订单在构建时的金额拆分也是非常核心的，金额拆分的原则如下所述。

①总金额一定要和各子订单的金额之和相等，也就是说，先使用价格比例计算前 $n-1$ 个子订单应分配的金额，第 n 个子订单的金额使用减法计算获得，以保证子订单的金额之和与父订单的金额相同。

②各个子订单分配的金额按照价格比例取整，即按照子订单的基础价格计算比例（会员价-返现-优惠金额），在按照比例分配金额时，在取整的同时需要保证拆分金额为正。如果不能按元取整，则按角取整，或者按分取整。

③子订单分配的金额需保证优惠不能大于子订单的实际支付金额，否则计算出来的商品实际支付金额为负，参考公式为：实际支付金额=商品会员价-优惠金额+总运费-优惠券金额-余额。

订单拆分流程如图 3-75 所示。

（3）订单拆分后的收尾工作。

订单在经过复杂的拆分逻辑，变成 n 个子订单后，工作还没有结束，系统需要对各种子订单进行后续处理。处理方式比较简单，总的原则就是根据不同类型的订单进行不同的处理：如果是第三方商家的订单，则将订单转移给商家系统进行处理；如果是自营平台的订单，需要自己的仓库进行生产，则将订单转移到仓库进行处理，如查询货架位置、确定货架信息等操作。此外，如果平台存在一些业务工作，也会在这个阶段进行子订单的业务策略判断。

（4）其他自营业务的订单拆分逻辑。

截止到此，大部分电商平台的订单拆分逻辑基本都能涵盖，但是如果涉及自营仓储，则在订单拆分时，需要将供应链的需求考虑到拆分细节中。自营类型的业务在进行订单拆分时，针对多配送中心拆分的方案需要考虑几个方面。在一次拆分中，首先，系统需要获取订单商品的库存信息并判断库存支援关系，达到根据库存状态进行订单拆分的目的；其次，系统需要判断促销关系，例如，根据促销系统或订单中的促销信息获取父订单中各个 SKU 之间的促销关系，并判断 SKU 之间的促销关系是否包括满赠、买赠、加价购、满减，如果订单包含上述 4 种促销关系，则不能进行订单拆分；最后，系统需要明确配送中心发货需要的重量、体积等参数。在进行订单拆分时，可以先订单中获取 SKU 的重量、体积、原包标示。如果订单中没有上述信息，则需要在构建订单时到商品主数据中获取并记录到订单记录中。其中，重量、体积的判断规则为订单中所有 SKU 的重量、体积之和；原包标示的判断规则为父订单中所有 SKU 中有任意 SKU 含有原包标示。同时，系统需要在供应链系统查询多配送中心满足的情况（FDC 部分满足、RDC 全部或部分满足）；系统会优先考虑促销关系，如果订单中有促销关系，则不进行订单拆分，由 RDC 发货；如果订单中没有促销关系，则根据 FDC 订单的重量、体积、原包标示决定。如果 FDC 订单超重、超大，或者有原包标示，则进行订单拆分，优先由 FDC 发货；如果 FDC 订单不超重、超大，或者没有原包标示，则不进行订单拆分，由 RDC 整合发货。

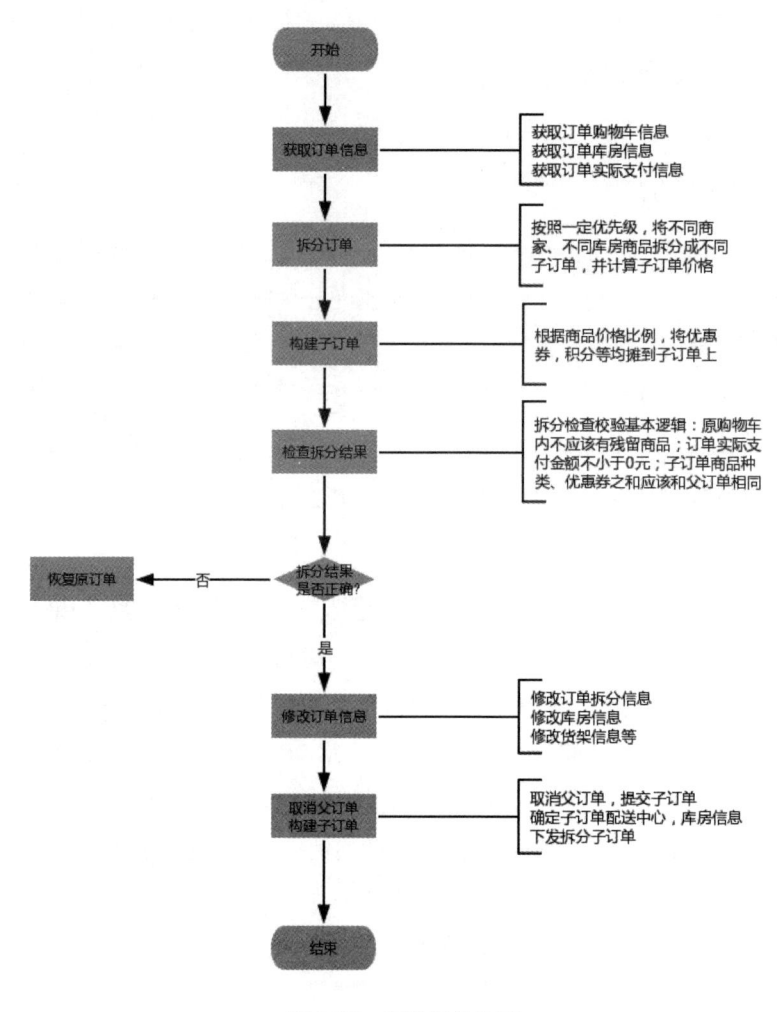

图 3-75 订单拆分流程

上述是以与京东类似的自营加商家的开放平台为例进行说明的,从中可以看出,产品经理在理解订单拆分时,需要结合大的业务背景来理解,并不是单纯通过一次或两次的订单拆分来看的。订单拆分的最终目的是为了保证订单的顺利生产和供应链的效率,所以产品经理应该做到"了如指掌",从各个业务背景中深刻体会订单拆分的上下游关系,才能更好地理解自己的业务。

3) 订单金额计算

(1) 什么是订单金额计算?

订单金额计算的核心是为订单拆分系统提供实时计算服务,为其他业务系统提供 SKU 维度的金额数据支持,同时可以支持售后、发票等多个生态系统。订单金额计算系统一般会提供通用计算接口,在订单尚未生成或进行拆分时提供实时计算的功能。订单金额计算系统的本质就是一个账本,其基本设计原则是总账要平,分摊计算的各项金额不能多也不能少。在分摊计算完毕后,待分摊项需全部分完,分摊结果要均匀。

如前文所述,结算页在计算出订单实付金额之后,由用户支付形成订单,订单通过系统进行拆分,在拆分的过程中,金额是如何计算、如何分配的呢?这就是订单金额计算系统的主要功能。也就是说,订单拆分系统主要负责拆单逻辑,侧重于业务层面,而订单金额计算系统主要负责分摊金额,侧重于资金层面。

(2) 订单金额计算规则。

关于订单金额均摊计算的方法,总的原则是按照商品价格比例进行均摊。如果商品有优惠,则优惠价格按照商品金额比例进行均摊。如果存在多种优惠方式,则按照一定的分摊策略顺序进行核算,一般来说,分摊顺序是满减、价保、运费、运费券、优惠券、礼品卡、余额、积分金额、其他等。在进行订单优惠分摊前,先将当前需要计算的 SKU 按价格从小到大排序并按 SKU 价格比例进行金额分摊,并将结果四舍五入。然后,优惠金额按照分摊顺序进行分摊核算即可。

举例说明:小明在平台买了一个 U 盘和一本书,U 盘的价格为 80 元,书的价格为 20 元,选择了货到付款支付。在下单过程中,小明使用了 40 元礼品卡,16 元余额,满 20 元减 5 元的限图书品类的优惠券,系统对订单进行了拆分,子订单 A 含 U 盘,子订单 B 含书,那么,子订单 A 和子订单 B 分别需要支付多少钱?根据上述信息，小明的优惠政策有满减券、礼品卡、余额，那么按照逻辑，应该优先计算满减优惠，然后再分摊礼品卡和余额。首先，我们计算出书的实际金额，即使用了满减券后的价格为20-5=15元；然后，我们按照金额均摊礼品卡，根据价格比例均摊原则，我们得到 15／(15+80)×40≈6元（四舍五入取整），即书均摊了 6 元的礼品卡，从而U盘均摊的礼品卡价格为40-6=34元，此时，U盘的价格更新为 46 元，而书的价格更新为 9 元，最后，我们按照同样的逻辑均摊余额，即按照比例均摊余额得出，U盘均摊的余额为46／(46+9)×16≈13元（四舍五入取整），从而得到书均摊的价格为16-13=3元，至此，订单内所有的优惠政策均已核销，最终得出结论，子订单A的U盘在优惠后价格为33元，子订单B的书在优惠后价格为6元。

根据上述逻辑，我们可以处理绝大多数金额均摊的逻辑，并且该逻辑是可以扩展的，只需要在分摊顺序队列中根据平台规则定义好优先级即可。而除这种最常见的金额均摊外，在业务中往往还存在赠品的情况。赠品的场景非常特殊，有的赠品价值可以忽略不计，完全是为了提升体验而赠送的商品，有的赠品有一定价值，是作为一种促销手段而赠送的商品，因此，赠品的金额有两套额外的计算逻辑。

第一套计算逻辑针对赠品价值为零的情况，在这个场景中，订单给拆分系统返回的赠品价格为0元，赠品不参与任何优惠分摊，这个价格是给用户显示的价格，如果拆分系统将赠品单拆出一单，则采用赠品后发的流程（主要看赠品是否与主商品同仓，一般做活动前会进行调拨）；另一套计算逻辑可以理解为赠品实际是有价值的，那么运营人员会提前设置好赠品的单价，在计算时，赠品获取运营人员设置的拆分价，并分摊优惠，这个场景一般适用于自营商品，该逻辑通常是供运营人员进行业绩核算，以及售后系统使用，在这个逻辑下，主商品价格需要减去拆分价格作为新的主商品价格。

（3）订单金额计算系统设计。

在初期系统成长时，业务复杂度不高，订单金额计算往往和拆分系统耦合在一起，而当业务发展迅速，业务逻辑复杂之后，订单金额计算往往是底层服务化建设功能之一，因此产品经理可以根据自己平台的发展阶段来衡量订单金额计算系统的定位。如果单独来看订单金额计算系统，则设计的总体思路如下所述。

①订单金额计算系统为拆分系统提供接口，拆分系统在处理完订单后将拆分的

结果传递给订单金额计算系统,并且该系统接收由拆分系统推送过来的订单信息,在计算完订单金额后直接返回结果。

②订单金额计算系统订阅拆分系统发送的消息,针对0元赠品有无拆分价格,分两套逻辑重新计算订单金额,然后分别保存到数据库中,同时将计算的两套价格发送给业务系统。

③订单金额计算系统分别针对两套金额提供查询服务。

根据总体设计思想,订单金额计算系统可以分为获取订单、金额计算、金额验证、保存金额几个模块。订单金额计算系统可以通过接口或服务从订单拆分系统中获取订单信息。在订单金额计算时,按照平台逻辑进行金额均摊计算,在得出每个子订单的实际支付价格后,由系统的金额验证模块来验证计算结果,如果计算结果存在问题,则订单状态返回之前状态;如果计算结果正确且验证成功后,则系统将计算结果保存到数据库中。在这个阶段,我们进行了订单拆分,获得了拆分后的子订单,以及每笔子订单的实际金额,然后在用户支付成功后,订单就开始进入生产环节。所谓生产环节,即订单的流转和仓库的生产配送。我们常常认为,订单在支付后就要立刻进行流转工作,其实这个思路是不严谨的。对于电商平台来说,商品的供应链状况是不稳定的,订单极有可能出现等待的暂停状态,即订单暂停。

4) 订单暂停

(1) 为什么订单会暂停?

在实际业务场景中,无论自营类型还是开放平台的商家,都可能发生订单暂停。这是因为,用户在某一时刻下的订单,除了等待支付,还有可能遇到可售库存为零的情况,或者用户的订单中有商品处于调拨途中或补货阶段的情况,总之,会发生种种不能如期履约的情况,这时订单就会进入暂停状态,进行等待。订单暂停是一种状态,而非流程,因此产品经理只需要根据业务场景设计订单暂停所对应的业务场景即可。

(2) 订单暂停的状态设计。

订单暂停功能逻辑的复杂度是随着业务的发展而呈线性增长的,一般对于单一的电商业务订单来说,其暂停涉及的场景不多,但是拆分后的订单(在线支付需要付款确认)会进入暂停状态,并会在订单符合转移要求后进入转移流程,否则就一直处于暂停状态。暂停的原因有很多种,在设计暂停状态时,可以参考的场景如表 3-2 所示。

表 3-2 暂停参考场景

暂停原因		
现货暂停	预约暂停	用户预约暂停
		赠品后发暂停
	主动控制暂停	主动控制暂停,比如拆分后等待转移
	恶意订单暂停	普通恶意订单暂停
		10万元以上恶意订单暂停
	其他锁定暂停	整单退款锁定
		收货地址不详
		人工识别恶意订单/用户要求等
		修改订单信息
缺货暂停	预订暂停	新品预订暂停
		断货预订暂停
	无法到货暂停	无法到货暂停
	内配暂停	内配在途暂停
		可配货暂停
异常暂停	库存异常暂停	库存异常暂停
	未能拆分暂停	未能拆分暂停
	其他暂停	其他暂停

5)订单转移

(1)什么是订单转移?

订单转移系统承接着订单流转及判断订单是否满足生产条件的重要任务,主要对达到生产条件的订单进行转移,具有转给相应的生产控制系统并开启生产流程的作用。订单转移是业务多模式发展的一个必然结果,例如,京东存在自营业务、第三方开放平台业务等,在不同订单的生产流程不同时,需要订单转移系统进行判断和传递。订单转移业务对于成长为超大型综合性平台的电商企业来说非常重要,但对于一般电商平台来说比较复杂,因此仅做简单介绍,让读者对其有一个大致了解。

(2)订单转移系统设计。

通过定义我们知道,订单转移是将订单转移到相应的系统开始生产,而且在转移之前会进行订单的库存检查,符合生产条件的订单会被立即下传到库房;不符合生产条件的订单会继续等待处理，或者进行重新拆分，或者进入最终审核状态（无法到货）。自营订单会直接通过订单中心处理；其他第三方商家的实体订单会发消息到系统进行后续处理；无法到货的订单会置为最终审核状态，客服会联系用户进行订单取消处理。一般来说，如果某地区有多个配送中心可以选择，则从优先级最高的配送中心开始选择，如果该配送中心有现货，则订单的配送中心确定为此配送中心；否则继续选择后面的配送中心查看商品的库存情况。一般不会将一个订单拆分成几个配送中心的订单。订单转移系统的流程如图 3-76 所示。

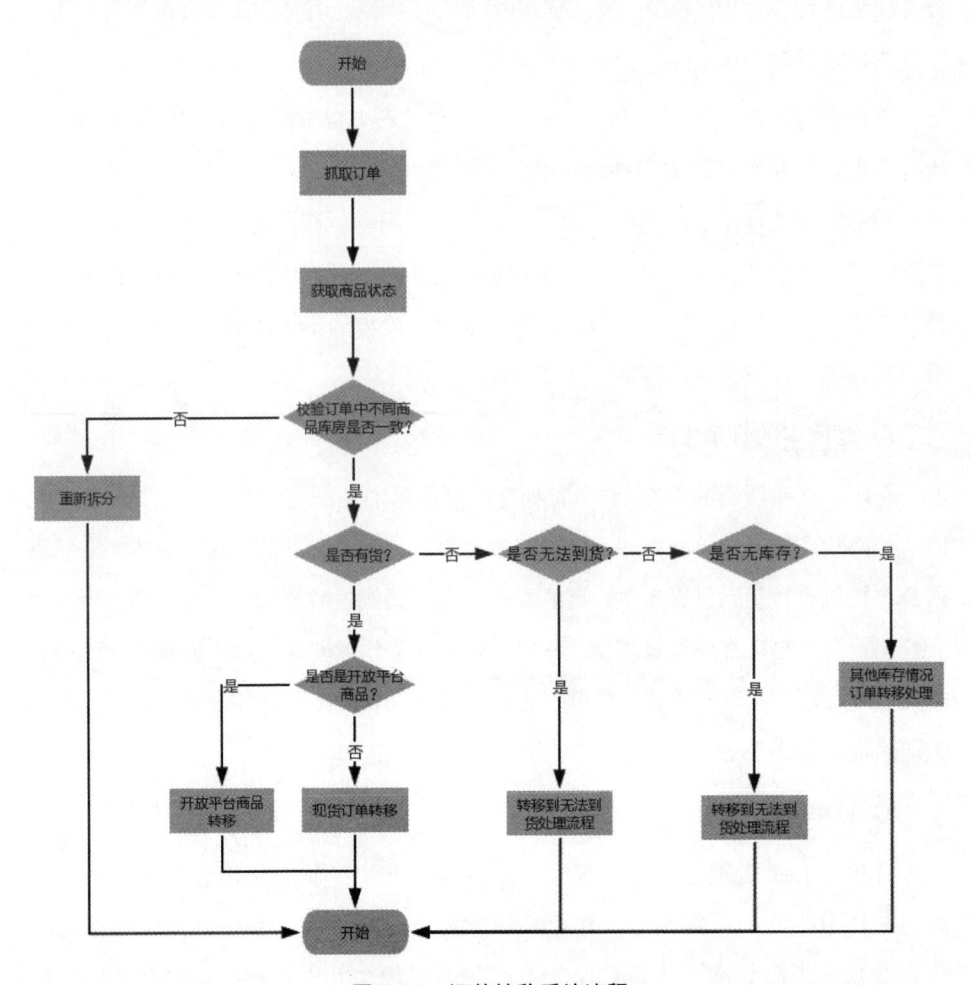

图 3-76 订单转移系统流程

6）订单下传

（1）什么是订单下传？

订单下传是用户从平台下单，通过交易系统推送数据给下传系统，然后，在下传系统处理后将符合库房生产条件的订单传给库房进行生产。在这个过程中，订单中心会执行各种准备工作，如发票同步、预处理、预分拣、获取面单等。最后，订单中心会把准备好的订单生产信息下传至库房。在下传的同时，下传系统也会把预分拣信息回传到 ERP 系统。库房在接收信息时会验证信息，系统会对不符合生产条件的订单进行重试。

订单中心下传业务在整个订单流转中，起着承上启下的作用。其中，"承上"指订单中心的履约模块需要接收网站交易系统推送的订单；"启下"指订单经过拆分、转移、预处理、发票同步、预分拣、预分拣回写、获取面单、离线发票环节，最后将符合生产条件的订单下传到 WMS 中记录的库房进行生产。库房生产主要包括打印集合单、拣货、复合扫描、打包、发货、处理病单等环节，具体介绍见第 4 章相关内容。订单下传流程如图 3-77 所示。

7）仓库中的订单生产

仓库是订单履约的中心，它负责处理用户订单的生产、生产过程中的异常处理、回传生产状态、退库单的处理、换货订单的生产、订单驱动的内配等内容。非状态信息包括包裹数量、包裹重量、离线发票打印、离线发票作废、离线发票拉回、大货仓承运商信息。在生产过程中，WMS 会将订单分成波次订单来影响仓库生产和配送。波次订单具有优先级，订单优先级越高，进行仓库生产和配送就越早。订单生产流程如图 3-78 所示。

8）订单回传

订单中心负责把仓库的一部分生产状态和非生产状态回传到相关系统。系统包括订单中心、跟踪系统、库存系统、财务系统、短信系统。回传包括两部分，即仓库生产状态回传和仓库非生产状态回传。其中生产状态包括打印、拣货、复核、打包、病单拉回。非生产状态包括包裹数量、包裹重量、离线发票打印、离线发票作废、离线发票拉回、大货仓承运商信息。订单回传流程如图 3-79 所示。

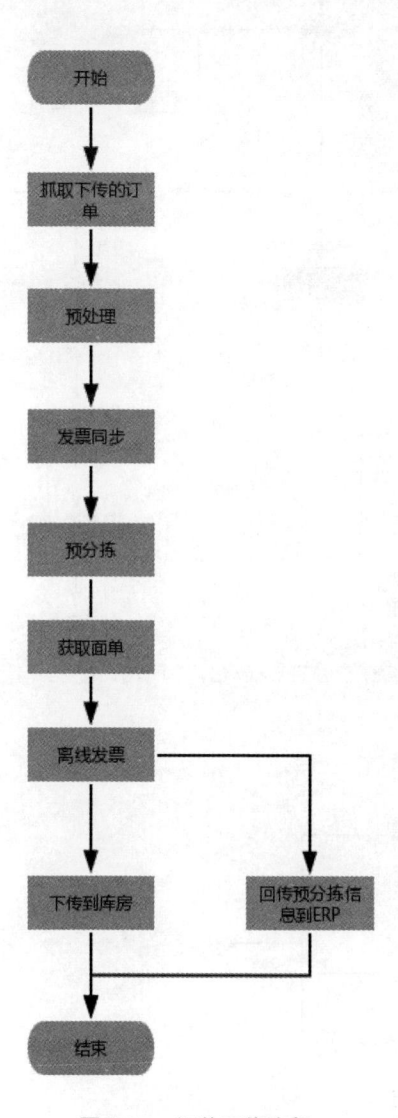

图 3-77 订单下传流程

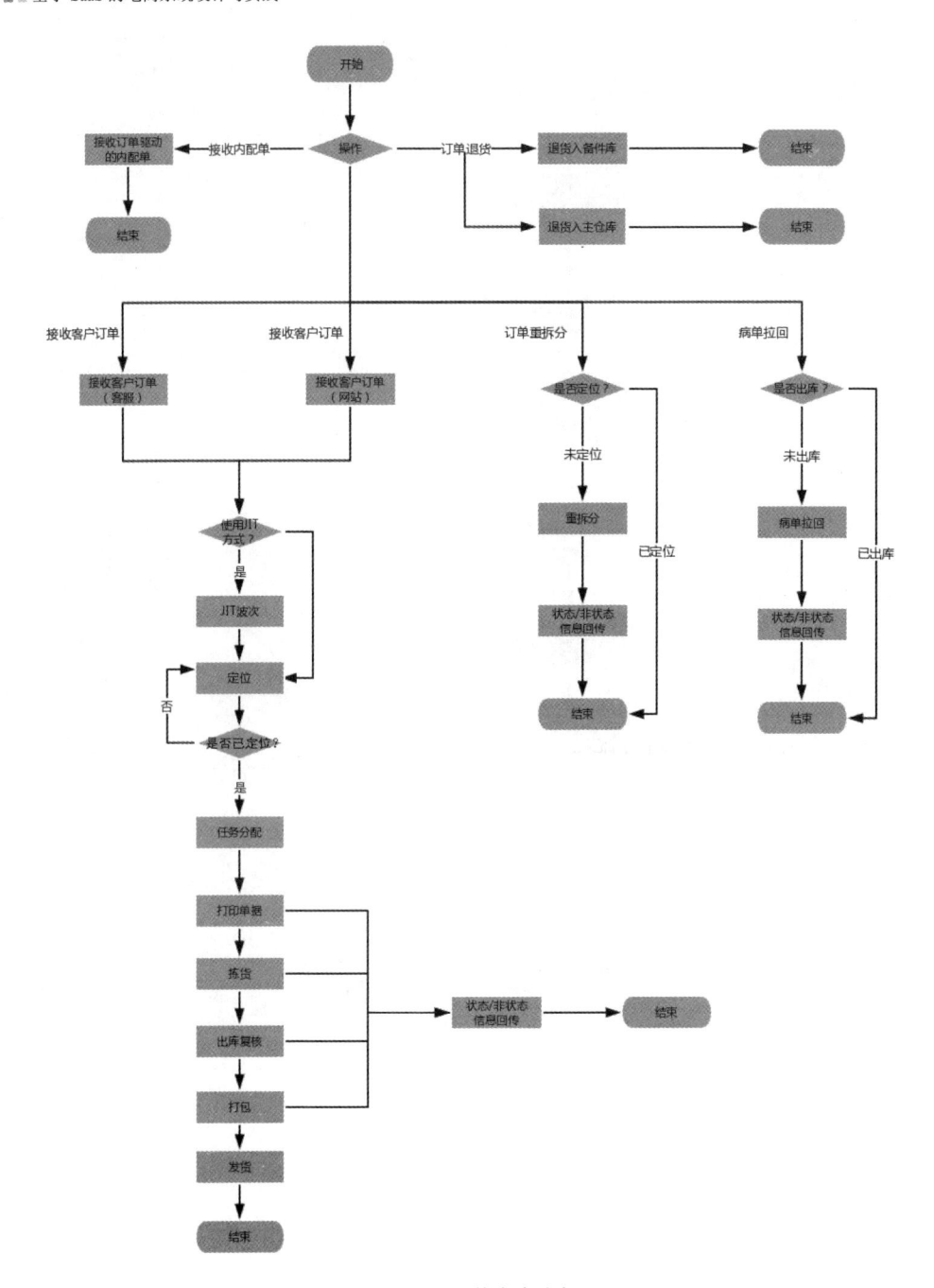

图 3-78 订单生产流程

第3章 核心系统落地

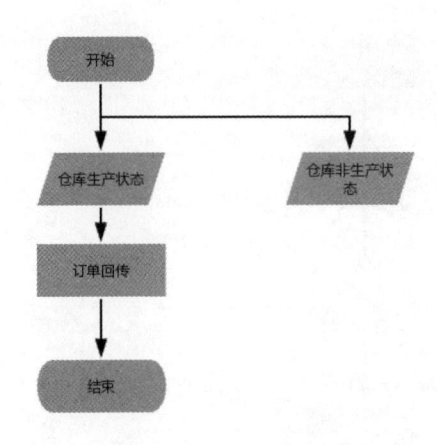

图3-79 订单回传流程

9）订单配送

订单配送系统主要包括分拣中心的配送系统（DMS）和站点的配送系统（TMS），主要负责把包裹配送到用户手中或从用户手中返回到仓库中，以及一些物流报损。我们刚才提到，WMS根据波次来进行订单生产，波次的概念很好理解，如京东的"211""411"限时配送承诺，那么在订单生产和配送的过程中，"211"的订单会优先进行配送。对于配送系统而言，主要关注的是运单及包裹信息，订单信息只是辅助信息，负责与其他系统的交互。一般一个订单会有一个面单，而一个面单会有多个包裹标签。如果一个订单有多个包裹，则配送员会将多个包裹一起配送。当货物从分拣中心发出时，订单状态就会从等待发货状态变更到下一个状态。对于平台来说，发货状态的变更需要同步给用户，因此配送状态往往通过物流路由信息来提供。最后，当配送出现异常时，会出现包裹在站与站、站与第三方物流、站与分拣中心、分拣中心与库房之间的流转。订单配送流程如图3-80所示。

10）订单完成

订单完成一般是指订单处于正向流程完毕状态。对于第三方开放平台订单来说，因为其使用第三方物流进行配送，所以订单的完成状态可以由用户在平台上最终进行确认。如果订单的完成状态超过一定天数始终未得到确认，则系统会自动确认订单完成。比如，京东提供了20天的确认期限。货到付款订单需要在货到付款确认及最终的财务对账后，再由工作人员确认订单完成。而自营类型的订单在配送完成后，会自动标记完成。

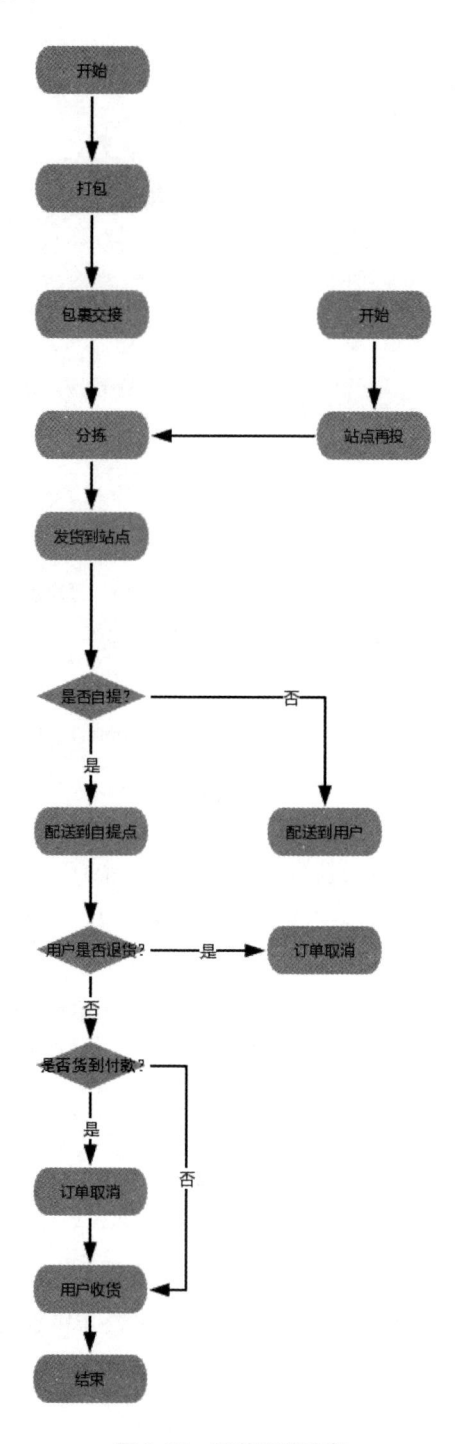

图 3-80 订单配送流程

2. 订单逆向流程

订单逆向流程包括两种情况：一种情况是针对未付款的流程，叫作取消订单；另一种情况是针对已付款的流程，叫作订单退款或售后。对于已经付款的订单来说，在退款时会判断商品是否出库，如果商品还未配送，则采取申请退款逻辑；如果商品已经出库并在配送途中，则采取售后退货逻辑。在退货逻辑中，自营平台有自己的仓储功能，需要考虑对退货商品进行检测，并根据其所归属库房再进行二次上架。如果存在备件库，则又可以分为退备件库、退主仓库两种情况。

1）取消订单

取消订单比较简单，平台会根据订单是否支付进行判断，如果是待支付订单，则直接进入取消订单流程，如图 3-81 所示。

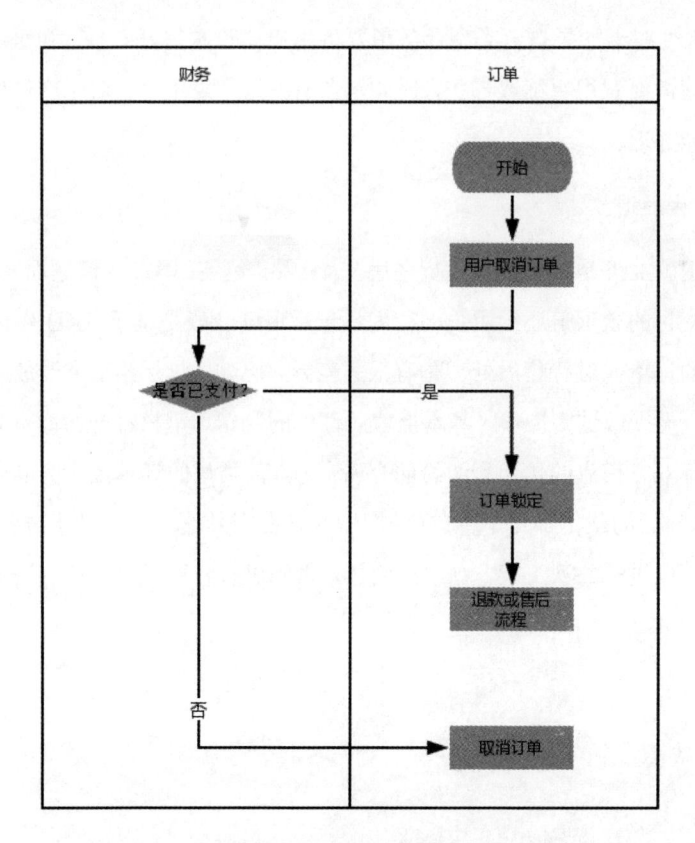

图 3-81 取消订单流程

2）订单退款

在订单进行退款时，商品的状态决定了退款业务的细节，比如，在退款时要判断商品是否已经出库，如果商品没有出库，则要进行拦截，因此，按照订单是否完成，可将订单退款分为售前退款和售后退款。

（1）售前退款。

售前退款业务是指在订单妥投（用户收货）之前，订单交易被取消而产生的需要把钱退还给用户的行为。一般来说，售前退款的场景有：因冲动消费等导致用户不想购买了，商品缺货导致长时间未发货而造成用户退款，配送过程中丢失报损，分拣过程中包装有损或因收货地址不详无法投递等。用户可以通过平台客服或个人订单中心进行售前退款操作。在电商系统中，退款业务说简单也简单，说复杂也复杂，其复杂处在于如果自营类型业务想要将用户体验做得好一些，则对于商品生产流程的协同需要做得更细致一些，比如，当退款指令发生时，对生产过程中的订单要进行拦截并退款。

（2）售后退款。

售后退款业务是指在用户收货之后，因商品、包装、赠品等问题而发生的退货，需要将已支付的款项退还给用户的行为。售后退款一般是基于 SKU 维度的，不同业务类型的订单在进行售后处理时有很大差异，比如，对于第三方开放平台的订单售后，平台无须做过多操作，基本上售后订单的判定、审核都交给商家处理，平台只需要进行双方信息的传递和纠纷的介入；而自营类型的订单因为商品所属权属于平台，所以售后的裁定都是平台自己处理，并且在商品返回库房时还需要进行检测，如果商品可以进行二次上架，则继续销售，否则进行特殊处理。售后退款流程如图 3-82 所示。

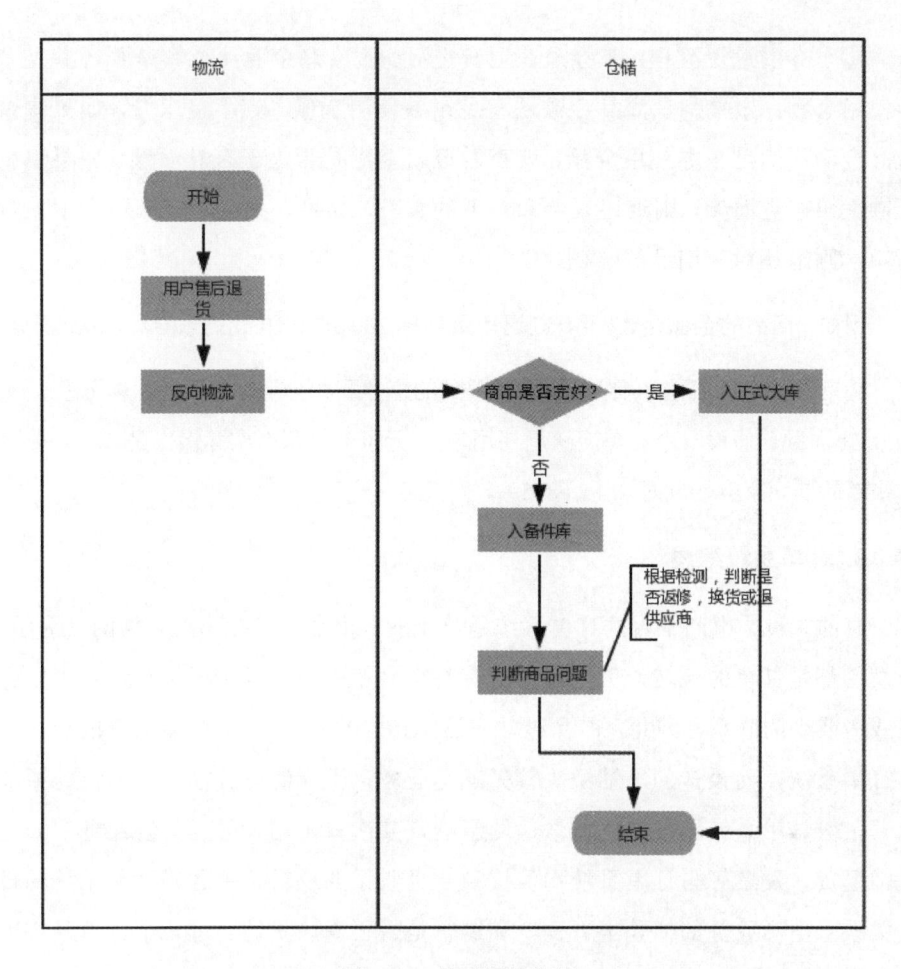

图 3-82 售后退款流程

（3）逆向订单与优惠金额退还。

逆向订单业务场景不仅会对订单状态和流程产生影响，更重要的是如果订单有优惠券、积分等还会涉及优惠券的返还，这种情况称为用户权益的返还，举例来说，京东的优惠券有京券和东券两种，京券是京东推出的可以直接当作现金使用的优惠券，也就是代金券，比如，用户要买 1 个 110 元的商品，且用户正好有一张面额 100 元的京券，那么，用户就可以直接抵用，只需付 10 元即可得到该商品。东券是京东的一种满多少减多少的优惠券，也就是满减优惠券，如满 200 元减 100 元，满 1000 元减 50 元等。那么，在返还逻辑中，东券和京券有以下区别。

①东券的返还流程：东券是在退货之后，查看剩余商品金额是否还满足东券使用金额，如果剩余商品金额还满足东券使用金额，则不退东券，如果剩余商品金额不满足东券使用金额，就查看退款金额是否大于东券面额，如果退款金额大于东券面额，则退还东券和剩下的金额，如果如果退款金额不大于东券面额，则退还对应商品的金额。

例如，商品的金额是 12 元，则退还用户满 200 元减 10 元的东券和 20 个积分。

②京券的返还流程：京券返还所拆分到的京券和积分补偿。因为京券只有 5 元、10 元等面额，假设一个订单应该退还用户 8 元京券，那么实际操作是，退还用户一张新的 5 元京券，同时加上（8-5）×10 = 30 个积分。

3. 订单系统综述

总的来说，电商平台的订单系统是整个业务的核心，在一次完整的交易中，涉及的都是订单的流转，可以说，所有与交易相关的业务领域都与订单系统存在或多或少的联系。因此，产品经理应该秉持"9AD8 内聚，低耦合"的思想设计订单系统，而设计的思维源头首先就是业务，不同的业务模式，如自营或非自营，对订单系统的模型有着深远的影响，其次就是相关的上下游业务，如退款、退货、发票等与订单系统均保持独立且联系的逻辑。总之，订单系统的设计关系着电商业务的体验是否良好和逻辑是否正确，我们通过一个订单系统表结构来感受电商核心系统的复杂度和设计思想，如图 3-83 所示。

从图 3-83 可以看到，订单相关业务都被高度抽象成独立的业务实体对象，并且通过唯一的关键字段，如"订单 ID"进行关联。而电商系统的建设就是基于这样的模型来搭建的。在设计电商系统时，如果想将业务流程串联起来，则往往可以以订单设计为出发点，依次推演相关系统的逻辑和业务流程，尽量保持产品模型的解耦、业务流程的畅通。那么，我们想得到一个体验好、流程完整且可拓展的电商系统就没有那么难了。

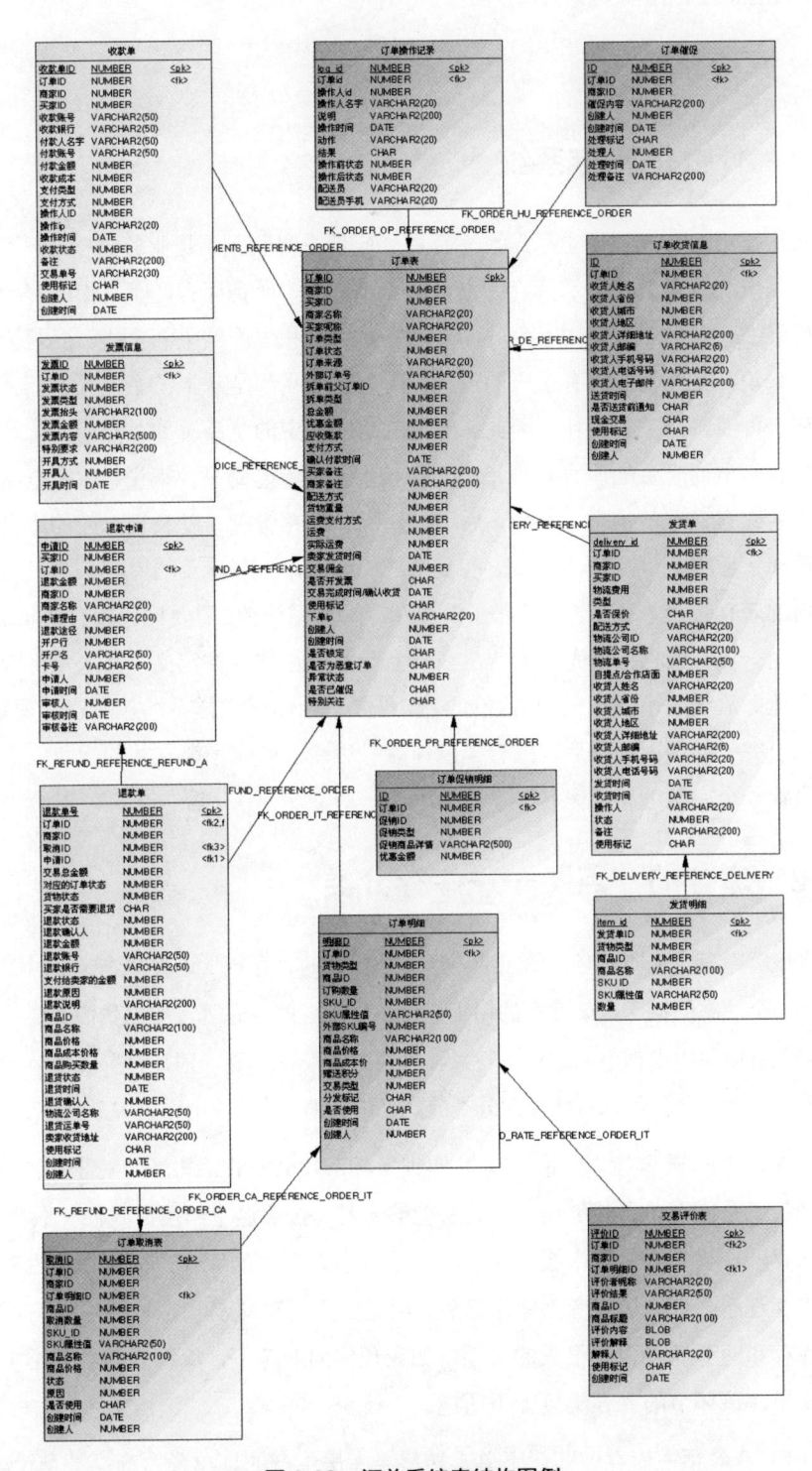

图 3-83 订单系统表结构图例

3.5 库存系统

3.5.1 什么是库存系统

我们在第 1 章从业务上了解到库存和供应链息息相关，是业务的核心，本节从逻辑和系统上来理解库存和库存系统。第 1 章提到，所谓库存，就是指库房中的存货。对于生产型企业来说，库存可以分为生产原料和生产结果两大类。而对于零售型企业来说，这类企业没有生产的过程，所有的货品都是从上游企业采购后，存放在库房，再销售给下游企业。因此，库存就是库房中的货品总和。然而，传统零售行业平台和电商平台的库存管理还有一定差别，对于电商平台来说，各家电商公司都面临着库存管理的需求。其中，后端的采购和库存管制，以及相对应的库存、物流配送和售后服务，都是非常专业和复杂的，因此，本节涉及的库存系统，即电商体系内的库存管理系统。产品经理在设计库存管理系统前，需要构建库存逻辑的"点—线—面—体"架构：首先，需要从基础上理解库存的各种定义；其次，将所有概念放在业务流程中串成一条业务线；再次，需要将仓储配送体系纳入库存管理系统，形成一个完整的剖面；最后，结合电商前端、后端，形成一个立体的视角，从而更好地设计一个完整的库存系统。

3.5.2 库存的"点"——库存分类

在理解库存这个概念时，除了业务层面上提到的"存货"这种静态定义，库存本身还是一个动态的概念，如库存的销售变化、供应链的补充等，所以我们需要从多个角度来理解库存。根据电商的业务特点，库存主要是在"进、销、存"的环节中动态变化的。因此，我们可以将库存的分类放到"进、销、存"3 个维度中来理解。

首先，"销"的维度。所谓"销"，即销售环节，电商的销售环节对于用户来说，最直观的就是库存是否能够销售、是否能够交易，按照这个维度，我们一般称之为现货库存。在售卖的过程中会产生订单，系统会有预占的库存，即订单预占库存。随着库存逐渐降低，最终变为零库存后，商品变为不可交易状态。此外，在销售环节，库存和业务场景也有很大的关系，如在预售的业务下，库存是被独立维护的。总的来说，该环节的库存维度如下所述。

（1）订单预占库存：即已下单未转移至库房生产的订单预占商品数量。

(2)可售库存:即可以销售的库存。

(3)已售库存:即在用户支付成功后,库存所属状态。

(4)预售库存:即平台设置预售,可提前下单,并在库存到货后发货。

(5)促销锁定库存:即在促销活动时,锁定固定数量的商品库存供活动使用,如团购、秒杀等。

其次,"进"的维度。对于销售业务来说,其背后很重要的就是"进",在"进"的环节,主要进行库存的动态调控。即除了我们熟知的采购进货,还有转移、内配业务的出现,因此,该环节的库存维度如下所述。

(1)转移预占库存:已转移至库房生产但未出库的订单预占商品数量。

(2)内部预占库存:已转移至其他配送中心内配但未到货的订单预占商品数量。

(3)采购在途库存:即采购未到货的库存,一般指未完成采购单的商品数量。

(4)内配在途库存:以收货仓的角度来看,即内配在途中的库存数量。

(5)内配入库库存:以收货仓的角度来看,没有发货的内配单的入库商品数量。

(6)内配出库库存:以发货仓的角度来看,没有发货的内配单的出库商品数量。

最后,"存"的维度。我们都知道,商品库存一般会在后端与仓储关联,商品存放在仓库内部形成仓内库存,那么,仓库内部库存的流转会受到业务的直接影响,所以,该环节的库存维度如下所述。

(1)库内锁定库存:包括订单取消的锁定、供货商退货锁定等业务上需要锁定仓储内一定的库存数量,不允许用户下单。

(2)现货库存:即在仓库上架可售的货物数量,一般与前端可售库存对应。现货库存一般和仓库内 WMS 出入库有关,入库会进行相应的库存增加,出库会进行相应的库存减少。

(3)不可售库存:一般发生在仓内盘点时,将库存由可售状态变成不可售状态,常用于标记残品、样品、报废等不可销售库存的业务场景。

在库存的 3 个维度中，仓库内的库存是基础，"进"的维度是仓库的伴生物，在考虑"存"的同时，自然要提到"进"，如自营类型的电商平台经常提到的采购、转移、内配、调拨就是库存的"存"和"进"相伴出现的具体表象。库存数据作为库存管理的基础，确保和提升库存数据的平衡是库存管理系统主要的目标。"销"是整合"进""存"基础上的业务场景延伸，在电商中通过前端商品、促销活动等进行销售。在电商的销售过程中，库存和商品详情页对应关系如图 3-84 所示。

库存状态	场景说明	商详页面库存状态
现货	本地仓有现货	有货
在途	在途中的可用库存	
可配货	仓内有可支持内配的库存	
可预订	可支持预售业务的库存	预定
无货	商品无货	无货

图 3-84 库存和商品详情页对应关系

从图 3-84 中可以看出，在用户层面，最关注的就是是否可以下单，即可售库存的多少，当可售库存>0 时，用户可以进行下单；当可售库存=0 时，用户会看到商品为缺货不可售状态。可以说，可售库存是前端对用户的出口和表象，而可售库存指标的背后，是整个供应链和仓储管理的业务逻辑，如图 3-85 所示。

可售库存 = 现货库存 + 在途库存 − 订单预占库存 − 转移预占库存 − 内部占库存 − 内配出库预占库存 − 锁定库存 − 不可用库存

图 3-85 可售库存公式

3.5.3 库存的"线"——库存业务流程

我们在了解任何概念之后，都需要将其进行落地，库存也不例外，库存本身和业务息息相关，业务流程中的任何一个环节都可能涉及多个概念模型，因此，对于电商业务中的几个比较核心的流程来说，我们可以在这些流程中将库存的各种分类连成一条"线"，从而更好地理解库存。

1. 订单预占库存

在销售环节中，用户下单会产生新的订单，当新的订单诞生后，会与 ERP 系统、仓储管理系统（WMS）产生一系列的交互。在用户下单后，会产生订单预占库存，如果用户这个时候取消订单，则会产生订单预占库存的逆向流程，即释放订单预占库存，流程如图 3-86 所示。

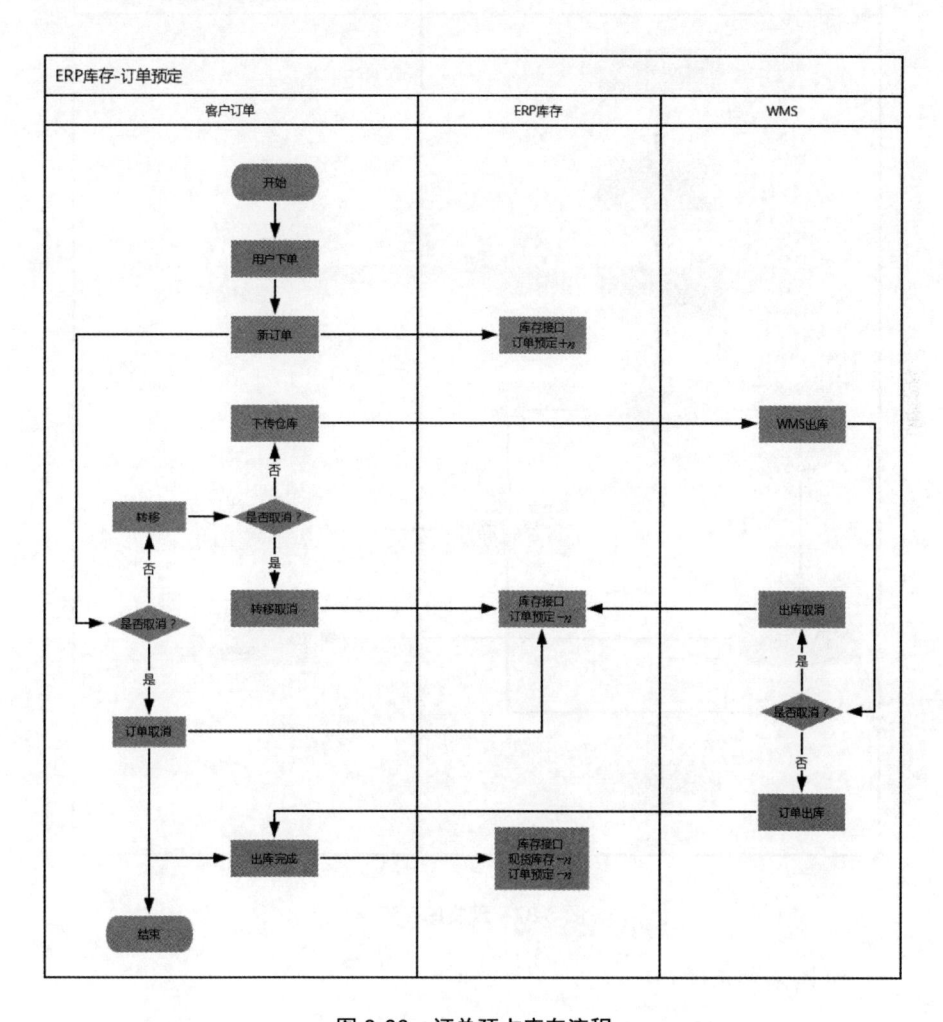

图 3-86 订单预占库存流程

2. 现货库存

现货库存就是仓库内的出入库操作形成的库存数量变动，库存数据的出发点是通过 WMS 的出入库操作影响 ERP 系统的库存，流程如图 3-87 所示。

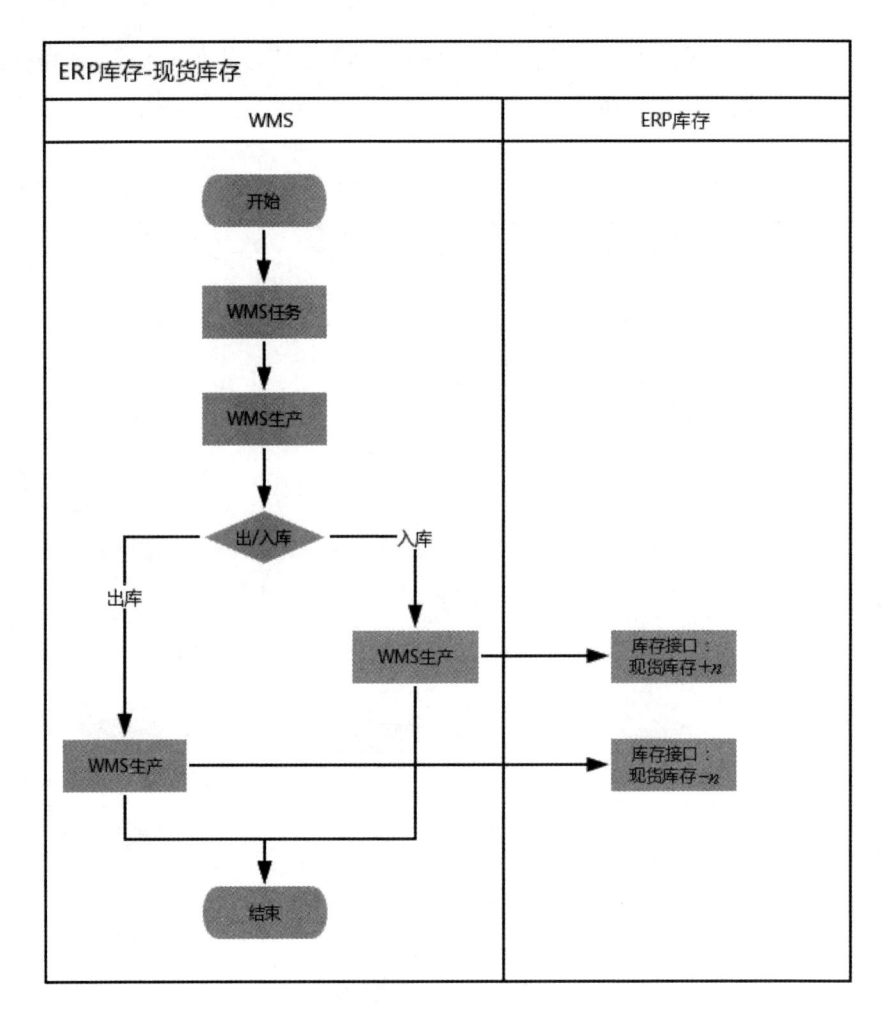

图 3-87 现货库存流程

3. 采购未到货库存

采购未到货库存属于未来库存，更多地体现在财务角度，但是站在库存本身流程的视角来看，采购未到货库存是整个采购流程的起点；或者站在采购库存的生命周期的宏观视角来看，采购未到货库存和后续流程的入库、盘点差异等逻辑是一个整体，该整体反映了采购这个业务流程的全部逻辑，如图 3-88 所示。

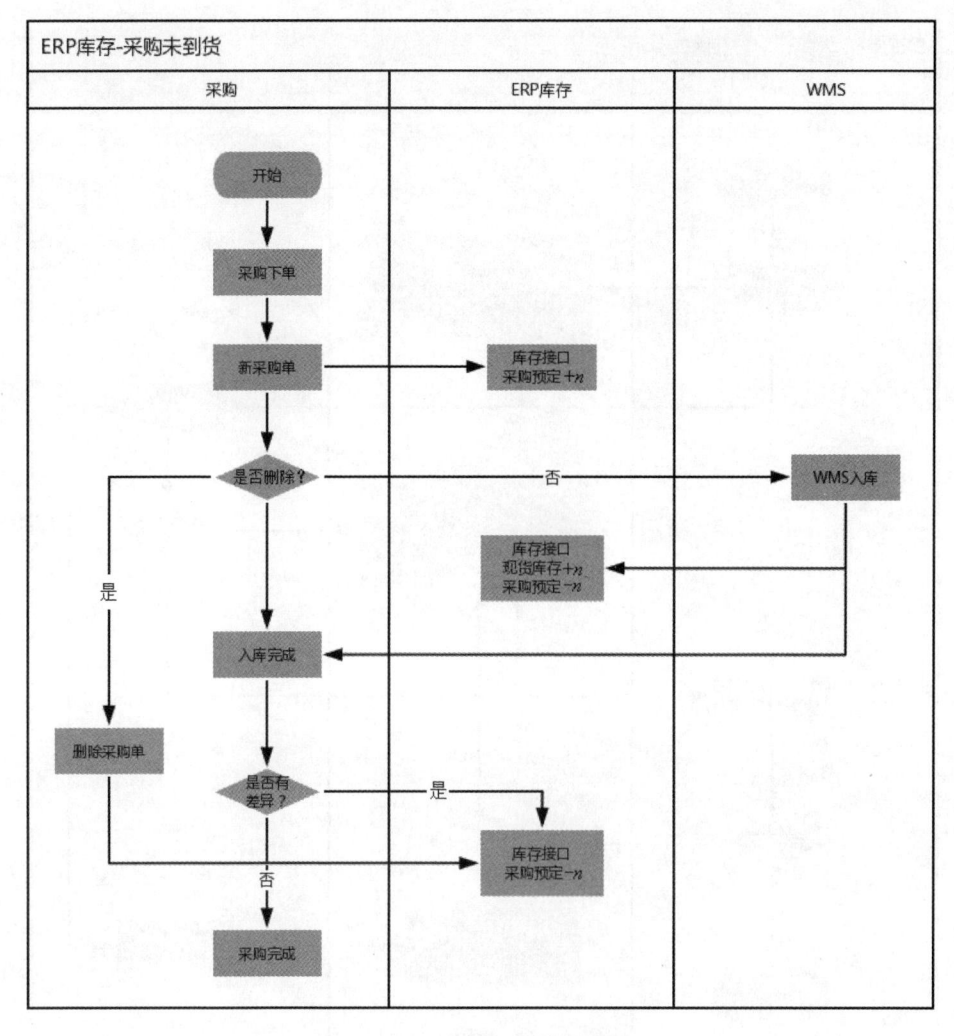

图 3-88 采购未到货库存流程

4. 内配库存

内配库存一般用于自营供应链流程,包含内配出库库存、内配入库库存等一系列类型的库存定义。内配库存的发生涉及出库方和入库方两个用户对象,这两个用户对象具有此消彼长的关系,一个数量增加,另一个数量必然减少,所以整体库存保持平衡,整体流程如图 3-89 所示。

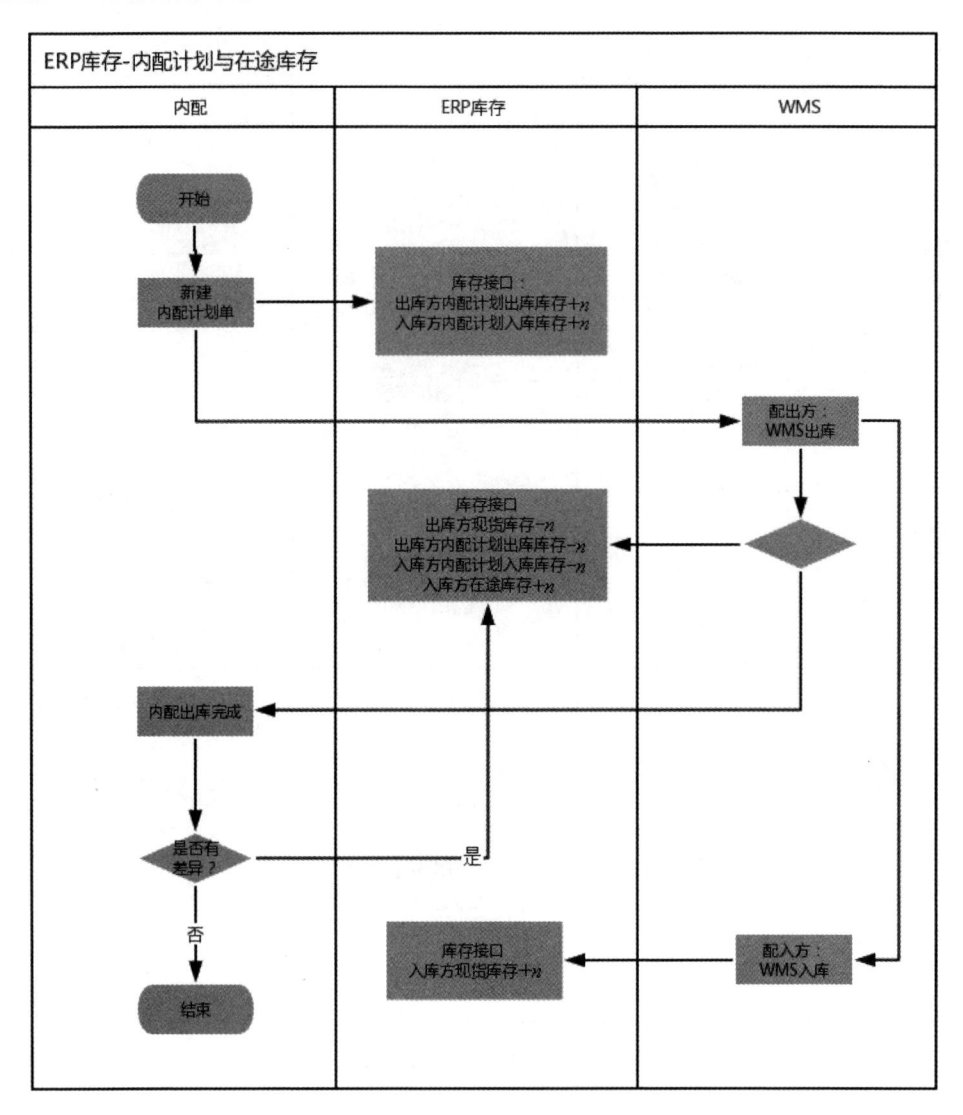

图 3-89 内配库存流程

5. 促销场景的采销锁定库存

在促销的场景下,往往平台会进行库存锁定,锁定的操作用户一般是平台运营或采销,该流程比较容易理解,如图 3-90 所示。

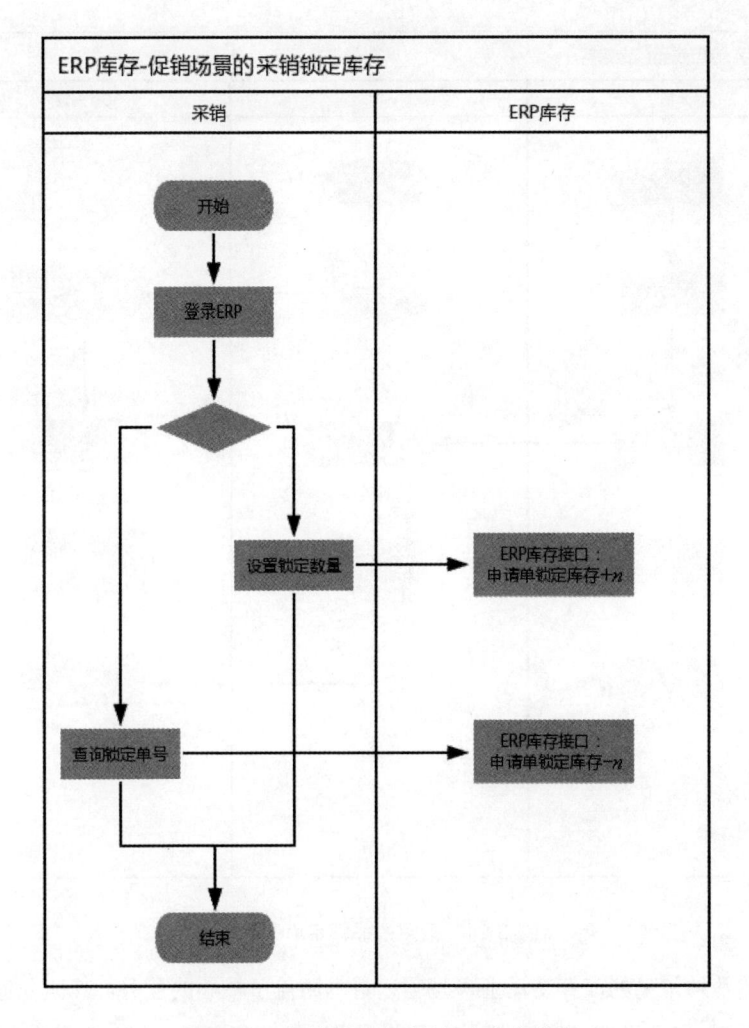

图 3-90 促销场景的采销锁定库存流程

6. 盘点残品锁定库存

残品等不可售库存往往都是通过盘点发现的，这个类型的库存业务一般会触发两种场景：第一种是 WMS 进行锁定下架，确保不会将残次品发给用户；第二种是采销或运营进行退货，根据协议将残次品退回给供应商，所以该部分库存的扣减除了常见的盘点锁定，还有另外一个采销的角色介入退货流程，因此产品经理应该知道残品锁定库存的发生原因及后续走向，这样才是一个完整的流程，如图 3-91 所示。

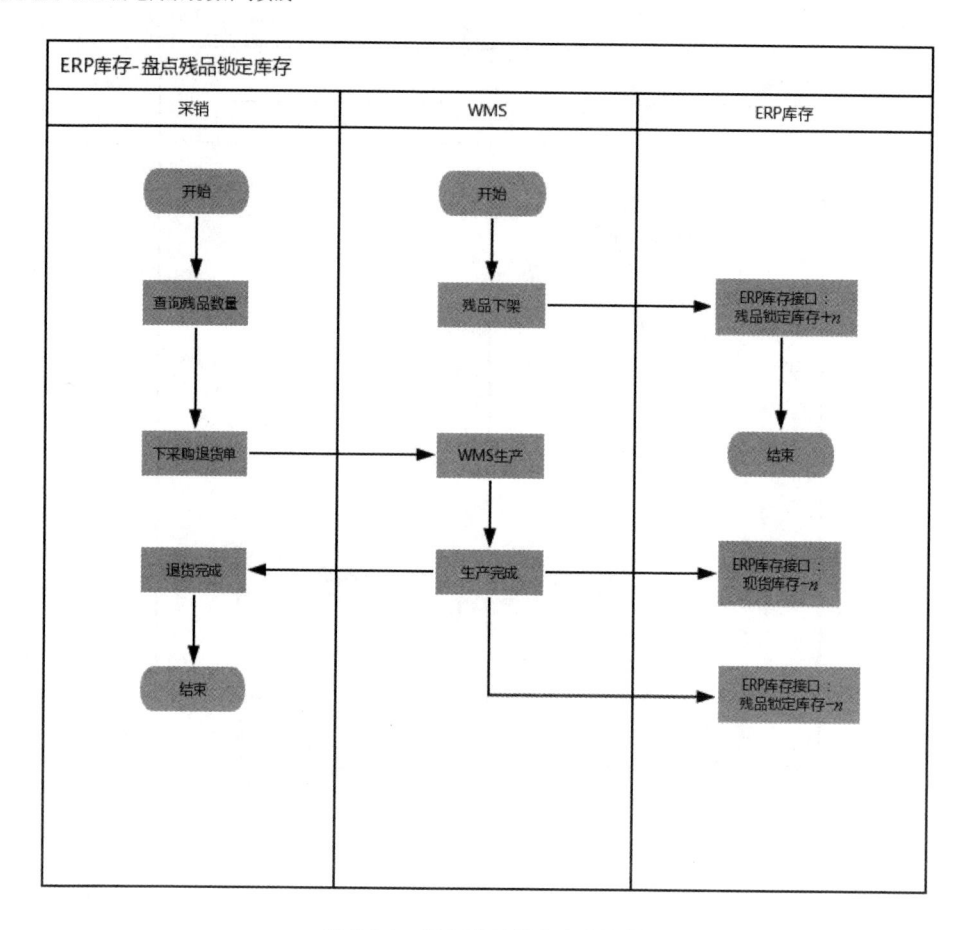

图 3-91 盘点残品锁定库存流程

上述几种常见的库存变动业务场景，基本涵盖了核心的业务，其他业务场景不再一一举例，产品经理可以根据上述思考方式进行自我延展。所以，我们知道了"点"的定义是不够的，还应该把这些定义放在大的业务场景下连成有严谨逻辑的"线"，这样才算是真正理解库存逻辑。

3.5.4 库存的"面"——库存与前端销售

在了解后端库存的业务后，我们从前端销售的角度来看库存。库存系统最重要的作用就是管理好各个商品的实时库存数据，反映在商品购买页面上就是及时告诉用户当前商品库存还剩下多少，是否可以销售等，如图 3-92、图 3-93 所示。

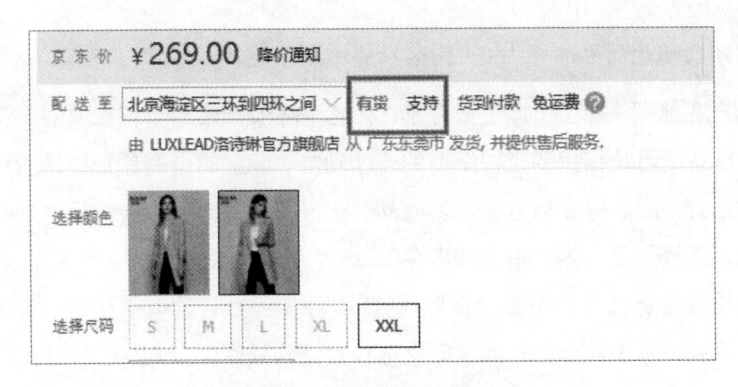

图 3-92　正常库存页面展示

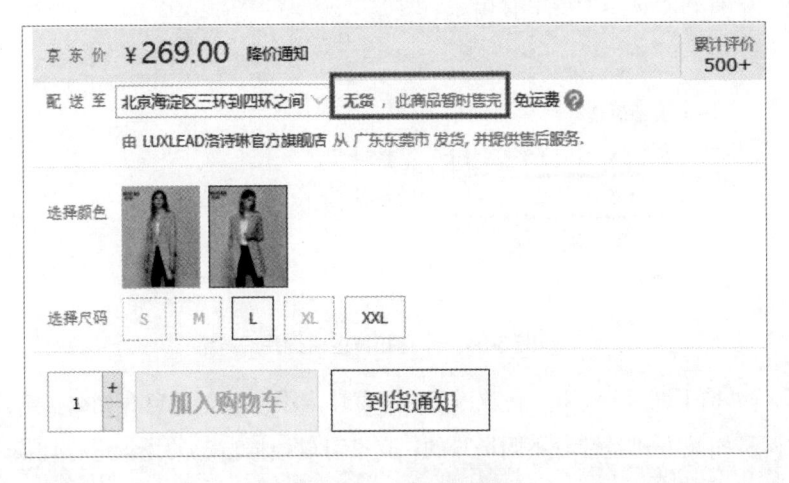

图 3-93　无货商品提醒

库存系统在网站前端的判断逻辑是和后端仓储相关联的,当该商品在仓库中数量为 n(n>0)时,仓库系统负责管理这个商品的数量,以及它的位置信息。那么,仓库中这个商品在网站上是不是一定可以允许卖 n 个呢?这是不一定的。因为仓库中有 10 个商品 A,但是可能网站上已经有 m(m≤n)个商品 A 被用户买了,只是这 m 个商品还没有出库,所以在仓库系统中这个商品目前还有 n 个,但实际上已经卖掉了 m 个,网站上可销售的商品数量仅剩 $n-m$ 个。这也就是说,仓库系统是无法区分可售的商品数量的,它只是负责管理在当前时刻仓库中的所有库存,并不区分商品的状态信息。库存系统主要是用来解决这个问题的,该系统经过一系列的计算后,向用户展示当前时刻商品一共还可以买几个。仓库系统管理的是仓库中商品的实际数量,库存系统管理的是商品的可销售数量,在电商网站的商详页上展示当前商品可销售数量对库存系统来说是比较简单的,有货时显示当前商品的数量,没货时通知前端此商品库存为 0，由前端展示到货通知。

当用户在前端下单后，即生成订单，在这个环节涉及一个很重要的**库存扣减逻辑**，库存扣减逻辑是很重要也很细节的一个功能，淘宝的电商后台提供两种扣减方式供商家选择：商家可在后台添加新商品、在售商品管理和待售商品管理时选择减库存方式，选择"是"为"拍下减库存"，选择"否"为"付款减库存"，如图 3-94 所示。如果商家选择"拍下减库存"，则默认为 3 天后自动取消订单，商家可调整时限，但只能调长不能调短；如果商家选择"付款减库存"，则在用户提交订单后，会为其预留 15 分钟，成为预留库存，并在 15 分钟后自动释放库存，同时用户在"我的订单"中看到的状态为取消状态。

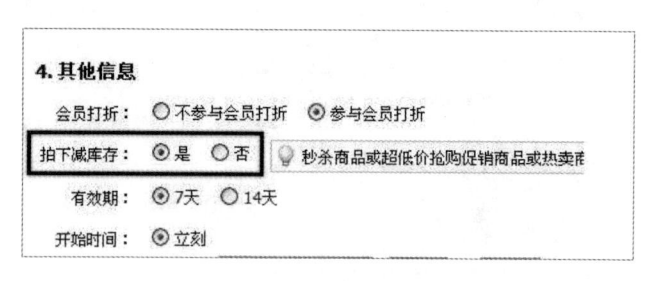

图 3-94　库存扣减逻辑选择

那么，"拍下减库存"和"付款减库存"有什么不同呢？各自有什么优缺点呢？其实这两种扣减方式是针对不同场景的，商家可以根据自己的场景进行切换，一般来说，"拍下减库存"是当用户提交订单之后，商家前端的可售库存数量相应减少的扣减方式；"付款减库存"是当用户支付之后，商家前端的可售库存数量相应减少的扣减方式。在"拍下减库存"的场景中，用户是有一段时间用来付款的，在这段时间内库存是被预占的。这种方式存在一系列弊端，给买卖双方带来了一定程度的风险：在这段时间内，可能会由于一些因素导致交易取消，这时显示商品库存的减少会影响其他用户的购买，尤其是一些定量或促销的产品。而在"付款减库存"的场景中，只有在买家提交订单并付款后，商家商品显示的库存数量才会相应减少。但选择"付款减库存"也存在一定风险：如果选择"付款减库存"的扣减方式，则在商品促销或有买家同时购买时会出现超卖情况。所以，如果商家需要减少恶意订单，提升回款率，则可以选择"付款减库存"。而商家在采用秒杀活动、超低价促销等销售方式时，如果需要避免超卖情况发生，则一般可以选择"拍下减库存"的扣减方式。所以，目前没有完全覆盖所有场景的库存扣减方式，库存扣减方式需要商家根据场景和需求进行切换，同时，平台也会对商家的权益进行维护，例如，淘宝规定：在产生超卖的订单时，商家需要和用户协商好补货或退款等处理措施，如果用户因超卖问题发起投诉，建议买卖双方自行协商处理，并在问题解决后对投诉做完结处理。

总之，可以看到前端库存的展示和操作逻辑离不开销售场景，同时，前端展示的库存和后端仓储的库存的供应逻辑紧密结合，一前一后共同组成了库存系统信息层面的"面"。为了更加深入地理解系统和业务，我们将仓储配送加入库存系统来看，则会显得更加立体，这也就是库存的"体"：结合仓储配送逻辑，从整体来看库存系统。

3.5.5 库存的"体"——库存与仓储配送中心

在第 1 章中，我们了解了仓储业务层面的划分，当电商平台达到一定体量时，一级库存（FDC）往往无法正常满足庞大的订单体量。所以，发展出了二级库存（RDC）。其中，RDC 和 FDC 分别是区域配送中心和前置配送中心，这两类仓储配送中心的对应支援关系如图 3-95 所示，即 FDC 承担存储、生产、分拣、配送的职责，它的商品入库主要来自上游 RDC 的调拨，以实现 FDC 的快速周转和较高现货率。

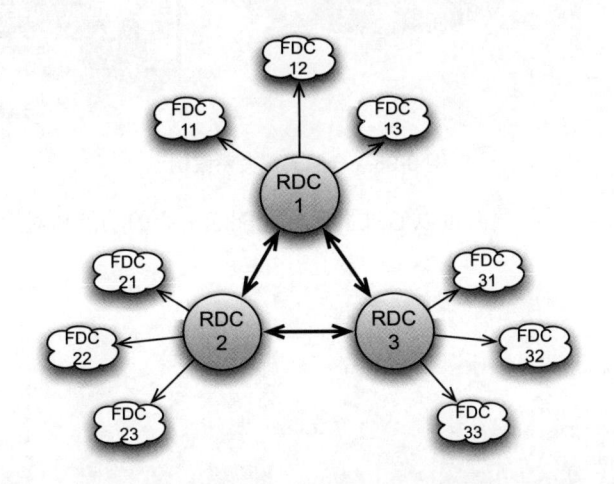

图 3-95　RDC 与 FDC 的对应支援关系

因此，在用户下单时，库存会根据用户地址匹配所属的配送中心，并且由相应的配送中心进行发货，而这里就需要系统对库存和配送中心进行对应关系的对应，那么，系统如何进行配送中心的定位呢？

首先，需要定位地区配置，即根据用户传入的省、市、县三级地址，由大到小逐一定位。也就是说，根据省找市，再根据市找县。如果可以找到县，则定位到县，否则定位到市；如果找不到市，则定位到省。其次，根据配送中心列表和商品库房属性依次筛选库房号。最后，根据库房号，依次判断可下单的配送中心。仓储支援关系案例如图 3-96 所示，北京市建有北京配送中心，该配送中心下有综合仓、母婴仓、食品仓、大家电仓；山东省建有济南配送中心，该配送中心下有综合仓、大家电仓；内蒙古地区未建立配送中心。北京配送中心的所有仓均支持内蒙古地区的用户下单（即负责发货给内蒙古地区的用户）；北京配送中心的母婴仓支持山东省的用户下单。当商品出库时，如果通过用户地址定位到该商品的库存在北京配送中心的综合仓，则通过北京配送中心的综合仓将商品发往该地址。

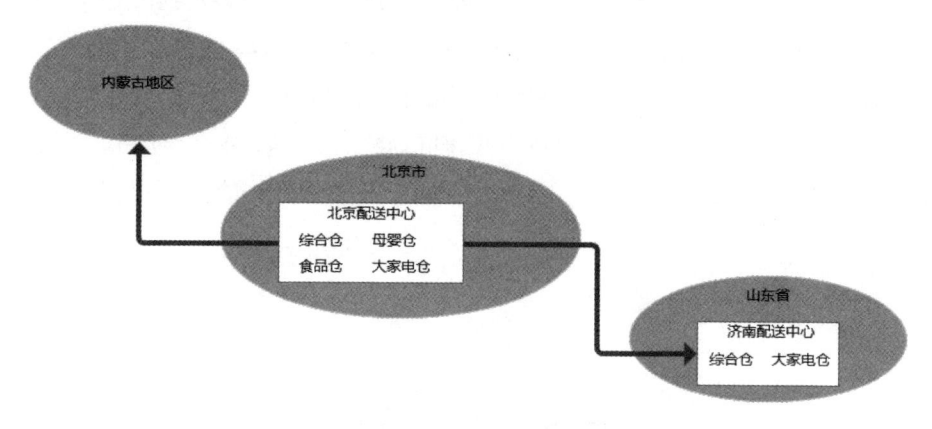

图 3-96 仓储支援关系案例

一般来说，在系统层面可以通过页面配置配送中心的功能和对应库房关系，如图 3-97 所示。

图 3-97 配送中心与库房系统配置

总之，库存系统是电商系统的核心系统之一，同时库存系统和供应链逻辑息息相关。库存是一个动态的概念，产品经理如果仅通过定义来理解库存会很单一，不能对库存的整体逻辑有很明确的概念，因此，笔者提出应通过库存的"点—线—面—体"架构来看系统的相关设计，该设计思路涵盖了自营和第三方开放平台两种库存管理方式，但在设计系统时不宜完全照搬，需要根据平台自身特点进行设计，比如，如果不存在自营仓储供应链，那么一般不用对仓储内的流程过多关注，而应更加关注虚拟库存信息流层面的设计。

3.6 促销系统

3.6.1 什么是促销

现代生活充斥着各种各样的促销活动，对于商家来说，促销的核心目标就是销量，而促销的手段变化万千，但是从运营的角度来看，促销目标就是拉新、留存、促销、唤醒；从品牌营销的角度来看，促销目标往往是提升品牌的认知度。综上所述，促销实质上是一种沟通活动，即营销者（信息提供者或发送者）发出刺激消费的各种信息，并把信息传递给一个或更多的目标对象（即信息接收者，如听众、观众、读者、消费者或用户等），以影响其态度和行为。在电商领域里，最引人注目的就是促销活动，比如，我们熟悉的"双十一""双十二""618"等。从活动类型来看，促销活动从最初的全场直接打折降价，变成了满减、满赠、跨店减、定金预付、各种游戏等。可以说，促销手段是商业的常规销售方法，除了特殊垄断行业，如春运火车票等，没有一个行业或企业能够脱离促销活动。而电商平台的促销活动手法来源于传统商业，其本质是一种市场推广行为，即用一定的成本促使企业的经营利益最大化。

3.6.2 促销模式浅析

电商的促销，简单来说就是对特定的下单行为采取特定的优惠条件。那么，对于促销系统来说，促销是指在用户下单时根据系统判断的促销类型所给的优惠。促销展示入口如图 3-98 所示。

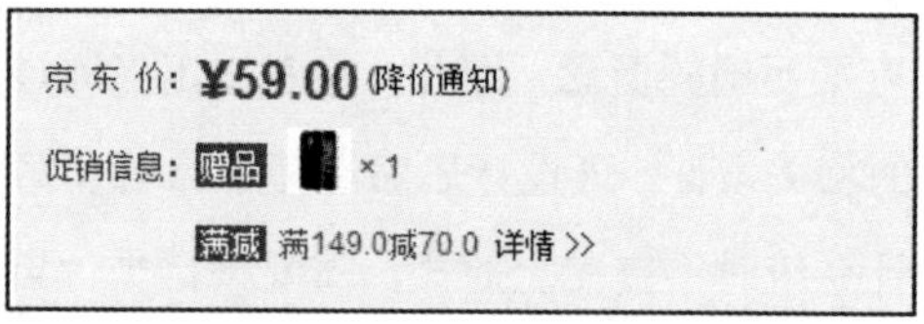

京东价：¥59.00 (降价通知)
促销信息：赠品 ■ ×1
满减 满149.0减70.0 详情 >>

图 3-98 促销展示入口

在前文"购物车的营销"中，对购物车营销进行了基本的描述，并列举了购物车内常见的几种营销方式，也即促销模式。接下来，对促销模式进行系统性的阐述。促销模式最重要的特点就是"变"，即变化多，希望每次活动都有不同的玩法和定义，可以说"乱花渐欲迷人眼"。所以，促销系统的设计必须对促销模式有所抽象，所有的活动、优惠手段都是基于最原始的促销模型发展的，可以说，促销模式是系统的内核，是永远不变的基础，任何活动或优惠手段都是基于最基本的促销模式而建立的。那么，根据促销的逻辑，我们可以将其归类为单品促销、赠品促销、满减促销、套装促销等，如表 3-3～表 3-6 所示。

表 3-3 单品促销

类 型	促销活动/手段	促 销 介 绍	备 注
单品促销	直降	直接对商品进行降价，商品信息页会提示"直降"优惠，计算算法是售价自动减去"直降"的金额	属于直降的类型有很多，比如，普通直降、秒杀、团购、会员特价、积分优惠购等
	返券或积分	订单完成后，将优惠券或积分返到用户的个人账户	一般需要先到系统申请券，然后设置促销来送券
	封顶促销	按分类或供应商为每个商品设置折扣，以商品实际定价为计算基础。在有其他单品促销存在时，系统会自动选择最优惠的。示例：某品类 5 折封顶，而该品类下某商品享有的原有促销为 6 折，则用户会以 5 折购买该商品	可以理解为特殊的单品直降

表 3-4 赠品促销

类 型	促销活动/手段	促 销 介 绍	备 注
赠品促销	买 1 赠 n	买 1 个主商品，送 1~n 个赠品。所购买商品数量是 1 的整数倍时，送 n 的相同倍数的赠品	优惠金额：赠品的售价为 0 元，用户无须付款。 优惠分配规则：自定义每个赠品的拆分价，系统据此自动计算主商品的拆分价
	买多赠 n	买 m（m≥2）个主商品，送 1~n 个赠品。所购买商品数量是 m 的整数倍时，送 n 的相同倍数的赠品	

表 3-5 满减促销

名 称	促销活动/手段	促 销 介 绍	备 注
满减促销	满减	购买指定的活动商品满 n 元后，可以优惠 x 元。例如，满 100 元减 20 元	优惠金额：所指定的减免金额。 优惠分配规则：系统自动按售价比例分配
	百分比满减	购买指定的活动商品满 n 元后，按活动商品总价的指定百分比进行优惠。例如，满 100 元减 20%，则买 99 元无优惠，买 150 元减 30 元，买 200 元减 40 元	
	阶梯满减	购买指定的活动商品满不同的金额，给予不同的优惠。例如，满 100 元减 10 元，满 200 元减 25 元，满 300 元减 60 元	
	每满减	购买指定的活动商品每满 n 元后，都可以优惠 x 元。例如，满 100 元减 10 元，满 200 元减 20 元	

表 3-6 其他促销模式

名 称	促销活动/手段	促 销 介 绍	备 注
满赠促销	满赠	购买指定的活动商品满 n 元后，可以从指定的赠品（可能是 1 个或多个）中任选一个	优惠金额：赠品的价值。用户无须付款。 优惠分配规则：优惠全部由赠品承担，赠品拆分价为 0 元
	加价购	购买指定的活动商品满 n 元后，以 x 元的价格购买指定商品一件。例如，加 5 元得价值 20 元的商品	优惠金额：加 x 元购买的商品的售价-x 元。 优惠分配规则：优惠全部由加 x 元购买的商品承担（该商品拆分价固定为 x 元）

续表

名　称	促销活动/手段	促销介绍	备　注
满件促销	满 m 件减 n 件	购买指定的活动商品满 m 件，免价格较低的 n 件的费用。例如，买 5 件免 1 件价格最低的商品费用	优惠金额：用户所购活动中最便宜的 n 件售价之和。 优惠分配规则：与满减一致
	m 元买 n 件	例如，10 元买 3 件，用户所选活动商品中，售价较高的 3 件总价为 30 元（总售价），则系统减免 20 元	优惠金额：价格最高 n 件的超出 m 元的部分。 优惠分配规则：与满减一致
	满 m 件 n 折	购买指定的活动商品满 m 件，参加该促销商品的总价打 n 折	优惠金额：指定的折扣×总价。 优惠分配规则：与满减一致
	满 m 件赠	购买指定的活动商品满 m 件后，可以从指定的赠品（可能是 1 个或多个）中任选一个	参见"满赠"的备注
满返券	满返优惠券	包含至少 m 元指定活动商品的订单完成后，给相应用户账号返券。例如，满 100 元返 10 元代金券	在优惠券系统中设置、送出
套装	套装直降	将多件商品组成一个套装，用户购买该套装时，优惠 x 元。例如，商品 A 和商品 B 一起买，直降 20 元	优惠金额：指定的减免金额。 优惠分配规则：自定义每个商品的优惠金额

由于电商往往多种促销模式共存，因此促销模式之间会有叠加问题存在。所谓促销叠加，即同一 SKU 同时涉及多个不同类型的促销模式，用户同时享受多种优惠。比如，单品促销、赠品促销、套装促销等，任意 2 种或 3 种都可以叠加。最后，在设置好促销模式后，如果同一 SKU 同时设置了多个同类型促销模式，则系统会默认选择其中一个，用户可以在购物车中自行选择其他促销模式。系统的促销往往都是通过促销引擎进行选择的，其基本规则可以根据业务和促销逻辑而定。

（1）单品促销，系统默认选择最优惠的。

（2）套装促销，用户在单品页套装区选择。

（3）总价促销，系统默认选择最后建立的。一个商品在某个时间点只能参加两种总价的促销模式：一种是以指定商品的形式参加，另一种是以分类设置商品的形式参加。

3.6.3 促销系统的大脑——促销引擎

当促销工具非常多且比较复杂时，用户在下单时的选择就显得尤为重要。促销引擎主要对外提供促销的查询和计算，所有需要获取促销的系统均需要调用促销引擎。比如，购物车调用促销引擎来计算所选 SKU 的促销。促销引擎就像大脑一样，会自动帮助用户选择最合适的促销模式。将促销引擎进行分解，其核心任务就是要解决商品和 SKU 上相关促销信息的查询，以及促销优惠计算，如图 3-99 所示。

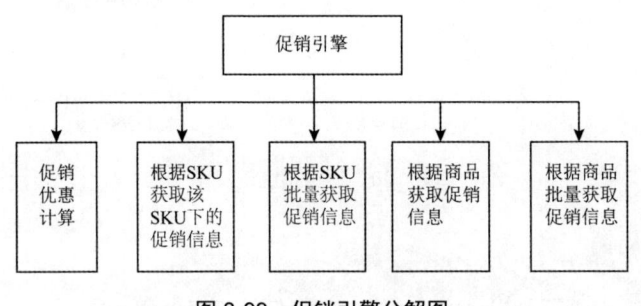

图 3-99 促销引擎分解图

1. 获取促销

因为促销均是绑定到前端类目上的，而且缓存是以类目和促销类型进行存储，所以在获取促销时需要以类目 ID 作为条件来进行获取。而一个商品可能会在多个前端类目下，那么获取的前端类目可能会有多个，根据多个前端类目获取的促销也可能会有多个，但是一个商品只可能参与一个促销，因此在获取促销时应当遵循业务制定的规则。当存在多个促销时，应以最后审核的促销为准；当未参与促销时，应不返回促销信息并标记是否参与促销。促销系统流程如图 3-100 所示。

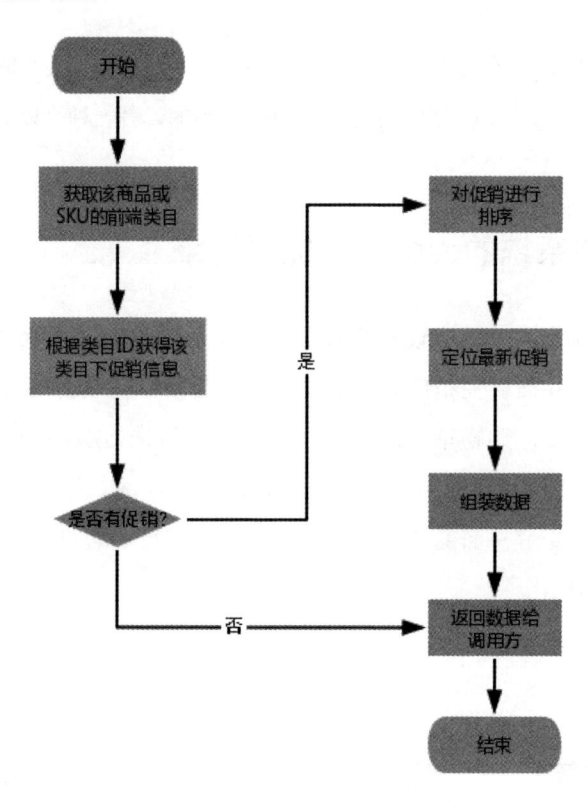

图 3-100　促销系统流程图

2. 计算促销

我们知道，促销不是以独立页面存在的。促销信息的展示在不同的场景页面中，所体现的逻辑大不一样。促销规则一般会在其他业务页面生效，比如，购物车和结算页（见前文）会显示详细的促销优惠结果，而产品列表页面或详细页面则只显示某些促销规则所适合的促销标题内容等。因此，我们可以将促销模型抽象成以下几个维度。

（1）静态信息：标题、内容、图片等。

（2）动态信息：促销起始时间、终止时间、适用产品范围、生效时间等。

（3）优惠规则：优惠优先级、享受会员等级、优惠计算算法，如满 x 件减 n 件等。

促销引擎会根据相关 SKU 价格信息、促销信息、促销规则等计算一个最符合的促销规则，从而得出一个最优惠的计算结果，工作流程如图 3-101 所示。

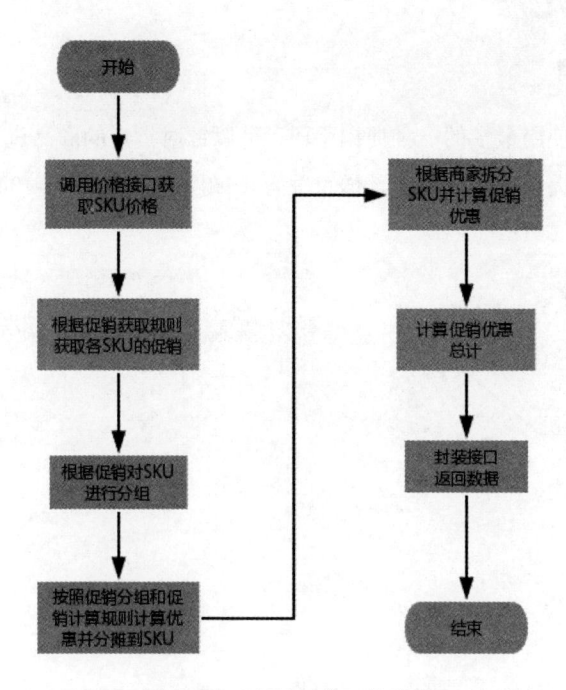

图 3-101 促销引擎工作流程

3.6.4 促销管理系统设计

无论何种电商系统,其促销规则都离不开几种类型的优惠方式:代金券、满减券、活动。在系统设计层面,产品经理应根据业务情况制定优惠规则和策略;在产品层面,各种优惠规则之间应有明确的边界,展示逻辑清晰。所以,促销管理系统在整体上呈现模块化设计,可以包含的场景如图 3-102 所示。

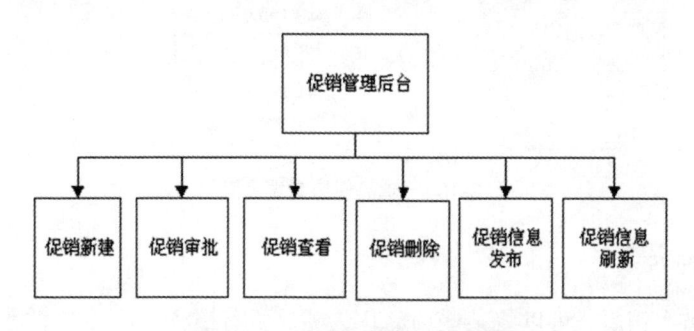

图 3-102 促销管理系统分解图

后台系统设计会因业务不同而设计不同,下面我们以京东促销管理系统为例进行讲解。

1. 单品促销

单品促销是使用最多的一种促销手段，可以针对指定的商品进行促销，促销的方式包括折扣、促销售价、秒杀、送京豆等，如图 3-103、图 3-104 所示。

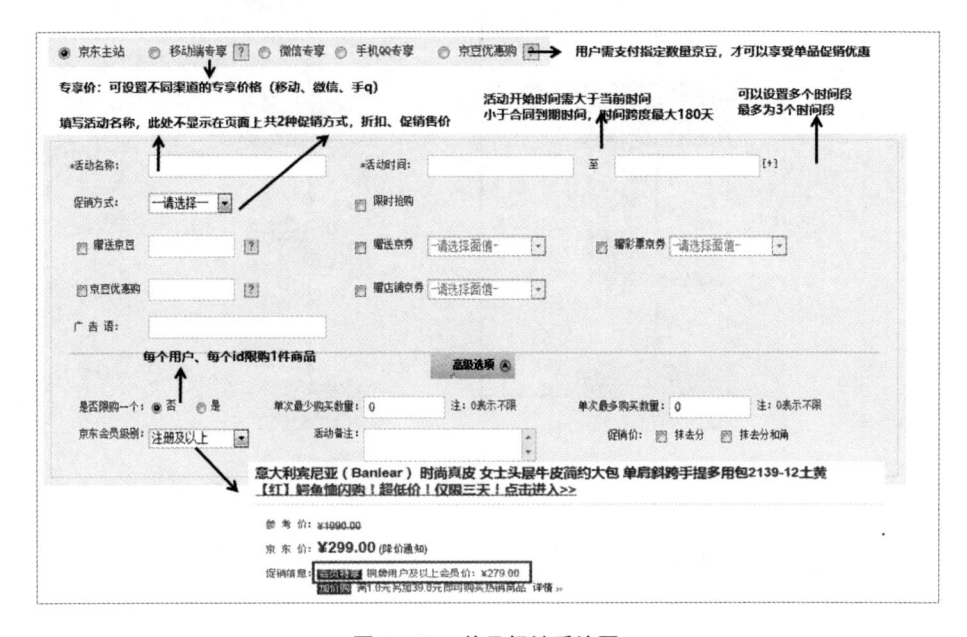

图 3-103 单品促销系统图

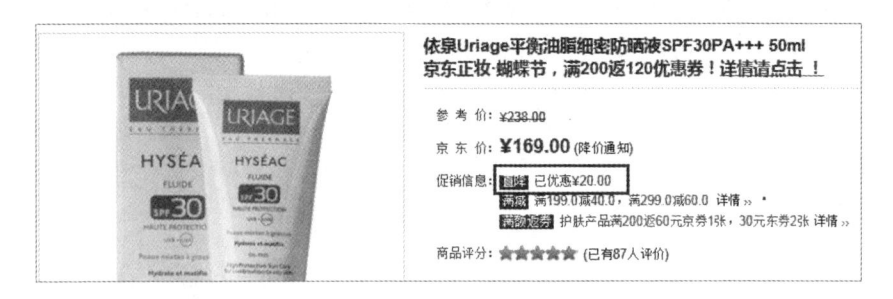

图 3-104 单品促销前端页面图

2. 赠品促销

为了扩大销量，可以将某些商品作为赠品进行赠送，这种对消费者实施馈赠的营销行为被称为赠品促销。通过赠品促销可以实现买一送一、买 n 送一、买一送多的促销方式。在设置赠品时，设置维度是 SKU，而不是 SPU。如图

3-105、图 3-106 所示。

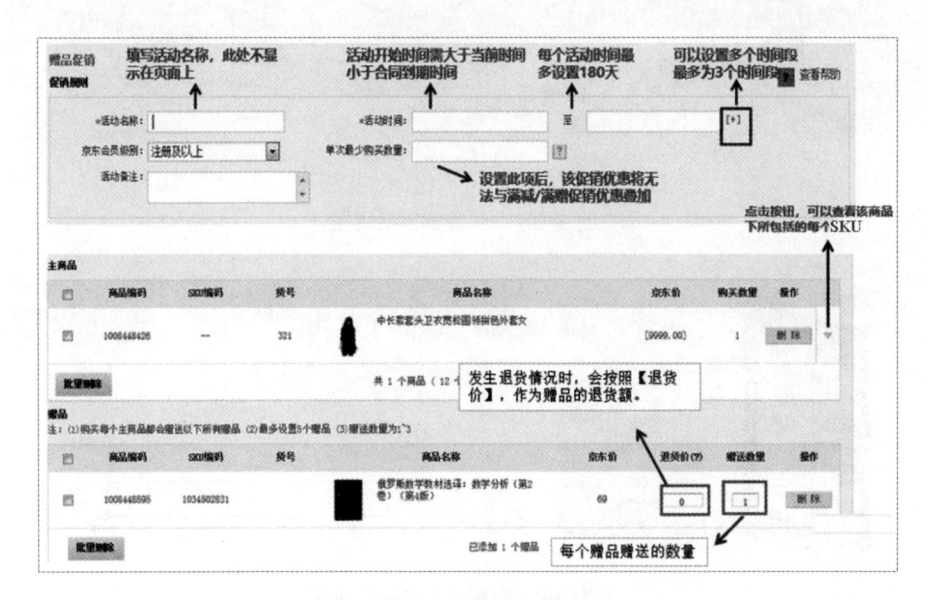

图 3-105　赠品促销系统图

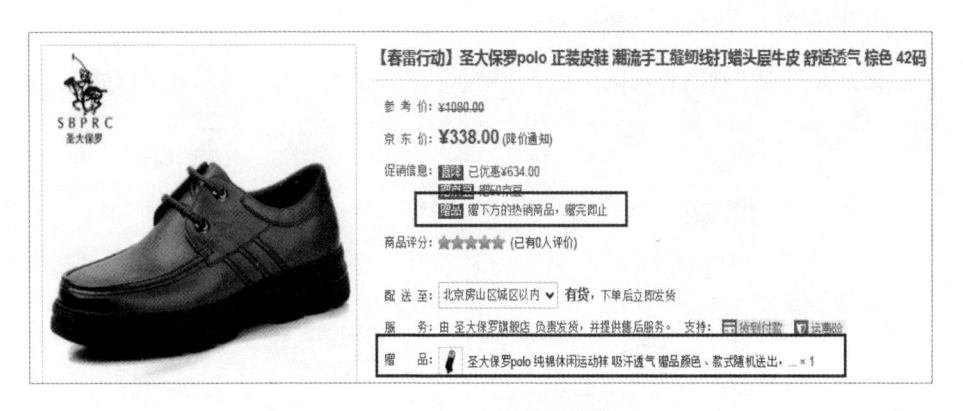

图 3-106　赠品促销前端页面图

3. 满减促销

满减促销即满一定金额减特定金额，可以实现满减、每满减和阶梯满减。其中，"满减"即满 x 元减 y 元；"每满减"即每满 x 元就减 y 元；"阶梯满减"即满 x 元就减 y 元，满 z 元减 n 元，满 m 元减 b 元。在设置满减促销时，只有在产品"上架"状态下才可以设置。如图 3-107、图 3-108 所示。

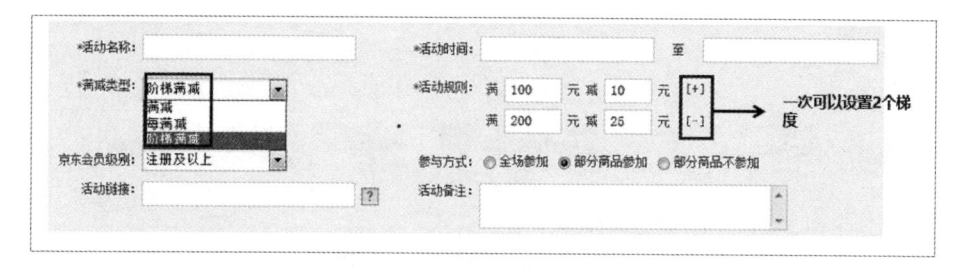

图 3-107 满减促销系统图

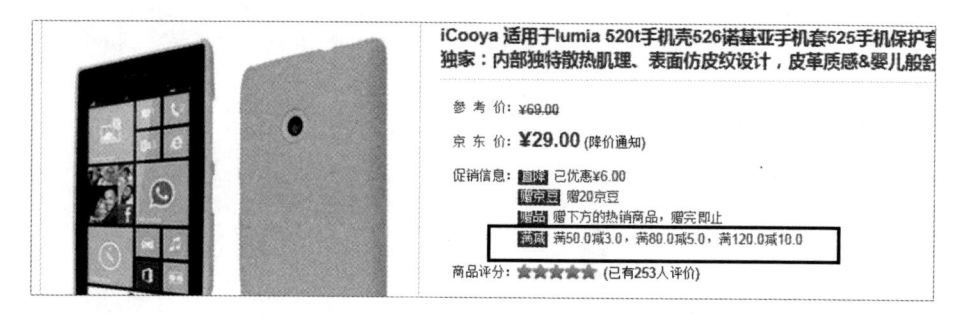

图 3-108 满减促销前端页面图

4. 优惠券设置

优惠券的设置规则也可以根据静态信息、动态信息、优惠规则等进行抽象,如图 3-109、图 3-110、图 3-111 所示。

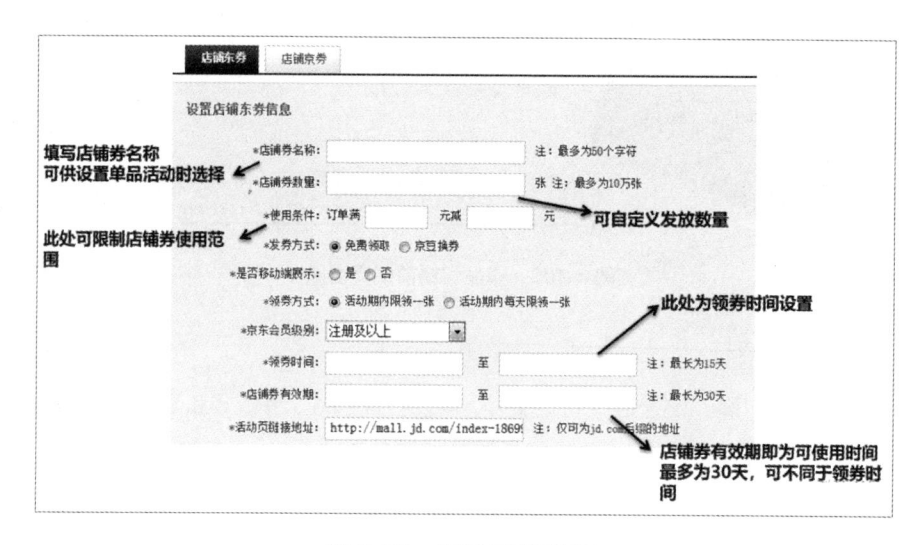

图 3-109 店铺东券系统图

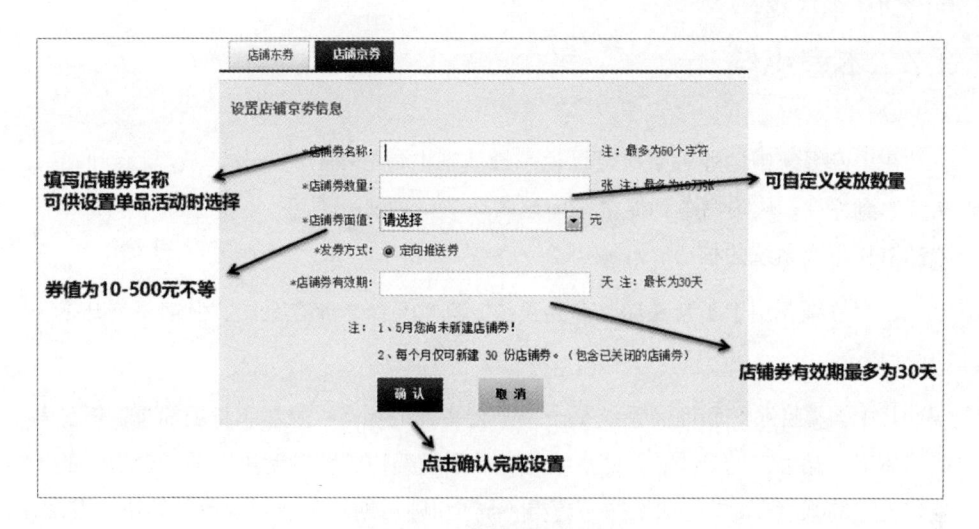

图 3-110　店铺京券系统图

图 3-111　店铺京券前端页面图

总之，通过上述几种常用的促销系统的应用设计可知，对于促销应用来说，更重要的是应用层所蕴含的业务规则逻辑，我们可以从京东的规则来审视促销系统，具体如下所述。

（1）同一商品在同一时间可以存在 3 种不同的促销模式。

（2）单品促销、赠品促销、满送类促销优惠可以相互叠加。

（3）优惠券的优惠可以与所有的促销优惠叠加。

（4）单品促销与套装促销优惠不可以叠加。

（5）在单品促销优惠力度低于一定阈值时，会进行人工审核。

从上面的规则可以看出，其实促销系统的设计并不难，难点在于根据业务场景进行的规则制定。目前，交易类产品只要涉及交易，关于优惠促销就不可避免，在设计促销系统时，只要理解优惠规则和设计核心，那么从"零"开始设计一套促销优惠系统就不是一件很难的事情。

3.7 本章小结

在电商系统中，业务系统可以说是最基础也是最核心的部分，从类目到商品，从订单到库存，从购物车到促销……这些环节可谓缺一不可。业务系统中的每个部分都堪称电商系统的核心。

本章分别介绍了类目系统、商品系统、订单系统、库存系统、促销系统几个大的板块。

其中，类目系统和商品系统是一个平台搭建的原点，虽然感觉很简单，但是却能够体现产品经理的功夫：类目系统和商品系统架构的颗粒度决定了平台后续的体验和支撑的强度，如果前期架构考虑得不周全，则后期难免会影响业务的快速发展，甚至需要进行重构。从平台的意义上来说，类目系统和商品系统两大板块应该是在一次成型后直接输出能力的部分。因此，电商产品经理在构建系统时，要重点关注类目系统和商品系统的搭建。

订单系统是电商系统的基础。后续的一切交易、支付、清结算的源头都是订单系统。而订单系统本身的复杂度也和业务规模正相关。在简单的业务系统中，订单系统有下单、拆分、计费等几个模块就可以运转。然而，当业务系统非常庞大、复杂，类似京东这样的多模式混合平台时，订单系统的健壮与否就直接影响整个平台的效率，因此，本章以最复杂的情况为例，在结构上采用松耦合的方式进行解构，对各个核心模块进行直接讲解。该部分需要从架构演变的角度来思考：为什么要分成这些模块？这些模块是如何演变的？只有回答了这样的问题，才能对订单系统有深刻的认知。

库存系统是电商系统的心脏，本章从"点—线—面—体"架构的视角全面讲解了库存系统的要义，将该部分与第1章所介绍的供应链和库存部分对照，我们可以从中发现，其实"业务即产品，产品即业务"。

最后，我们对促销系统进行了介绍，除了促销引擎，促销系统更多是由平台规则组成的，促销模式的关键是对业务和规则的抽象，最终形成一个一个的模板坐落在系统当中。

总之，每一个功能背后都有相应的业务在支撑，"体会产品，回归业务"是产品经理理解这些产品，深挖产品本质的秘诀。

第 4 章 支撑系统心法

4.1 概述

商品系统、订单系统、促销系统等是从信息流的角度来解构电商系统，而供应链系统、支付清结算系统则是从物流和资金流的角度来解构电商系统。从整个电商行业发展来看，京东依靠强大的供应链系统，打造了以自营为代表的电商平台，其支付清结算系统诞生了类似京东钱包的金融产品；而天猫、淘宝依靠强大的第三方物流服务网络支撑其庞大的交易，发展出了以"菜鸟"为核心的供应链系统，其支付清结算系统也诞生了类似支付宝的资金平台。

供应链系统一般包括仓储和物流系统，承担了商品的存储和流转，特别是物流系统，可谓电子商务的"最后一公里"；而支付清结算系统是电子商务中交易各方"钱"的保障，它负责平台和商家的资金流畅通无阻。可以说，现金流是任何企业赖以生存的"血液",因此支付清结算系统是电商交易的"心脏",是任何电子商务平台都无法缺少的核心。综上所述,在整个电商系统中,供应链系统和支付清结算系统是业务平稳运营的基石,也是电商业务交易系统的支撑系统。

正如《孙子兵法》中所述:"法者,曲制、官道、主用也。"这里"法"的意思是秩序与规范,也就是平时所讲的制度,非常重要。以此类推,在电商业务中,如果我们把业务看作一次次"军事行动",那么,规范这些"军事行动"的核心因素就是其财务、供应链等支撑运营的规则和制度。比如,供应链系统是否高效、财务结算系统是否准确及时等。这样看来,用"法"形容供应链系统和支付清结算系统毫不为过。

所以,无论业务如何变化,只要涉及交易,最终都离不开供应链系统和支付清结算系统的支撑。对于供应链系统的仓储部分来说,我们可以对仓库内的商品进行管理,控制商品的入库和出库,以及商品在仓库内部的保存、流转、盘点。仓储是非常专业的一个领域,该部分对应的产品系统是 WMS(Warehouse Management System,仓库管理系统);而在供应链的物流系统中,对应的产品系统是 TMS(Transportation Management System,运输管理系统),包括分拣、配送站点管理、3PL 等业务逻辑。二者共同构建了供应链的静态和动态过程。对于支付清结算系统来说,是用"钱"的角度来看待业务,将各种业务分解成"钱",同时不同的用户角色对于"钱"的操作管理场景也不同。例如,对于用户来说,需要在"收银台"完成支付;对于系统来说,每一笔支付成功的订单都会产生支付流水,系统内部会将支付流水推往清算系统进行清算,与此同时,参与交易的各方的账户会根据清算结果发生账务变动,这就涉及电商平台账户的账务系统,在各方账户发生资金往来时,交易中的会计系统开始进行会计入账工作,形成各种会计分录等。由此产生了属于支付清结算系统的各种子系统,如交易核心、支付核心、清算核心、账务会计核心、对账核算核心等。不同模块各司其职,相互配合,最终完成一笔笔电商交易。总之,一笔完整的电商交易背后是由供应链、支付清结算等核心系统共同支撑完成的。该部分属于电商的"深水区",专业性很强,同时,由于这两部分是和业务逻辑高度相关的,所以,该部分的针对性也极强,很难用一套标准化的解决方案来解决所有问题,因此,产品经理需要理解其背后的本质逻辑,从而理解产品设计方法。

本章主要包括以下几个部分。

- 供应链系统：包括供应商退货系统、内配调拨系统、采购系统等，读者可以从自营平台的角度来看电商后端的系统和逻辑。
- WMS：对仓储体系中的核心产品 WMS 进行解构，通过对核心和常用的模块进行分析，来讲述仓储业务的产品化逻辑。
- 物流系统：通过对物流系统逻辑的阐述，以配送系统为出发点，描述整个大物流的核心逻辑。
- 支付清结算系统：以电商后端系统的"钱"的角度概述了支付、清结算相关业务的概念和系统底层核心。

4.2 供应链系统

4.2.1 供应链系统结构

2010 年，京东上线"211"配送；2015 年 12 月 1 日，京东极速达配送时效由 3 小时降至 2 小时。2015 年 8 月 25 日，坚果手机在举办发布会的同时在京东正式开售，在发布会还未结束时，"北上广"用户就享受到了移动仓 1 小时送达服务……这些案例展示了电商供应链可以获得的极致体验。京东物流已经成为电商行业的标杆。只要提起京东，用户就会联想到"配送快"这个特点，这一切都源于京东背后强大的供应链系统。而天猫也借助"菜鸟"供应链网络提升了整体供应链效率，可以说，电商真正的竞争不是企业之间的竞争，而是供应链的竞争。目前，线上网购已经成为人们消费的重要渠道，行业的发展使得平台品类发生"井喷"，并且复杂度也直线上升，比如，京东目前对外披露：截止到 2014 年，平台 SKU 数量已经多达 4020 万左右。而 2013 年，京东平台 SKU 数量为 2000 万左右，仅一年时间，京东平台品类的丰富程度与复杂程度就得到了快速增长，这在供应链管理的深度和宽度上都带来了很大的挑战。

第 1 章提到，供应链管理的最终结果反映在库存层面就是周转率的提升。库存的周转率主要反映了资金的利用效率和仓库的利用效率。如果我们希望提升库存的周转率，则在业务上可以分成几步来解决：首先，要定位和诊断问题，定位到真正滞销的商品，针对滞销商品进行处理，使得整体库存体量下降；其次，分析问题，对滞销的原因进行分解，将货品的规模合理化，控制采购总量，谋定而后动；最后，利用供应链的信息化，进行内部分配和优化，通过调拨补货方式防止库存滞销。所以，在产品层面，供应链系统可以由供应商退货系统处理滞销退货商品，由内配调拨系统进行库存的内部优化和调整，由采购系统进行合理采购计划，最终，统一通过 WMS 进行仓储内的库存管理，并形成销售订单，如图 4-1 所示。

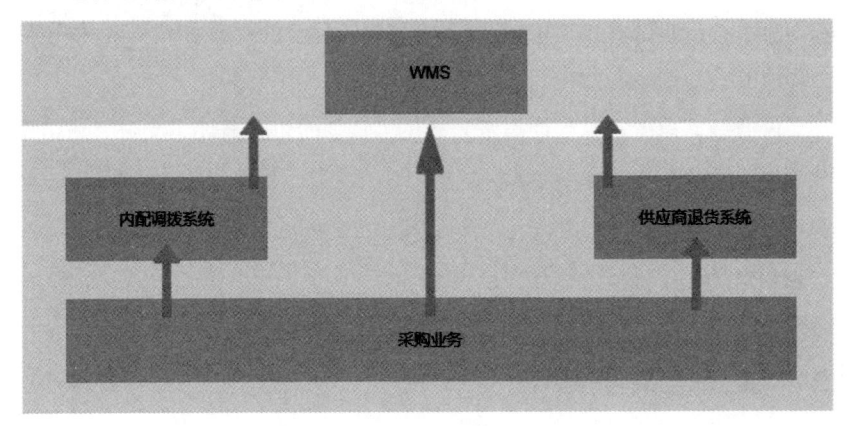

图 4-1 供应链系统核心组成

4.2.2 供应商退货系统

1. 什么是供应商退货

将商品退货给供应商是供应链管理的逆向流程，那为什么会向供应商退货呢？在自营类型的电商平台中，只要涉及采购，一定会和相应供应商针对逆向流程进行谈判，如果平台比较强势，则其往往会对库存有很强的掌控力，其中，退货给供应商就是很重要的一环，一般逆向退货有以下几种场景：①商品滞销；②商品残损；③保质期商品临近保质期；④商品清场（即和供应商不再合作）。根据业务场景，退货系统的产品价值在于负责供应商退货全流程的管理和监控。采销人员通过分析、监控所负责的 SKU，确定需要退货的 SKU、退货数量、价格、退货供应商等信息，并创建单据，反馈给供应商实退数量，将退货单实退金额反馈给财务清结算系统。

在供应商退货的场景中，所涉及的单据类型有普通退货单、临期退货单、残次品退货单等，其中，普通退货单是指由采销人员生成的退货单，一般应用于滞销商品或清场商品；临期退货单是指将一些因临近保质期而不能销售的商品退货给供应商，以降低公司损失的退货单；残次品退货单是指在仓储日常运营中，将一些因被损坏而不能销售的商品通过退货、报废等方式消化处理的退货单。供应商退货系统的核心是退货单生命周期的流转，因此供应链产品的核心流程是在对应场景中对单据生命周期的管理，如图 4-2 所示。

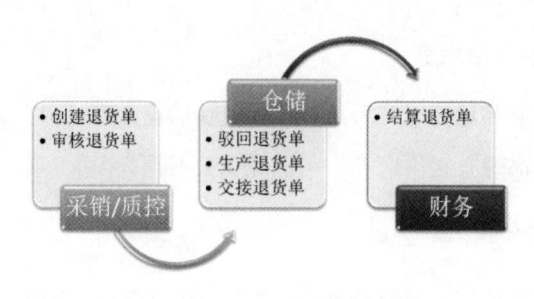

图 4-2 供应链产品核心流程

2. 创建退货单

根据退货单生命周期，创建退货单是系统的第一步，退款单一般通过人工创建或系统自动创建，按照场景的不同，分为采销人员根据业务情况手工创建退货单、供应商手工创建退货单，以及系统根据逻辑自动创建退货单 3 种维度。

1）采销人员手工创建退货单

采销人员手工创建退货单即由采销人员根据业务情况手工创建退货单。其中，创建退货单的主要原因有以下几种：①商品滞销，即采销人员通过库存及销量定义滞销商品，并计算退货数量；②商品残损，即由仓库工作人员通过盘点发现，并提报给采销人员创建；③商品清场，即和供应商不再合作；④入错货，即进行"虚入虚出"。这里解释一下"虚入虚出"，"虚入虚出"操作有以下几种主要场景。

（1）库房实物少，系统收货多，采取虚拟退货方式来平库存，该场景仅涉及虚出，不涉及虚入。

（2）商品编码间转换，合并、拆分编码。如商品分区销售等。

（3）混货、入错编码等，有时是因为仓库工作人员收货错误，有时是因为采销人员下单错误。

（4）供应商标签、条码贴错。

（5）赠品转商品。

(6) 入错定价。

2）供应商手工创建退货单

供应商手工创建退货单即供应商在供应商系统内提交退货数据，并由供应商系统下发到退货系统进行退货单创建（建单）。

3）系统自动创建退货单

比如，在临期商品退货时，系统抓取临近保质期的商品，并自动创建退货单，将临近保质期的商品退货给供应商，从而减少公司损失。

3. 退货单的管理

创建完成的退货单即初始退货单，当退货单确认无误后即可进行采销审核，并流转到下一环节。在退货单的生命周期中，采销人员可以对其进行增加、删除和修改等管理操作。在管理环节，对退款单进行的操作往往会涉及关联系统和业务流程。以删除退款单为例，不同环节的删除操作需要考虑关联系统的动作和对应场景，如采销人员只能删除初始退货单和等待退货仓储出库的退货单，而后者还需要关联 WMS，并由库房运营人员删除后才能真正删除成功。退货单管理流程如图 4-3 所示。

4. 退货单审核

当采销人员确认所提交的退货数据无误后，即可发起采销审核，系统会根据退货及参考价进行计算，判断退货单是直接下发到库房，还是由经理审核或总监审核。同时，审核人员可对退货单进行通过或驳回操作。自营商品的特殊之处在于会有采购价格的变动，因此往往平台在退货时会根据退货价格、参考价格、人员信息等逻辑来决定退货单的审核逻辑，比如，初始退货单经过采销人员审核后，系统会根据退货价、参考价、供应商余额、部门、采销等信息判断该退货单的下一个审核流程。系统可以通过退货价和参考价计算退货单中每个商品的差值，当差值率在某个范围内时，直接下传到仓库进行退货生产；当差值率超出某个范围时，由经理审核或复审；同时，也可以简单地进行阈值的设置，当退货单上的商品超出退货价的某个范围时进行审核。

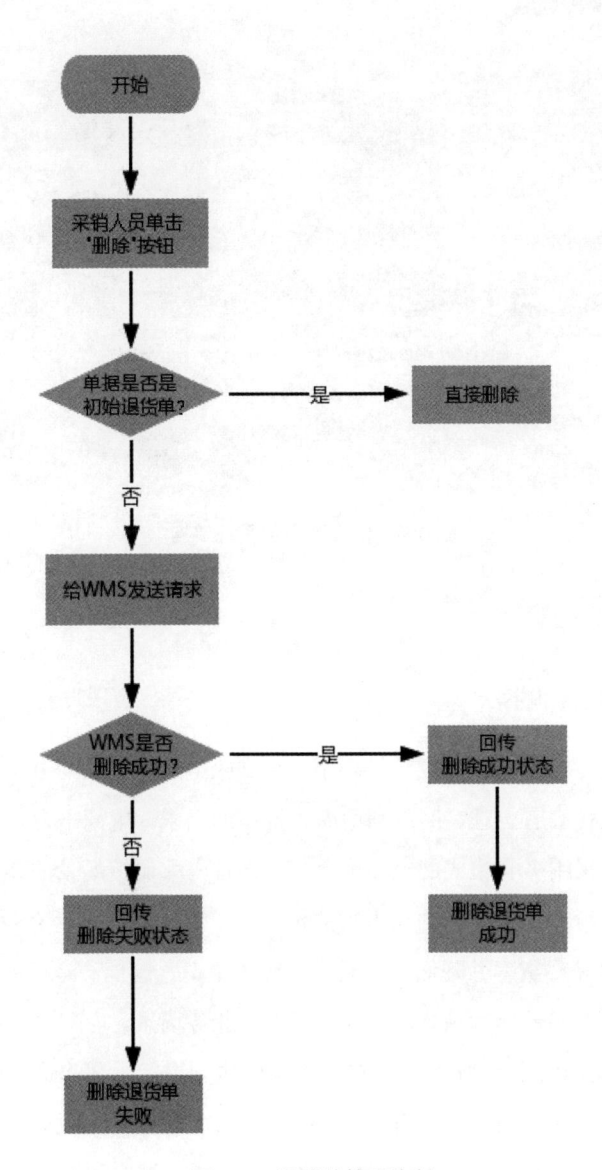

图 4-3　退货单管理流程

5. 供应商退货系统总结

总的来说，供应商退货系统涉及采销部门建立退货申请单、部门总监（经理）审批、下传 WMS、仓储拣货/出库等环节，与外围系统的关系如图 4-4 所示。

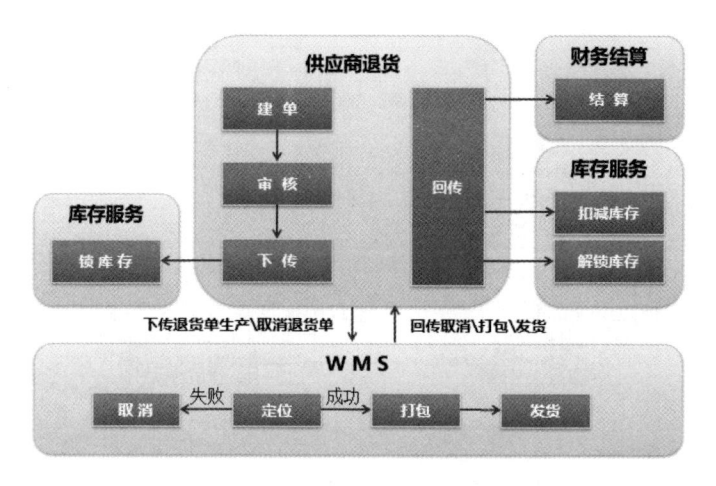

图 4-4　供应商退货系统架构

4.2.3　内配调拨系统

1. 什么是内配调拨

内配调拨是零售运营的重要计划环节，在供应链管理层面，由于各地区销售特点不同，企业往往会有合理、高效利用库存资源的需求，电商平台也不例外，从理论上来说，凡是采用多仓模式的电商平台，都会有内配调拨场景的存在，以满足电商平台商品高效分配的要求。内配调拨的价值在于帮助电商平台有效地管理库存，结合多种措施提高现货率并降低周转天数，优化采销、仓储、运营的资源和配置，在促进销售的同时节约运营成本。因此，基于该业务场景，内配调拨系统的核心价值就是产生并管理内配计划，即负责对各类仓库协同进行内部配货工作的计划性管理，业务范畴包括采购内配、调拨内配、手动内配、暂停订单驱动内配。从系统层面来看，内配调拨系统分为 ERP 端和 WMS 端，ERP 端内配调拨系统叫作内配计划系统，WMS 端内配调拨系统叫作内配生产系统。

2. 内配调拨系统

内配调拨系统分为 ERP 端内配调拨系统和 WMS 端内配调拨系统，ERP 端内配调拨系统主要给内部管理人员使用，主要功能是创建内配单。内配单的业务分为 3 个模块，即生成内配订单、出库、入库。内配单的生成包括 4 种生成方式，分别为手动生成内配单、订单驱动生成内配单、采购生成内配单和第三方系统创建内配单。手动生成内配单是由采销人员根据商品在各地的需求情况,手动制定和配置配货订单;订单驱动生成内配单是系统根据当前暂停状态的用户订单,自动生成内配订单;采购生成内配单是在对应的采购单完成后,由采购人员根据预先设定的商品种类和配货数量生成内配单,然后由库房进行生产;第三方系统创建内配单是指第三方系统调用内配调拨系统提供的服务接口,将需要创建的内配单数据传递给内配调拨系统,由内配调拨系统创建内配单并返回结果。从内配业务逻辑来看,内配调拨系统根据业务场景区分为以下内配单类型。

(1)手动内配单。手动内配单一般通过内配(ERP 端)页面进行创建。在配货完成后,单击"提交"按钮会生成内配单,根据审核规则,如果不需要人工审核,则内配单会自动审核,并立即下发到库房生产;如果需要人工审核,则在审核后,会立即触发下发中间件,将内配单下发到库房生产。

(2)补货内配单。补货系统将计算好的补货计划下传给内配系统生成对应的补货内配单,并以此进行生产。通过对历史销售数据的分析,可以自动生成有参考价值的补货建议,比如,根据商品的畅销等级、商品销售预期和现有库存等因素,生成仓内补货或回退商品的建议,并根据这些建议生成补货内配单。同时可以通过系统来协助仓储管理人员管理仓储的补货和货物回退,提升运营效率,并降低 FDC 的仓储成本。

(3)订单驱动内配单。订单驱动内配单是由系统根据暂停状态的订单自动调整各个仓库的库存来完成客户的订单。系统首先统计这些暂停订单的商品,然后统计这些商品的库存情况,并根据预先设定好的配货规则对各地区的订单进行配货。订单驱动内配单具有比较高的优先级,库房在接收到这类的内配单后会优先生产,相对其他类型的内配单来说,订单驱动内配单具有较高的及时性。

(4)采购内配单。采购内配单的生产是基于采购单的。当采购单需要进行内配时,就会在此单完成后触发内配流程。在采购单生产结束后,系统会回传给 ERP 系统相应的商品库存信息,因为部分商品的库存并不完全属于采购单所入库的库房,所以需要进行内配。配货系统会将预先分配给其他库房的商品进行统计，并生成指定库房的内配单存入 ERP 系统数据库，再将信息传给采购单所在库房。库房的 WMS 会显示这些内配单。其余生产流程和普通内配单一致。采购订单中有多地配货时，在创建订单并保存时，应校验干线运输规则，如果其满足干线运输规则，则允许继续保存，如果其不满足干线运输规则，则终止保存操作，并提示用户。

总的来说，内配调拨系统工作流程基本上分为创建内配单、审核内配单、下发仓储、配出库房接收、拣货装箱、发货、配入库房接收等几个阶段，如图 4-5 所示。

| 创建内配单 | 审核内配单 | 下发仓储 | 配出库房接收 | 拣货装箱 | 发货 | 配入库房接收 | 完成 |

图 4-5　内配调拨系统工作流程

采销人员通过内配调拨系统创建内配单。此时内配单的初始状态为"新建"，然后通过内配调拨系统对新建状态的内配单进行审核，并在审核通过后将内配单信息下发到配出库房，同时对库存进行修改。这个过程会产生内配出和内配入的库存逻辑，配出库房接收到内配调拨系统下传的内配单信息，开始准备生产，并将已接收的内配单号回传给内配调拨系统，内配调拨系统将对应的内配单的状态改为"接收"。配出库房对内配箱进行发货，同时回传信息给内配调拨系统，内配调拨系统处理保存回传信息，对库存进行修改。在此阶段，库存由内配出和内配入变成了针对现货库存和在途库存的逻辑增减。配入库房对内配箱进行收货，同时回传信息给内配调拨系统。内配调拨系统处理保存回传信息，并对库存进行修改，即增加现货库存，更改在途库存为零。内配调拨系统流程如图 4-6 所示。

总之，内配调拨系统是补货系统的重要一环，对电商，特别是对自营电商的仓储供应链提高效率起到关键作用。内配调拨系统的核心目标就是提供稳定可靠的内配功能，尽量优化主动内配，减少被动操作，优化资源配置，从而减少整体运营成本。

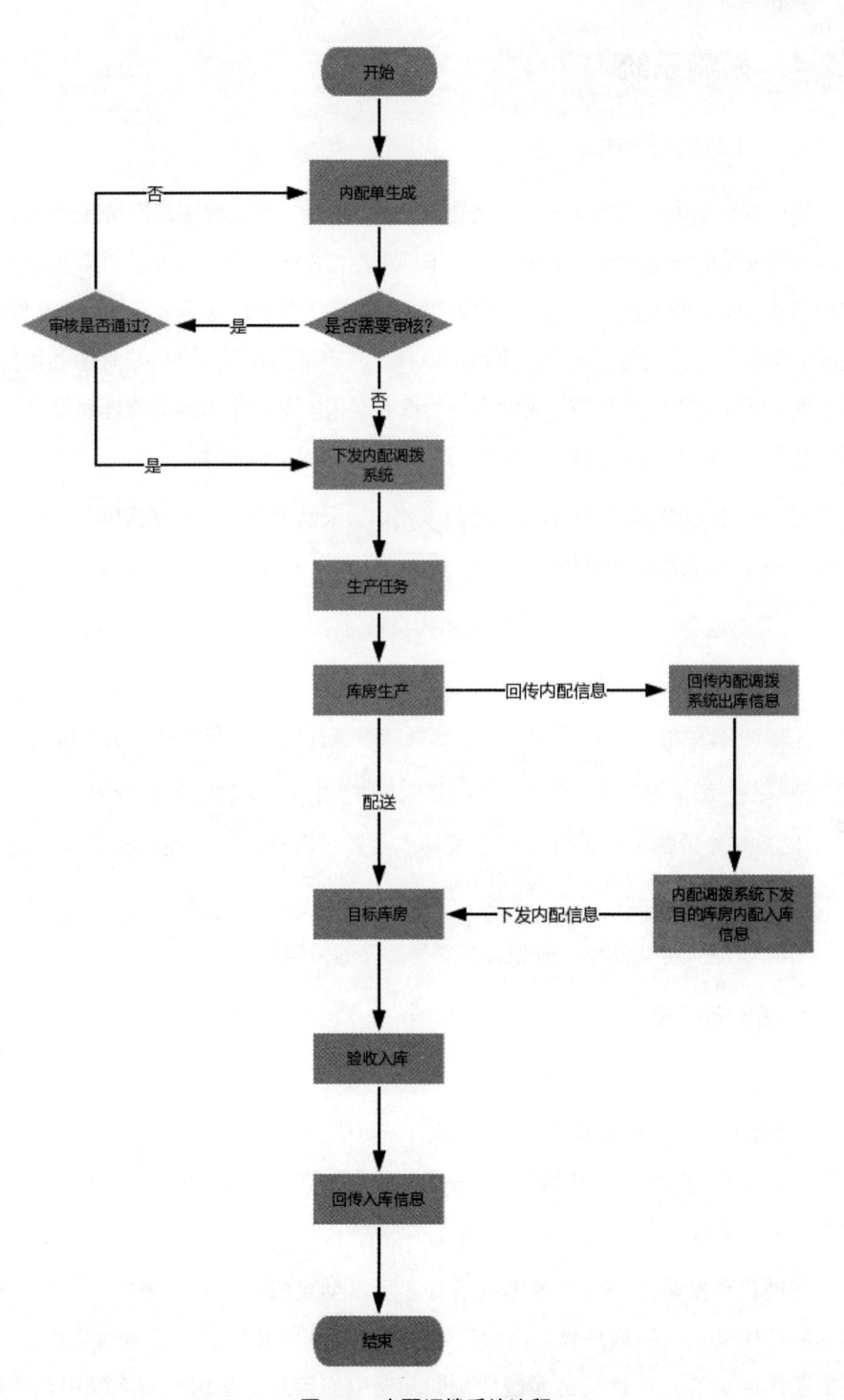

图 4-6 内配调拨系统流程

4.2.4 采购系统

1. 什么是采购系统

采购系统集成了采购业务、商品管理、结算管理、售后管理、价格管理等采销人员经常使用的业务逻辑。采购系统用于采销部门向供应商采购商品，并且提供了多种创建采购单的方式，以及采购单审批、回告、下传、回传等业务功能。采购系统的价值在于向供应商采购商品来增加库存，并满足库存周转和客户订单的销售，属于供应链非常重要的环节。采购系统的核心是采购单的生命周期管理和维护。采购单是平台采销人员或运营人员向供应商采购商品而生成的单据。

采购单对应供应商的订单和库房的入库单。采购单的信息包括采购的供应商、采购的SKU及其数量和价格等。一般来说，采购单的类型有如下几种。

（1）普通采购单：运营人员或采销人员通过采购系统手工批量创建的采购单，占所有采购单的绝大部分。

（2）供应商共享库存采购单：供应商共享库存销售或客户订单缺货情况下驱动生成的采购单。

（3）海外采购单：运营人员或采销人员通过海外进口采购商品而生成的采购单。

（4）其他类型采购单：其他业务类型定义的采购单。

2. 采购系统设计

采购系统的核心在于采购单的整个生命周期。根据采购单生命周期进行系统化，可以提升采购工作的效率。通常来说，采购单会经过新建采购单、审批、回告、待签收、预约、TC转运、WMS上架等几个业务环节。在每个环节中，产品经理需要关注一些落地细节。

在创建单据阶段需要具备哪些条件才可以创建成功？对于采购单来说，在创建时往往需要一系列校验，比如，采购单需要从商品配置上校验商品合法性、商品所属库房等；从供应链系统中判断配送中心信息；从供应商系统中校验供应商资质、合同信息、价格信息等。只有在经过一系列的业务校验后，采购单才可以创建成功。

另外，在采购单创建成功后，还会经过拆单逻辑。例如，全国采购一般按照供应商、配送中心、库房号等进行拆单；海外采购一般按照供应商和配送中心、币种、库房号、账期等进行拆单。采购单的拆单逻辑和自身业务高度相关，在此不再赘述。

在采购单创建成功后，即可根据设置进入审核流程，在审批不通过的情况下可以将采购单驳回到新订单状态。注意，在审核阶段往往会设置阈值以减少工作量，这里的阈值是指"最小采购量"。最小采购量（阈值）一般用于解决新品和长尾商品采购单需要审核的问题。因此，如果采销人员设置了"最小采购量"，则只要用户采购的商品对应的"可订购数量"小于该值，便不会执行采购单审核逻辑，系统直接默认通过，进而解决需要审核的问题。

一般来说，在审核通过后，即可进入采购单流转的过程，在该过程中，需要供应商进行回告。采购单回告的目的：①采销人员能及时了解供应商的实时库存情况；②回告可以得到最精确的采购数量，解决断货率的问题。因此，采购单回告分为以下几种类型。

（1）接口回告：即供应商通过系统接口对采购数量或采购进货价进行回告。

（2）系统回告：普通供应商通过供应商系统平台对采购数量进行回告，不能对采购进货价进行回告。在回告完成后，供应商就可以生成发货确认单，进入发货流程，此时采购单状态变为等待入库或等待签收，采购单会被下传到WMS并等待签收完成。

采购业务流程如图4-7所示。

采购系统应用层和业务订单系统类似，基本是按照业务场景来区分模块的，如查询、创建、审核、配置、导出等，如图4-8所示。

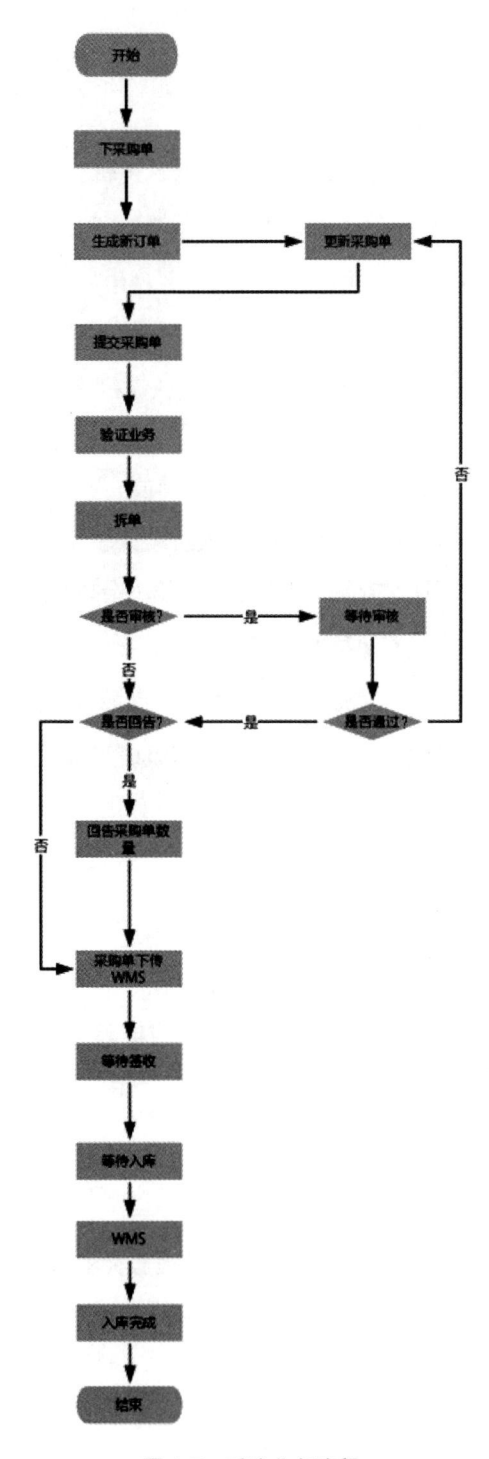

图 4-7 采购业务流程

第 4 章 支撑系统心法

图 4-8 采购系统应用层

采购系统的核心在于针对各种场景的采购单进行生命周期的管理，从表面上看，采购系统的设计更多的是"增、删、改、查"的操作应用，但是应用层下的架构层比较复杂。因为采购系统的核心就是以采购单的流转过程为主流程，而且只有采购单和其他业务系统，如 WMS 不断进行交互才能完成业务闭环，所以系统的复杂点在于业务场景之间的交互，其架构如图 4-9 所示。

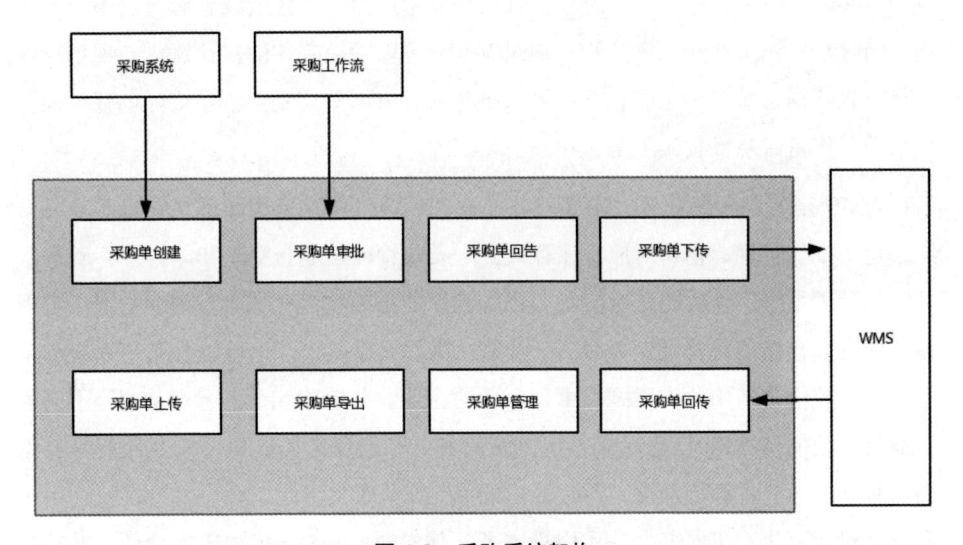

图 4-9 采购系统架构

4.3 WMS

4.3.1 WMS 介绍

本书第 1 章介绍了供应链相关知识。实际上,"供应链"的概念非常庞大,其复杂度可谓电商之最。如果将供应链看作电商的核心,那么仓储可谓供应链的基石与核心。提及仓储,就不得不提及仓储运作的基础信息平台——WMS,WMS 对仓储管理至关重要。WMS 能够将仓库的"收、发、盘、存、异"所有环节有效地衔接起来,WMS 与仓库的适配度直接决定了一个仓库的作业效率的高低。而仓库的发货效率、库存的准确度、仓库的工作效率与服务的成本息息相关,仓库工作的准确率与服务的质量息息相关。总之,仓储环节对供应链的协同具有重要作用。

WMS 可以将仓库内所有作业信息进行详细记录。每一次操作(入库、上架、下架、盘点)都会被明确地记录在系统中。管理者可以通过相关记录了解工作人员的工作状态与质量,从而大大提升管理效率。在使用 WMS 之后,管理会更加规范。商品出入仓库的信息都会被输入到系统中,降低了人工出错的概率;仓库的账目可以做到实时、同步、可视,方便数据查询和期末盘点,不会造成仓储数据不全的问题,同时避免积压产生呆滞货物;通过 WMS 可以管控整体的作业流程,现场操作人员可以依据系统提示进行操作,无须思考流程方面的问题,这样就可以减少操作环节的工作量,从而提高业务效率。

WMS 是通过入库业务、出库业务、仓库调拨、库存调拨和虚仓管理等功能,综合运用批次管理、物料对应、库存盘点、质检管理、虚仓管理和即时库存管理等功能的管理系统。该系统有效控制并跟踪仓库业务的物流和成本管理全过程,实现完善的企业仓储信息管理。WMS 可以独立执行库存操作,也可以与其他系统的单据和凭证等结合使用,从而提供更为全面的企业业务流程和财务管理信息。不同的企业所使用的 WMS 在仓库操作上的策略和各个仓库之间的协同作业流程具有差异。所以,鉴于业务特殊性,各个公司的 WMS 一般具备唯一性,甚至仅仅适用于自身公司。因此,在本书中,我们只需了解基本的 WMS 入库、出库设计,并从几个核心流程来了解 WMS 即可,目的是通过 WMS 的基础操作,了解供应链业务在仓库中的流转和系统的对应设计。

4.3.2　WMS 设计

1. WMS 入库

入库是所有 WMS 的入口，任何商品的仓储流程都是从入库开始的。入库按照业务来源分为采购入库、内配入库、退货入库等。因此，在入库时生成的入库单也会分为不同类型，以便 WMS 在进行入库上架定位时，可以根据不同的单据类型来定位不同的货位或区域。一般来说，入库环节可以分为签到排队、卸货验收、商品、上架等模块。

1）签到排队

在商家成功预约仓库后，WMS 会为其分配入库时间，商家通过物流按预约时间送货到仓库并签到后，就会进入排队流程和叫号流程，如图 4-10 所示。

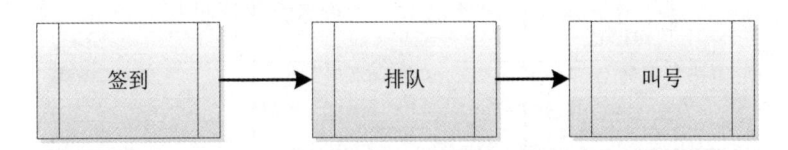

签到 → 排队 → 叫号

图 4-10　商家签到、排队和叫号流程

我们来看具体的场景，在商家到达收货仓库后，首先进行签到，然后 WMS 开始分配收货队列，收货队列分配的核心目的就是定位货位，即 WMS 根据定位规则给出建议货位。因为不同类型的商品的所属货位会有不同，所以定位规则将会按照入库单类型、货品属性、包装层级对应到具体的收货上架策略。

一般来说，仓库中会设置几种不同的定位规则来满足不同的上架要求，如零头定位规则、整箱定位规则、冷藏品定位规则、药品定位规则、残次品定位规则、赠品定位规则等。同时，我们还要考虑一个复杂的现实场景：在多种仓储和仓间逻辑的场景下，电商平台会分配多仓收货。例如，有些场景是有同品多仓策略的。在收货时，如果有同一个品类分布在多个仓库，则需要进行多仓分配判断。而仓储的分配策略需要根据分仓入库明细和仓间拆分收货明细生成入库计划。

当仓储的收货队列分配完毕后，商家就开始进行排队并等待叫号，排队时所生成的排队号类似一个含有分类的排队编号，在复杂的场景下，可以根据排队号进行业务区分。例如，在多业务电商场景下，如果排队号的业务类型为自营，则按照品类对应关系分配对应仓间的收货队列，多个品类分配多个收货队列；如果排队号的业务类型为外单，即货主为非自营商家，则分配对应仓间的外单收货队列；如果排队号的业务类型为内配，则分配内配收货队列。在生成排队号之后，就需要车辆等待接收排队通知，并在叫号后，由 WMS 推送一个排队中的车辆（排队号）至对应的收货月台（仓库收货的物理位置）。叫号流程如图 4-11 所示。

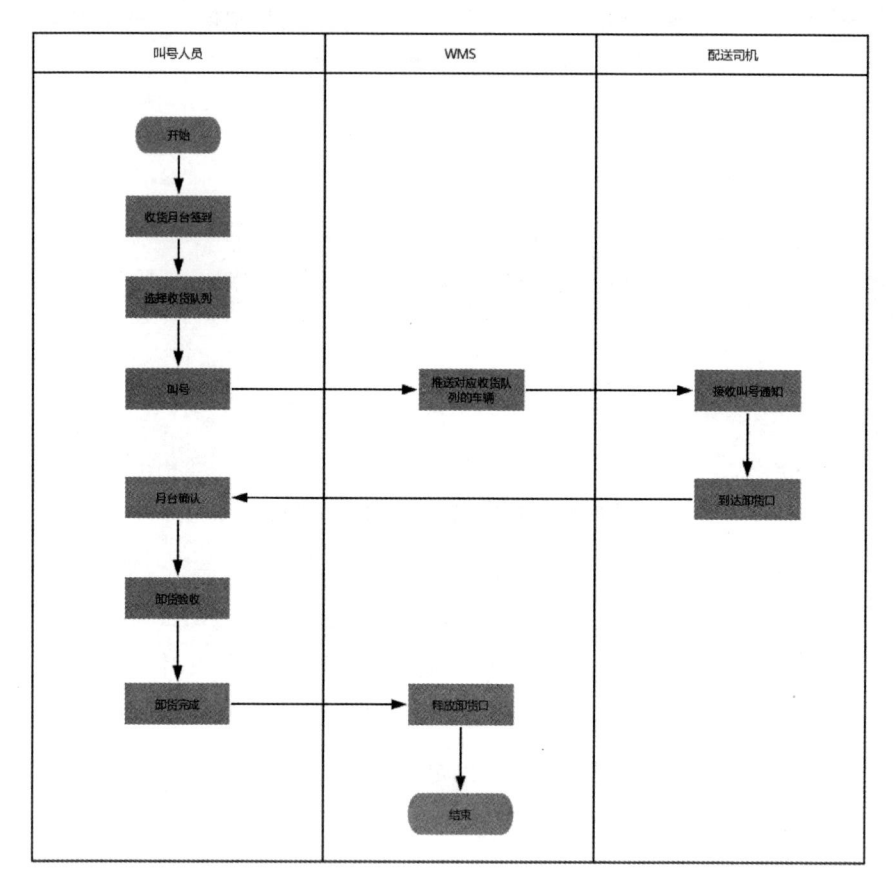

图 4-11 叫号流程

2）卸货验收

当车辆被通知可以卸货后，车辆就可以在指定月台停靠并进行卸货验收操作了。卸货验收环节是入库前的最后一步，在验收时，库房工作人员会在使用 PDA 手持终端扫描周转箱后开始扫描商品，主要是进行来货登记，需要登记的内容包括批号、有效期、价格、数量等内容。在登记完成后，ERP 系统会把来货登记信息下发给 WMS 并生成入库单，其中包含入库单号、货品、批号、有效期、价格、数量、库号等信息。仓储验收人员在检验供应商的来货时，会比较数量和质量，如果来货数量与采购计划不符或来货有破损，则库房工作人员会针对这些异常情况进行登记，并与采购部门确认处理。最终，WMS 中的入库单会与 ERP 系统的来货登记保持一致。在具体验收操作流程中，收货人员打印验收单并使用 RF 设备收货，RF 设备会提示所收货品的批号、有效期、生产日期、数量等信息。如果所展示批号与所收实物相同，则 RF 设备会直接确认；如果所展示批号与所收实物不符，则需要收货人员在 RF 设备中将收货批号改为实物批号；对于特殊处理的商品，如药品，RF 设备会在提示后由收货人员按照特殊商品处理流程来采集。

不同的收货模式采集和定位的方式也有区别：整箱收货按箱扫描来采集，而零散收货则通过逐个扫描来采集；系统会根据货位规则，通过定位逻辑，将整箱货品和零散货品定位到不同的区域。在整箱收货场景下，卸货时，工作人员按验收单的货品类别和对应区域信息将整箱按货品码放在一起；收货时，工作人员直接收货到托盘中，并扫描托盘号上架。而在零散收货场景下，系统会定位到仓储零拣区，收货时，工作人员需要将货品放入周转箱中（周转箱预粘贴周转箱号条码），由系统将周转箱与上架任务绑定，并在后续作业中由工作人员进行上架处理。因为在验收阶段都是通过栈板、料箱等容器进行验收，所以在验收完成后，我们称之为容器完验。在容器完验后，需要进行系统确认，如果需要调整验收量，则必须是入库单中已做完容器完验的容器号、SKU 和数量。WMS 根据输入内容减去该容器中 SKU 的验收数量，以及对应上架任务的数量，并重新计算该容器的流向。至此，仓库才完成了货品从车辆转移到仓库的第一步。但是真正的入库作业才刚刚开始，只有上架完成才能形成实物库存。验收入库系统图例如图 4-12 所示。

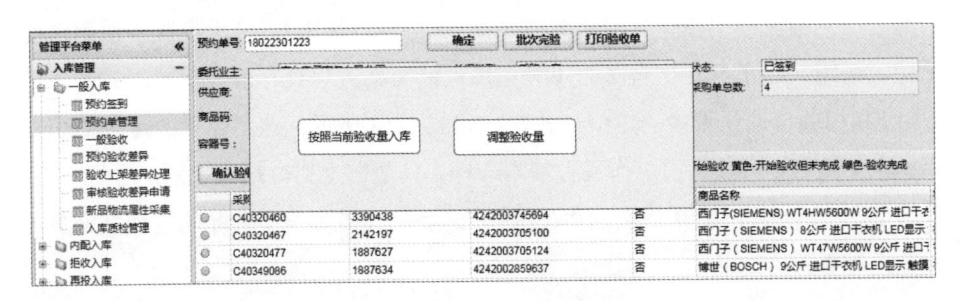

图 4-12 验收入库系统图例

3）商品上架

我们在第 1 章描述了仓储内部的业务原理，其中货架与商品之间存在对应关系，那么，这个关系在系统中是如何实现的呢？这就需要工作人员进行扫描对应。简单来说，就是工作人员在上架时通过扫描货位编码和实物进行对应。一般商品的上架工作是在容器完验以后进行的，上架逻辑来自收货的颗粒度，比如零散上架或者整箱上架。其中，在零散上架时，需要上架人员持 RF 设备扫描周转箱标签，并根据 RF 设备所提示的货品上架区域、批号、有效期和数量等信息，通过人工比对核实上架实物后，再人为指定实物的具体上架货位。在将实物放入货架后，由上架人员扫描货位编码来确认上架完成。而在整箱上架时，需要上架人员持 RF 设备扫描托盘标签，并根据 RF 设备所提示的货品上架货位、批号、有效期和数量等信息，通过人工比对核实上架实物后，再按 RF 设备提示的货位将实物上架，并扫描货位条码确认上架完成。在整个入库单的货品全部上架完成时，入库单会自动关闭，此时 WMS 会将实收数据反馈给 ERP 系统，ERP 系统将 WMS 反馈的实收数据按品规、批号汇总后，替换原先的数据。至此，电商平台的实物库存正式产生。上架流程如图 4-13 所示。

如果再对仓储业务进行深入研究，我们用比较复杂的场景来说，在大件仓储场景中，仓库分为平库和立体仓库两种，一般来说，平库就是我们见到的大部分库房，一般有钢筋混凝土结构、钢架金属屋面结构等，主要由基础站台、装卸货平台、雨棚、通风装置、基础设施等组成。而立体仓库也被称为高架库或高架仓库，一般是指采用几层、十几层乃至几十层高的货架储存单元货物，用相应的物料搬运设备进行货物入库和出库作业的仓库。由于这类仓库能充分利用空间存储货物，故将其形象地称为"立体仓库"（简称"立库"）。立库往往采取自动化上架，因此，在上架流程中往往会用到类似 AGV（自动运输车）、堆垛机等一系列自动化控制系统。对于自动化仓储的 WMS 来说，上架流程会有很大不同，关键在于 WMS 和相关自动化设备的通信与关联，如图 4-14 所示，该图体现的是自动化立库的上架流程，可以看出工作流程基本一样，只是在上架时略有差别。由此可见，业务的"一小步"，就是后端的"一大步"。我们浏览每一个商品的过程是无数流程和系统协同的结果。

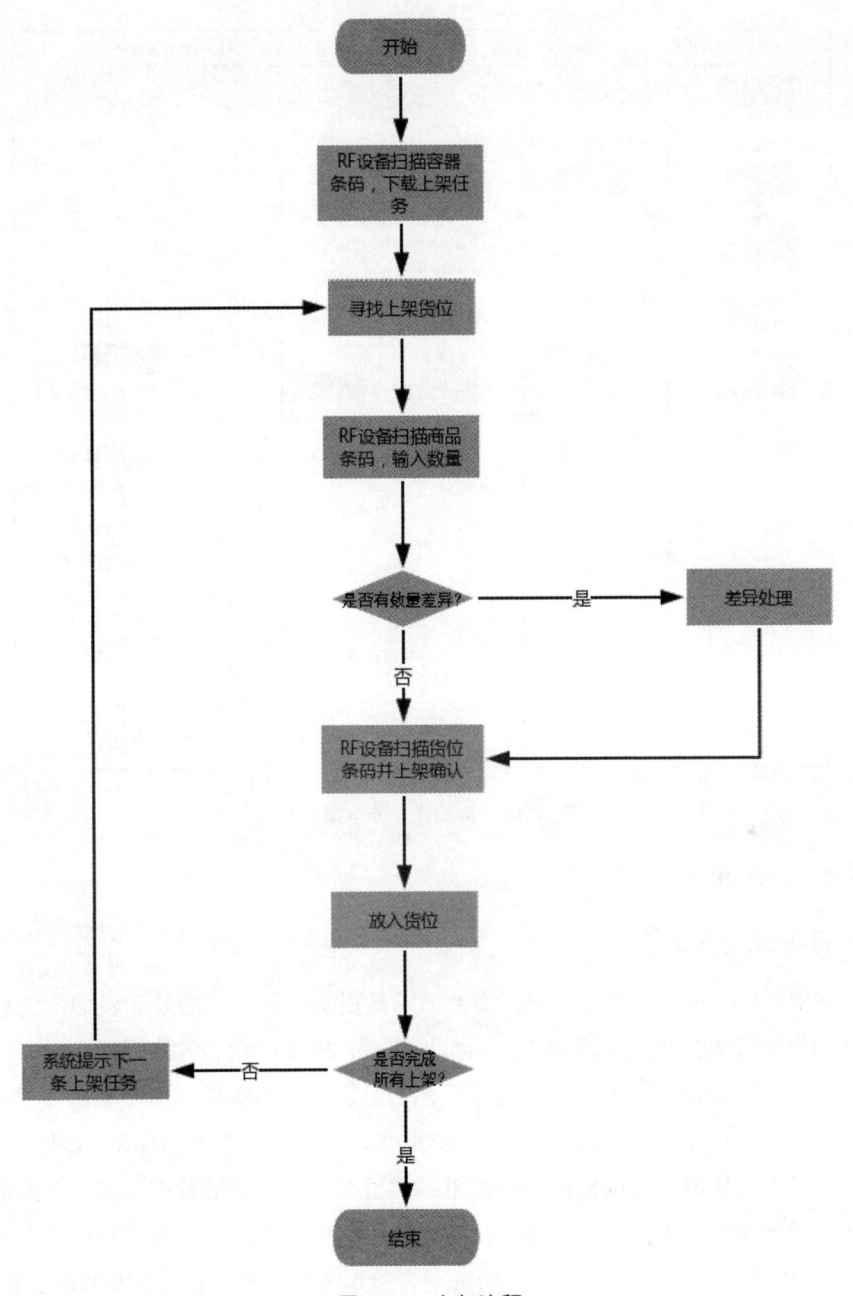

图 4-13 上架流程

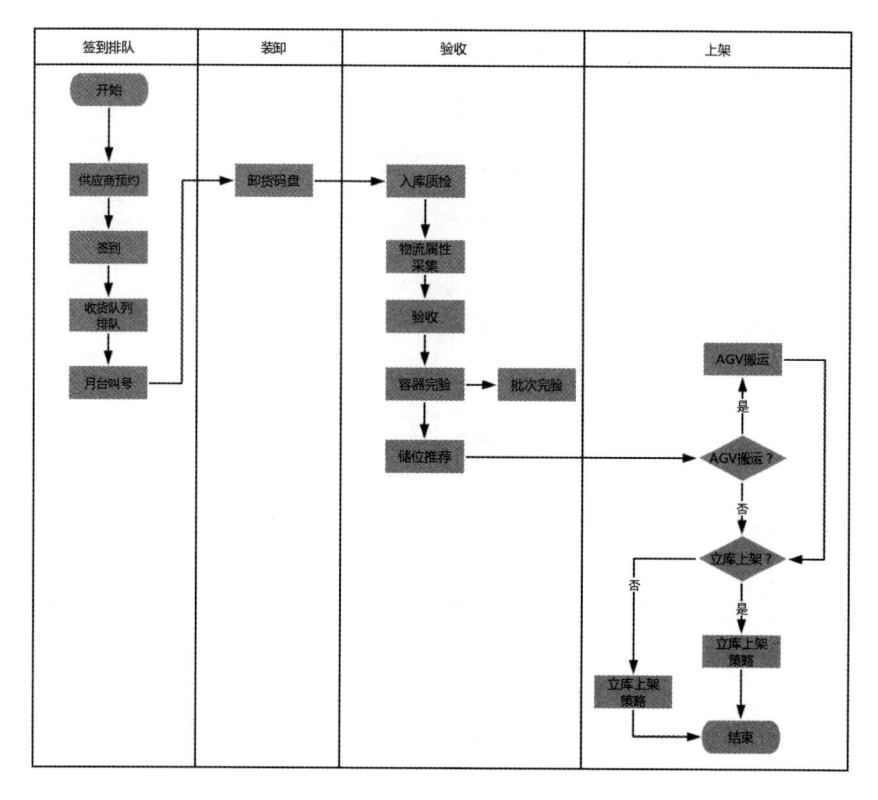

图 4-14　自动化立库上架流程

2. WMS 出库

1）出库业务概述

WMS 的出库与入库相对应，出库的场景很多，最常见的是和我们购物息息相关的销售订单出库。从系统设计的角度来看，出库逻辑和入库逻辑一样，核心对象也是单据的流转。无论什么场景下的货品出库，都应经由出库单来处理，不允许无单发货。因此，系统使用出库单类型来标识不同类型的出库单，以便 WMS 在进行库存分配时，可以根据不同的单据类型来指派不同的分配规则。出库单类型包括普通销售、采购退回、调拨出库、抽检出库、客户自提等。所有的出库单都由 ERP 系统下载到 WMS，订单明细里会指定货品的出库批号。从业务上来说，出库业务基本上都会经历初始化订单、定位波次、出库任务分配、拣货、复核、打包出库等环节。不同的业务类型在各个环节其有独特的逻辑，这里我们通过销售订单的出库来看 WMS 出库系统的设计最具有代表性。销售订单的出库流程涉及环节较为复杂，具体来说，出库业务流程如图 4-15 所示。

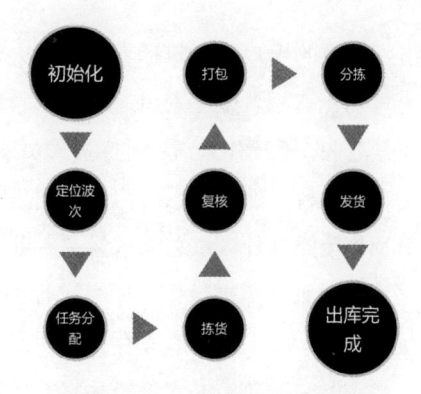

图 4-15 出库业务流程

在出库流程确定之后,具体的出库是如何进行系统交互的呢?假设一个同时有立库和平库的仓库,其出库系统交互如图 4-16 所示。

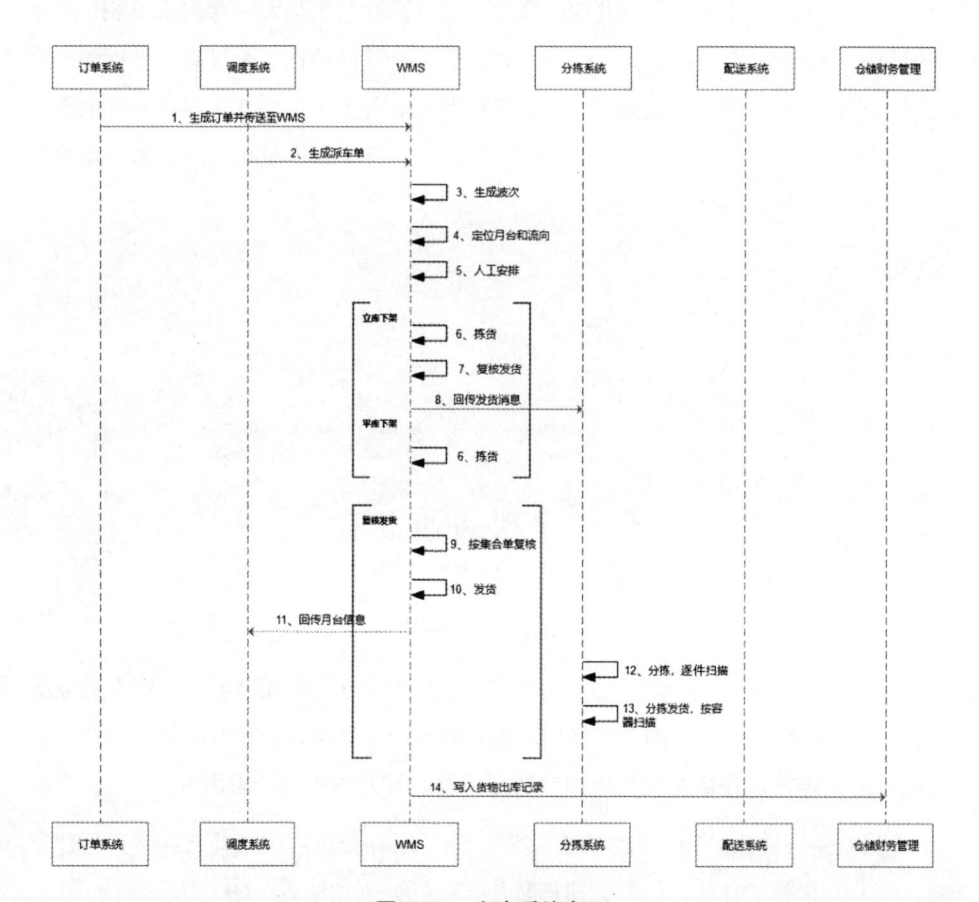

图 4-16 出库系统交互

总体来看，WMS 出库涉及的用户一般包括仓库搬运人员和拣货人员，对应的场景分别为：在托盘从立库口出来后，搬运人员通过叉车将商品搬至暂存区或复核区，并通过显示屏查看托盘流向，不操作系统；而拣货人员从暂存区领取拣货任务。在销售出库时，WMS 先定位月台，然后在系统内部组建生产波次后进行库存定位分配；在定位库存时，WMS 按照播种区汇总需求量并判断仓库是否有立库储区库存，如果仓库有立库储区库存，则将需求量按照库存进行整托定位，同时将定位明细按容器返回给 WMS。随后 WMS 更新立库库存占用明细，如果立库储区库存不满足，则生成补货需求，触发紧急补货，并在补货后进行定位。如果仓库没有立库储区库存，则直接在平库按照同品多仓的方式定位。

2）波次计划

一般对于库房来说，会有波次的概念，而且波次与上架策略都属于 WMS 的策略模块。一个库房不可能针对一张订单进行生产，这样的库房是没有计划性的。这是因为所有库房都需要工人操作，有生产环节，采用上述生产方式容易导致生产混乱。所以，库房的生产计划采取的是波次生产——订单都会批量生产，而不是单独生产。波次流程如图 4-17 所示。

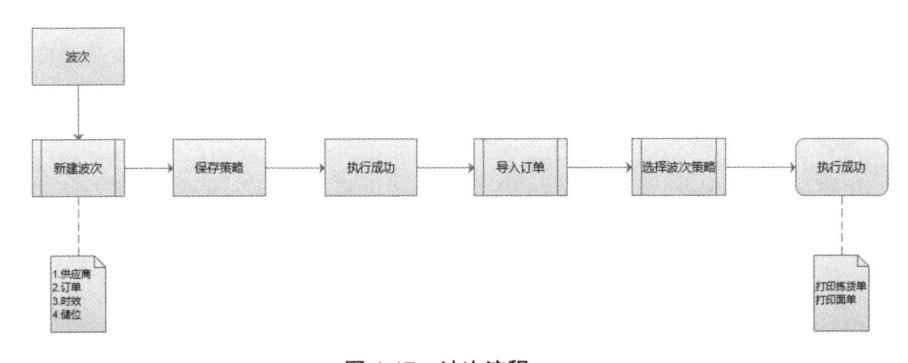

图 4-17　波次流程

上述流程仅描述了一些大的业务节点，然而在执行层面还需要考量很多的业务逻辑。我们对波次进行解剖可以发现，在实际系统设计中，处理波次的过程往往会伴随分配策略等。在需要执行的细节层面，往往涉及以下几个方面。

（1）生成波次；（2）指定分配规则；（3）库存分配；（4）补货；（5）创建货箱；（6）创建补货任务；（7）创建拣货任务；（8）创建装载；（9）结束波次。

首先，波次的生成一般与业务特点相关，常见的波次规则有订单维度、时效维度、批次维度、商品维度、数量维度、储位维度等。例如，在订单维度中，会优先安排销售订单的波次，其他类型订单的优先级靠后；在时效维度中，像京东承诺的"211""411"等时间要求极强的订单类型会被优先安排波次；在波次维度中，往往会以优先某些供应商或按照质保期来安排波次；在储位维度中，会以优先指定出库区、优先清空某类储位为策略安排波次等。简单来说，波次就是在某个时间段内生产某个时间点前下发的订单。而在系统设计波次时，可以先添加策略，由系统自动生成波次号，然后进行订单关联。波次管理如图4-18所示。

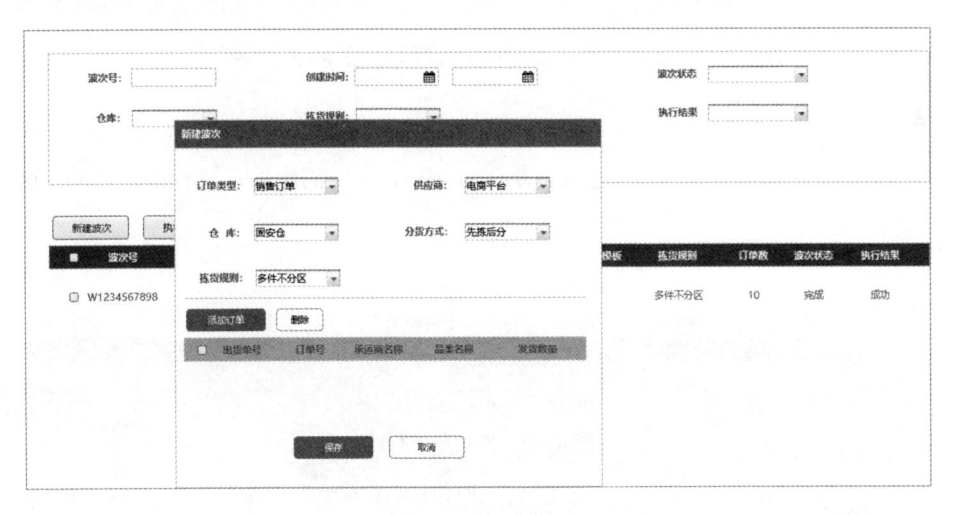

图 4-18 波次管理

在确定波次后，即可进入库存分配阶段，通常情况下，由于业务类型和货品属性等的不同，我们不能将所有订单按一个模式进行处理。这就需要根据具体的业务要求，为波次内所有的出库单明细指定相应的库存分配规则。WMS 会根据出库单类型、货品类型、库存状态等来进行规则指派。比如，按照批次出库，ERP 系统下发到 WMS 的出库单明细都会指定批号，WMS 会根据分配规则和包装层级，分别从整箱区和零拣区分配与出库单明细批号对应的库存。再如，如果有同品多仓业务，或者此时满足分仓逻辑，则按照承运商绑定的仓间，优先定位绑定仓间的拣选位后绑定仓间的存储，再按照仓间优先级顺序定位拣选和存储位。如果不存在分仓存储逻辑，则只在播种区所在仓间定位。在定位完成后，会从货位中锁定这部分已分配的库存，锁定的库存不允许移库或进行数量调整。在进行库存分配时，销售订单都是整体发货的，不允许实际发货与销售订单不符的情况发生。相应地，在 WMS 检测到无法为某行明细分配库存时，整张订单会被退回订单池，并且标记该订单分配失败。在波次运行过程中，WMS 会针对整箱拣选和零拣的货品进行装箱计算。整箱拣选的货品会使用原包装箱进行包装，零拣的货品会使用周转箱进行包装。系统通过货品的体积和周转箱的体积来计算每一个出库单需要装箱的数量，以及每一箱的装箱情况。对于整箱来说，系统将每一箱视作单独的货箱。需要注意的是，由于装箱顺序和货品外包装的影响，在实际装箱时货品之间不可能达到理想的无间隙状态，因此实际装箱数量与系统计算结果往往存在误差，需要设置周转箱的满装百分比，这个比值可以在生产运营中慢慢调整。在波次执行后，WMS 会按照零拣和整箱拣选的货品分别创建拣货任务，拣货单的打印如图 4-19 所示。

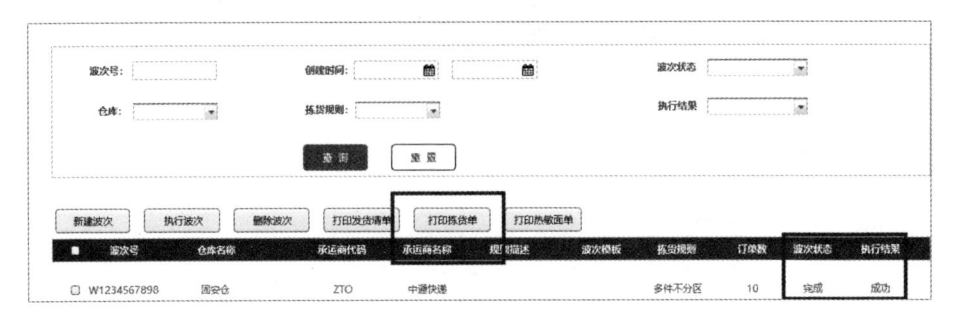

图 4-19 拣货单的打印

零拣任务会被下发到仓储控制系统，并且任务中会包含工作人员的拣选区域，系统会根据拣选区域信息控制周转箱在不同的分拨口弹出。而对于整箱任务来说，工作人员会打印拣货标签，并持 RF 设备扫描标签来触发拣货操作。拣货单如图 4-20 所示。

图 4-20 拣货单样式

波次管理主要用于订单的波次执行，以及拣货单据的打印，关键在于所选择的拣货规则与订单筛选的条件是对应的，只有这样才能发挥拣货策略的作用。

3）拣货

根据第 1 章关于仓库结构的介绍，库房的结构除了会对商品的存储逻辑产生影响，还会对拣货模式产生一定影响。通常拣货模式分为通拣模式和播种模式两种。通拣模式意味着全仓都是拣货位，一个 SKU 可以分散在各个拣货位上，而播种模式意味着存储位负责向拣货位补货，存储位不参与拣货。具体业务逻辑见第 1 章中的"仓储"部分。拣货流程如图 4-21 所示。

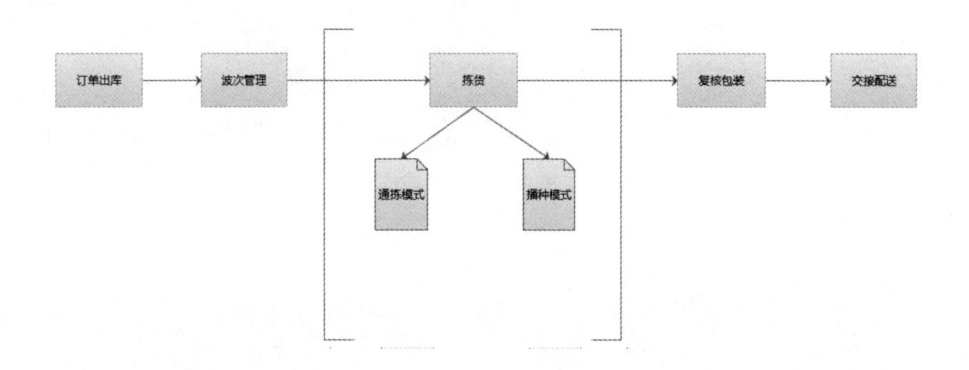

图 4-21　拣货流程

波次在拣货流程中可以理解为：为了提高订单管理效率，将所有订单按次批量拣货。实际上就是系统将前台用户下的订单，归类为某种类型，再按照这个类型生成拣货任务，并由拣货人员领取任务，到对应的货架上取货。一般来说，WMS 会对拣货任务进行独立管理，具体流程如图 4-22 所示。

拣货系统主要用于查看拣货单明细，以及进行一些单据的补打操作。拣货系统操作界面与其他业务管理系统操作界面类似，如图 4-23 所示。

当拣货任务生成后，拣货人员可以通过 RF 设备获取任务，获得本区域相应的拣货任务。当拣货人员登录或换区域时，需要扫描储位编码。当拣货人员有未完成的拣货任务时，不能领取新的任务。拣货任务按照出库波次逻辑进行优先级排序，优先级最高的排在前面。当拣货人员登录系统后，可以获取所属出库类型的拣货任务，并由系统协助完成拣货操作。根据商品上架存储的颗粒度，可以将拣货分为先拣后分、边拣边分、整箱拣货 3 种维度，业务逻辑可以参考第 1 章关于拣货的相关介绍。一般对于大部分仓储业务来说，可以采用先拣后分，再二次分拣的方法拣货：先把商品通过整托盘或整箱拣入二次分拣区，然后通过播种墙、电子标签技术进行二次分拣。在进行二次分拣过程中，拣货人员可以通过扫描商品条码，定位到播种墙上对应的储位，并根据提示明确这一储位需要放入几件商品，将正确的商品放入该储位，这一商品的播种就结束了，然后播种其他商品，在这一波次的所有商品都播种完毕后，播种墙上的订单也都放入了所要求的商品。二次分拣系统操作界面如图 4-24 所示。

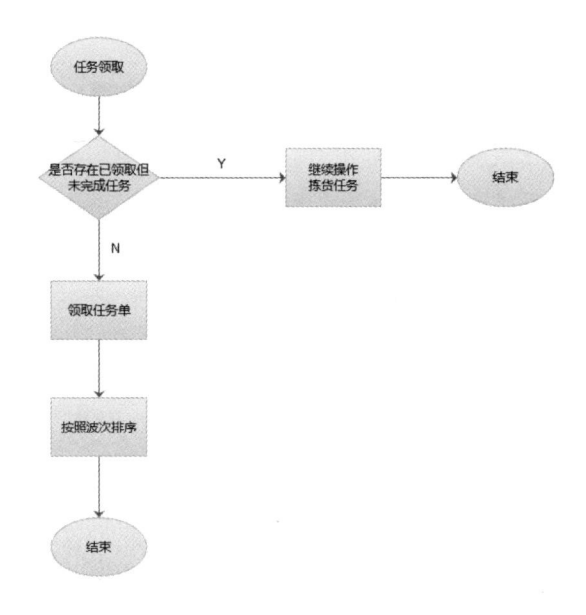

图 4-22　拣货任务管理流程

图 4-23　拣货系统操作界面

图 4-24 二次分拣系统操作界面

在拣货过程中一般会发生"短拣"。"短拣"一般是由于补货不及时造成的。在发生"短拣"时，拣货人员会将短拣周转箱放置在旁边，待补货到位后继续完成拣选。如果整箱发生短拣，则一般是由于 WMS 与 ERP 库存不一致，或系统库存与实物库存不一致造成的。通过日常盘点和每日作业开始前对 WMS 和 ERP 库存进行比对，可有效避免整箱短拣的发生。

4）复核打包

复核工作可以分为"发货任务复核"和"拣货任务复核"，简单来说就是寻找差异。从系统层面看复核流程，首先，拣货完成的容器由分拣策略控制所流向的复核台。同一出库单的周转容器不进行合流，而是由分拣设备轮循分流到各个复核台，以平均复核台的工作量和保证出库效率。其次，复核人员扫描周转箱条码触发复核工作。在复核过程中，复核人员通过逐一扫描货品外包装条码来进行复核。最后，复核人员根据包装特性和体积将复核后的商品重新打包，并打印和粘贴发货标签，由集货人员移入笼车，流程如图 4-25 所示。另外，对于整箱复核的业务场景，拣选的整箱由搬运人员搬运到整箱复核区，再由复核人员持 RF 设备扫描整箱标签上的货箱号条码，并根据系统提示的货品、批号、有效期和数量等信息，通过人工核对实物后确认，由系统将这部分整箱置为已复核状态。

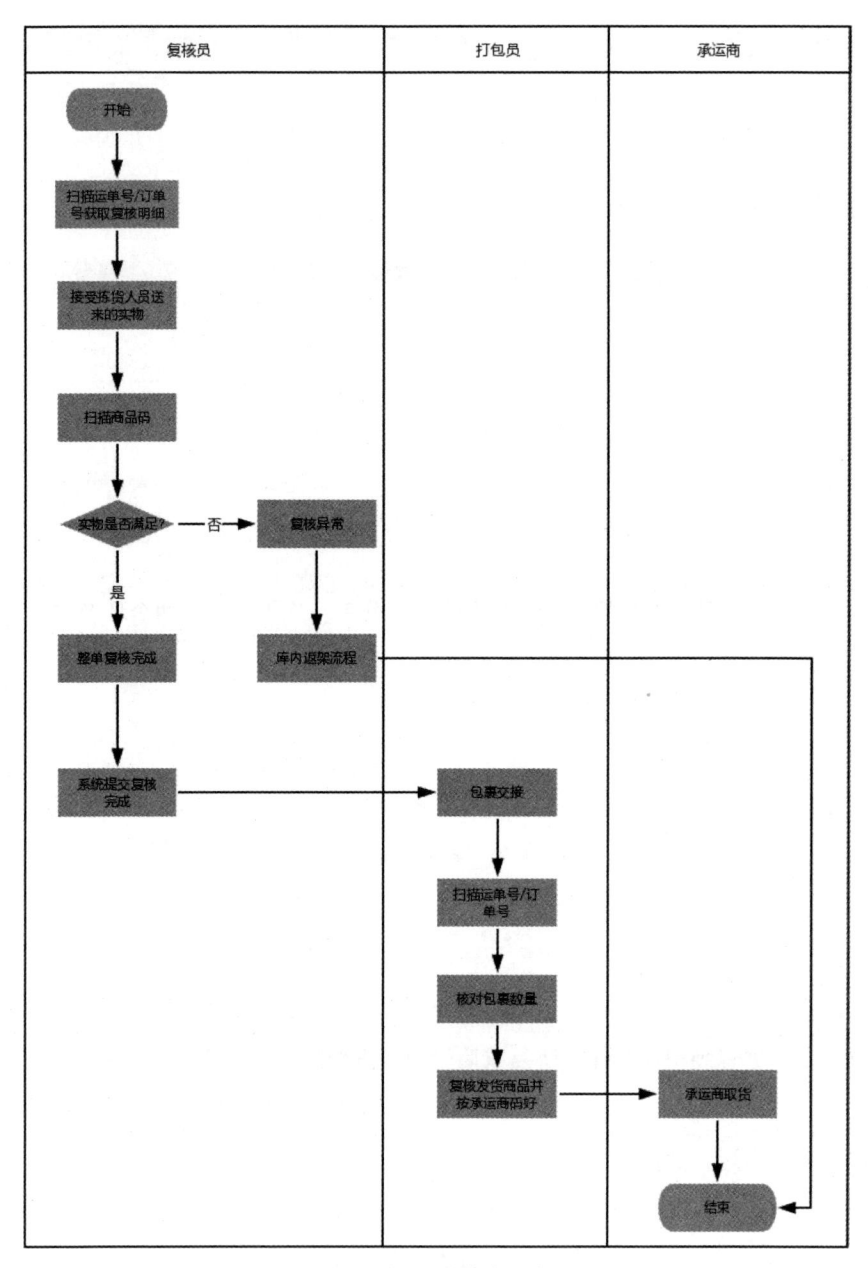

```
复核员                打包员              承运商

  开始
   ↓
扫描运单号/订单
号获取复核明细
   ↓
接受拣货人员送
   来的实物
   ↓
 扫描商品码
   ↓
实物是否满足? ──否──→ 复核异常
   ↓是                  ↓
整单复核完成         库内返架流程
   ↓
系统提交复核  ────→  包裹交接
  完成                  ↓
                    扫描运单号/订
                       单号
                        ↓
                    核对包裹数量
                        ↓
                   复核发货商品并  ──→ 承运商取货
                   按承运商码好           ↓
                                       结束  ←────
```

图 4-25 复核打包流程

5）装载发运

在复核完成后，仓库会在当天将所有的销售单配货并移入笼车，然后由配送人员在第二天将各自送货线路的货品装车并配送。配送主管会根据当天的发货情况，人工调整送货顺序和打印装载清单,然后由配送人员领取各自送货线路的装载清单,清单上包含装载号、出库单号、笼车位置(整箱集货位)、包装数(整箱数)等信息。

仓储运营人员持 RF 设备扫描装载清单上的装载号和出库单号,系统会提示该出库单的包装(整箱)所在的笼车位置(整箱集货位),以及每个位置上的包装数(整箱数)。接着,配送人员根据 RF 设备提示到对应的笼车(整箱集货位)提货并逐个扫描发货标签,系统会将已扫描的包装(整箱)状态置为"已装车",直至该装载清单中的包装(整箱)全部扫描完毕。在发车时,司机在系统中进行"装载发运"操作,此时系统将该装载清单中的出库商品出库。

4.3.3 WMS 库内作业

入库和出库是 WMS 的核心,仓库的大部分工作都围绕着这两个环节进行,除此之外,WMS 还包括很多库内策略层面的逻辑。库内策略和业务本身高度相关。库内作业一般包含盘点、库内返架、补货、仓间调拨、库存调整、商品管理等。

1. 盘点

盘点是仓库内部常见且重要的工作之一,主要目的是对库存进行清查,找出差异或破损等。在盘点业务层面,盘点负责人需要确认盘点范围,然后在 WMS 中创建盘点任务,可以按照储位或商品进行盘点。在 WMS 设计层面,系统可以按照条件筛选出要盘点的范围并批量创建盘点任务。在创建盘点任务后,盘点人员使用 RF 设备获取盘点任务,并在领取后进行实时盘点。盘点人员在使用 RF 设备进行盘点时会提交实时库存数据。整个盘点任务可以分为一盘、二盘和多次盘点,在盘点任务完成后,盘点人员会进行人工确认,至此整个盘点任务结束,如果盘点结果有差异,则会进行差异处理。盘点总流程如图 4-26 所示。

在进行现场实时盘点时,盘点人员通过 RF 设备进行扫描操作一般有以下 3 种方式。

(1)扫描储位,可以查看储位上的实时库存。

(2)扫描商品,可以查看商品在全仓储位的所有库存。

(3)扫描储位与商品,可以查看商品在储位上的实时库存。

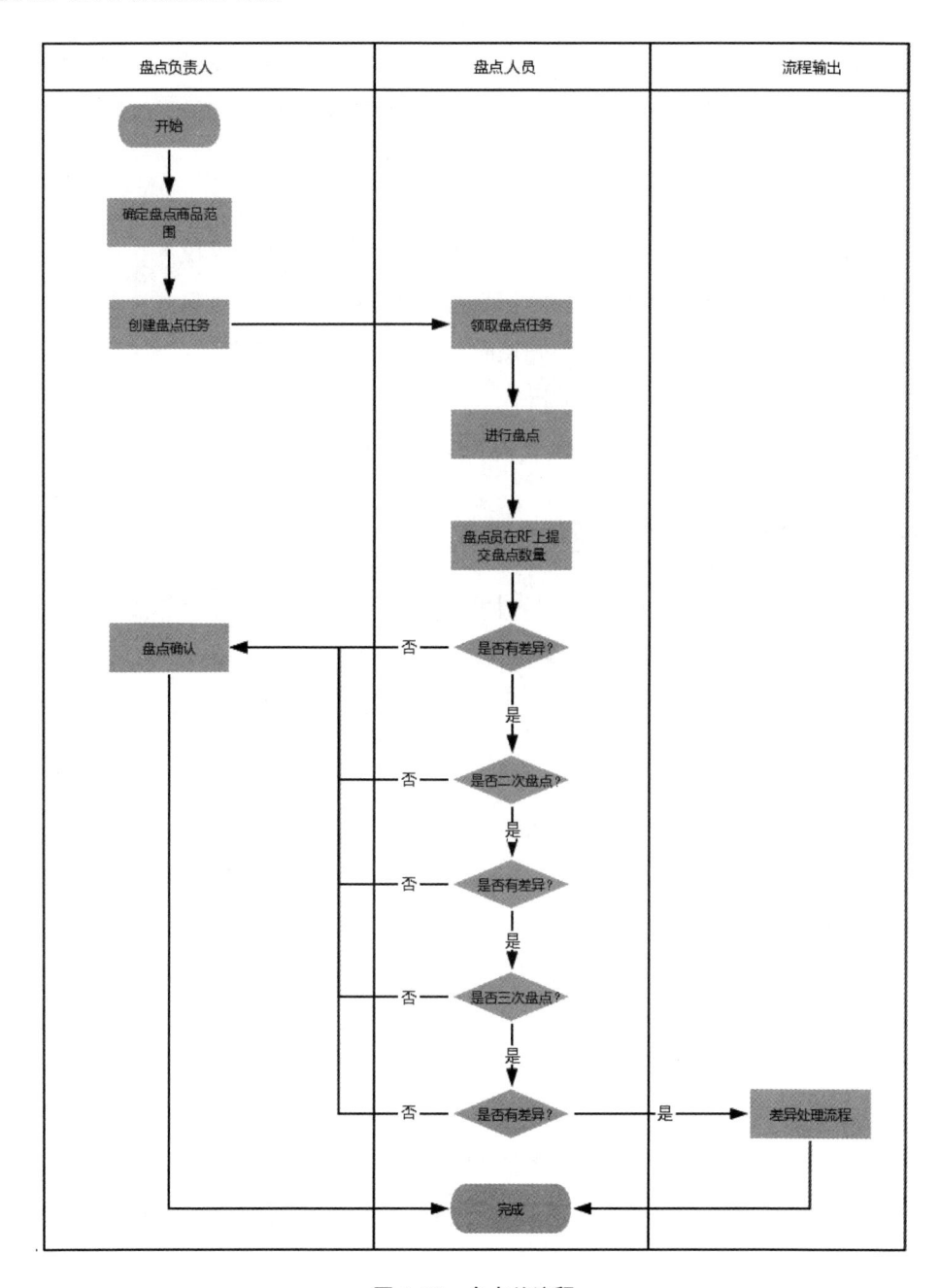

图 4-26　盘点总流程

当盘点人员查看商品的实时库存时，RF 设备会指示库存量，即代表储位的总库存。盘点的一个重要目的就是核实可用库存，将不可用库存进行处理。我们可以通过盘点得到"可用库存"的组成公式：可用库存量=储位量-拣货预占量-其他预占量-缺货量-破损量。因此，盘点人员使用 RF 设备进行实时盘点的主要目的就是核实库存的动态情况，具体流程图如图 4-27 所示。

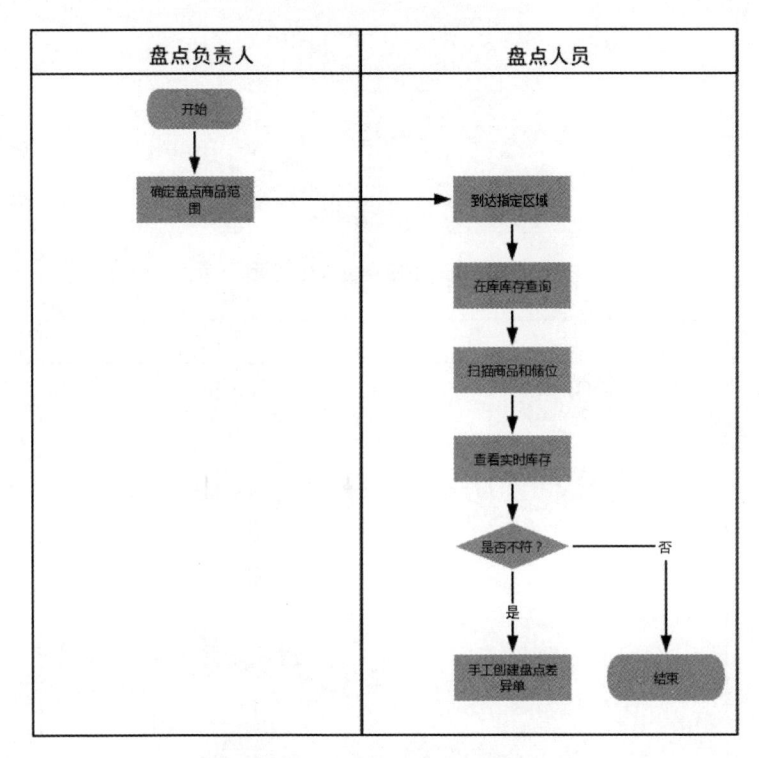

图 4-27　盘点人员实时盘点流程

2. 库内返架

在电商订单出库过程中，会遇到一些特殊情况，比如，在拣货完毕并进行复核时发现差异，系统会自动将此订单转为病单并转到波次安排中，此时系统生成库内返架任务。另外，还有一个常见的场景是订单在复核之前取消或在打包之前取消，均会生成库内返架任务。在进行库内返架任务时，复核人员整理复核异常的单据和货物，并在整理好后交接给盘点人员；盘点人员打开 RF 设备扫描订单号或运单号获取待返架任务。RF 设备操作界面如图 4-28 所示。

盘点人员在扫描订单号后获取待上架任务，这时 WMS 会推荐上架储位。盘点人员可以根据提示将实物放到相应的储位上，然后扫描商品编码和储位编码，并录入上架数量后完成库内返架任务，如图 4-29 所示。

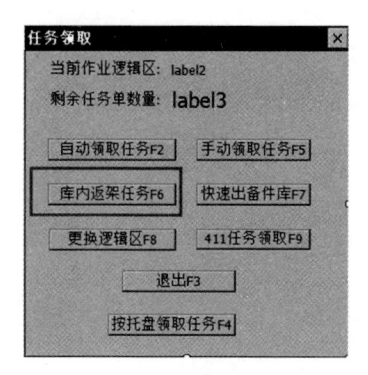

图 4-28 RF 设备操作界面

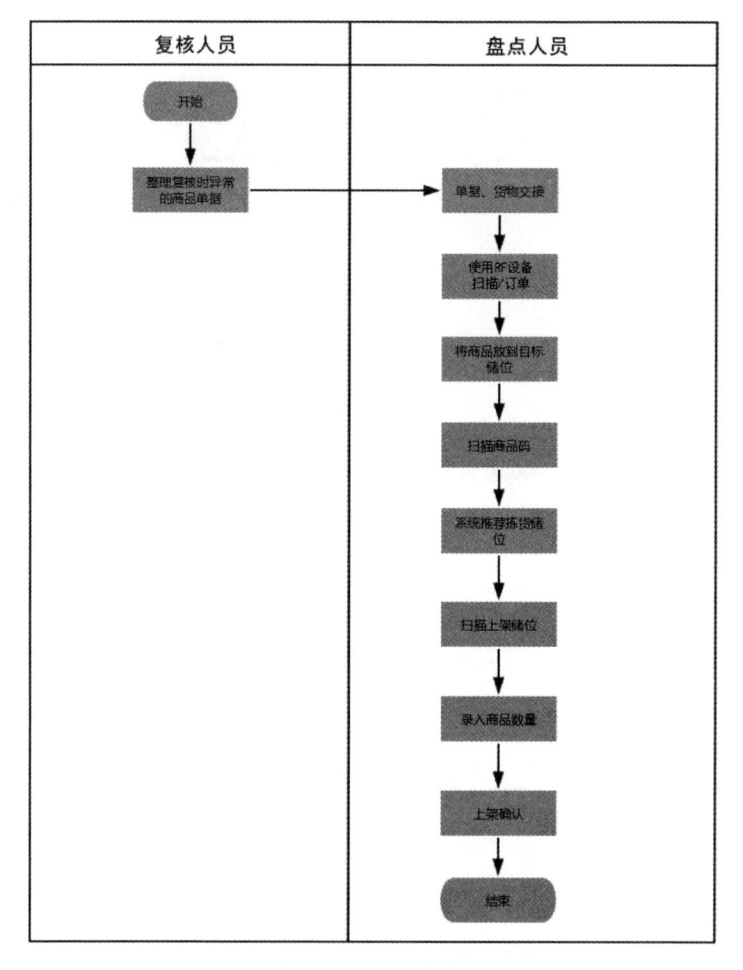

图 4-29 库内返架流程

此外，WMS 还存在内配、补货等策略，在此不一一赘述。另外附上一张 WMS

模块划分图，以供读者了解 WMS，如图 4-30 所示。

图 4-30　WMS 模块划分图

虽然 WMS 非常复杂，但是其复杂度来源于业务领域，因此我们可以利用建模思想将大的产品分解成小的模块，然后根据每个小模块的业务进行领域模型抽象，将业务以计算机语言进行描述，这样才能将复杂的库内流程简化。以入库流程为例，入库工作基本上是围绕着入库单这个业务单元进行的，同时入库单在和容器关联后，会生成上架任务，那么我们可以从入库单入手，推导至容器模块后，再形成上架任务。WMS 数据模型如图 4-31 所示。

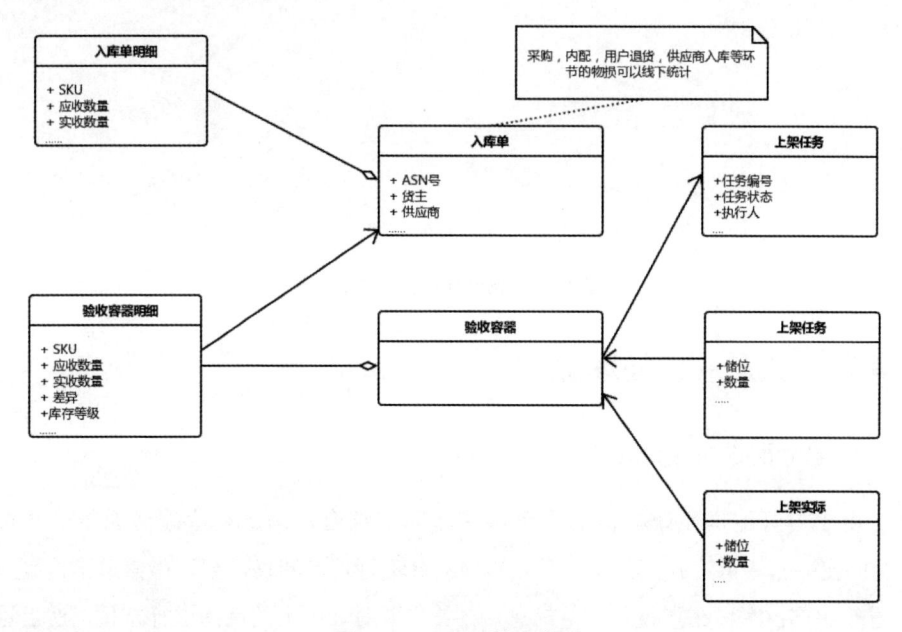

图 4-31　WMS 数据模型

4.4 物流系统

4.4.1 物流系统概述

电商物流是指在仓库与仓库之间利用铁路、公路、航空等交通运输方式进行的长距离、大数量的运输。而物流系统则提供了上述流程所需要的系统化功能，如基础资料维护、运输调拨计划、发运交接管理、收货交接、在途监控、报表数据管理、运费核算等一系列解决方案。按照目前物流承运商的所属主体，可以将物流系统划分为第三方物流系统和自营配送系统，第三方物流系统即社会商业化物流配送公司所提供的物流系统，如顺丰、圆通、中通等；而自营配送系统即电商平台自己的物流系统，如京东物流。物流系统的生态体系如图 4-32 所示。

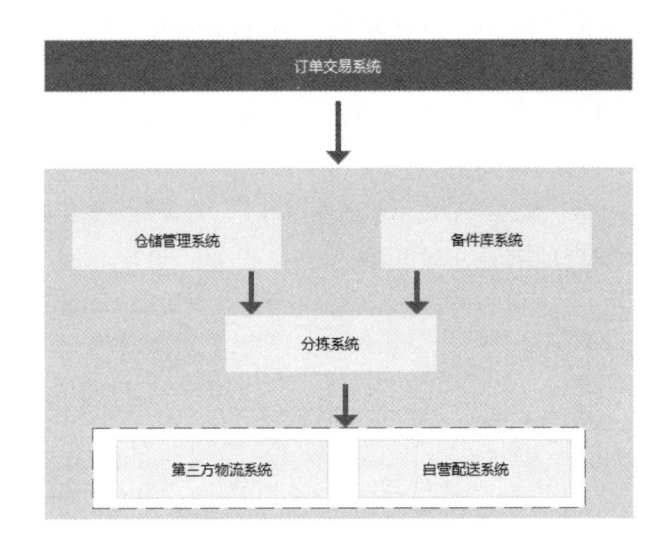

图 4-32 物流系统的生态体系

4.4.2 物流系统处理流程

1. 自营配送系统处理流程

由于自营配送系统与自身平台供应链紧密结合，因此自营配送系统是承接 WMS 出库指令的：在客户下单后，WMS 会进行订单转移，把订单信息下传到库房进行生产；库房在接收到订单信息后，首先要对订单上的商品进行定位，然后进行任务分配,并根据不同的任务打印集合单;拣货人员根据集合单开始拣货,并完成拣货;复核人员进行复核,并在复核无误后根据订单打包商品,至此订单在库房中的生产就完成了。

打包后的订单会被交接到分拣中心,并经过分拣中心分拣,然后被分配到不同的站点。站点在接到货物后要先进行验货,如果订单在库房生产和下发配送中心的过程中没有发生缺失和损坏,则配送中心可以开始配送订单,直到商品被送到客户手中,即可完成配送。自营配送系统上下游流程如图4-33所示。

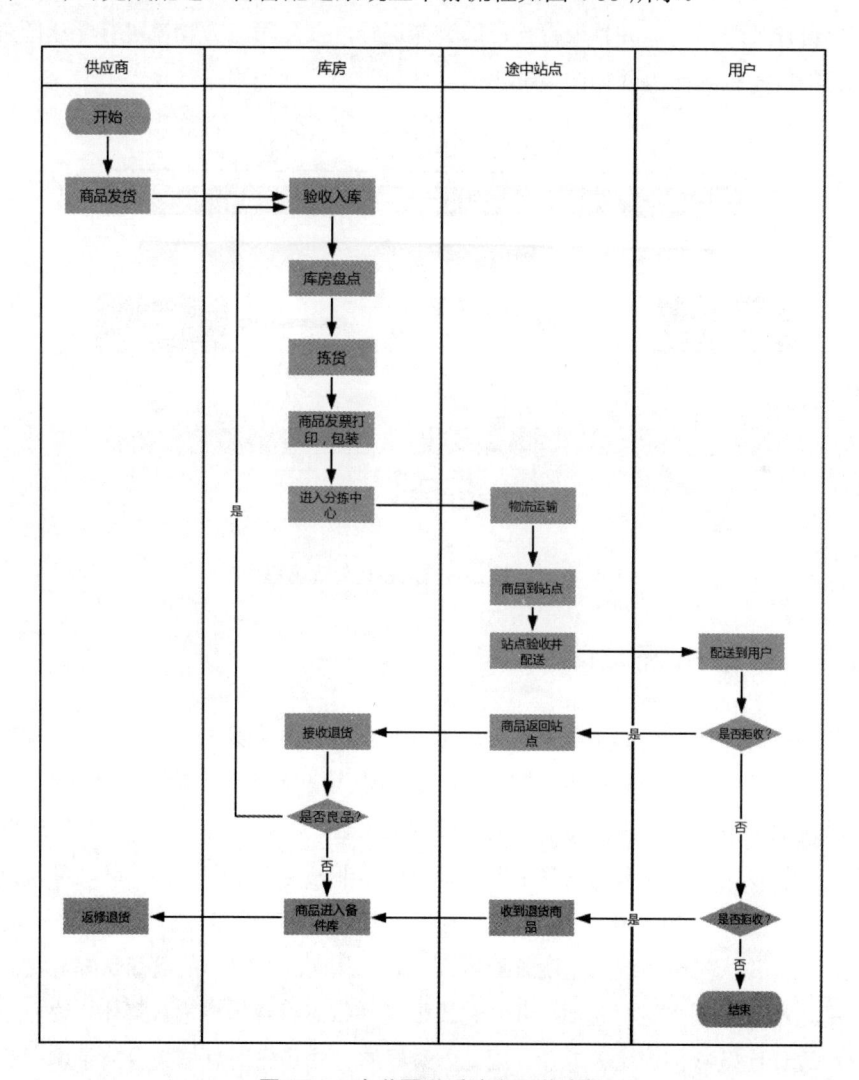

图 4-33 自营配送系统上下游流程

2. 第三方物流系统处理流程

如果平台上的商户类型为第三方商家，也就是说，电商平台仅提供销售服务。在交易环节中，商家直接将商品送到客户手中，并开具商家发票。针对此类订单，一般平台不提供仓储和配送服务，如果客户需要退货或拒收，则应直接联系商家进行操作。比如，京东有很大一部分商品是非自营的。简单来说，就是商家可以在平台上直接进行商品售卖，而京东在这个交易过程中，只提供平台服务，并不参与商品的采购。因此，第三方物流系统的处理流程与自营配送系统相比会更简单。商家只需要自行处理订单，并且根据自己的物流选择，使用第三方物流进行配送即可。第三方物流系统处理流程如图 4-34 所示。

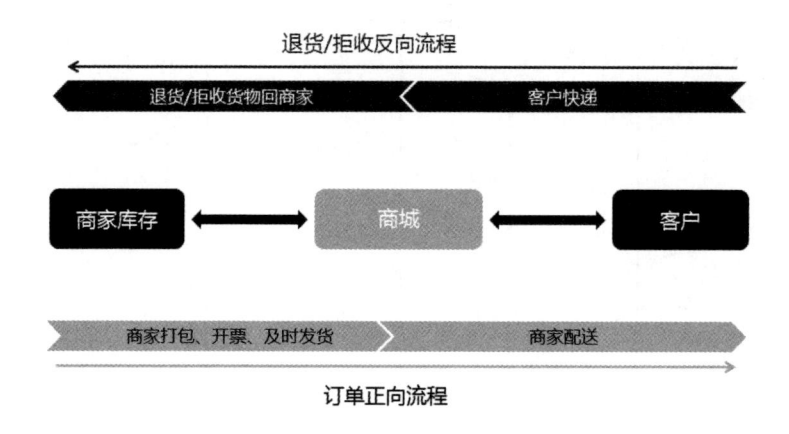

图 4-34 第三方物流系统处理流程

4.4.3 配送系统设计

如果从商品所有权的角度来看，则电商平台可以分为第三方平台和自营平台。而且这两者的物流系统的逻辑不同。如上节所述，第三方平台不提供具体配送站点、配送调度等服务，仅作为物流信息的流转服务平台。因此，第三方平台对配送系统没有深入涉及。而配送系统在整个电商系统中是非常专业且重要的一环，可以说决定了电商交易体验的"最后一公里"。因此，产品经理有必要了解一些基本的配送系统知识，并从配送系统的角度来看电商流程，从而加强自己的电商认知。我们以自营配送系统为例来进行说明，并对物流配送系统进行深入探索。整体来说，配送系统的设计比较冷门、比较专业。因此，最好的方式是先对总框架有所了解，然后各个击破，配送系统的整体结构如图 4-35 所示。

第4章 支撑系统心法

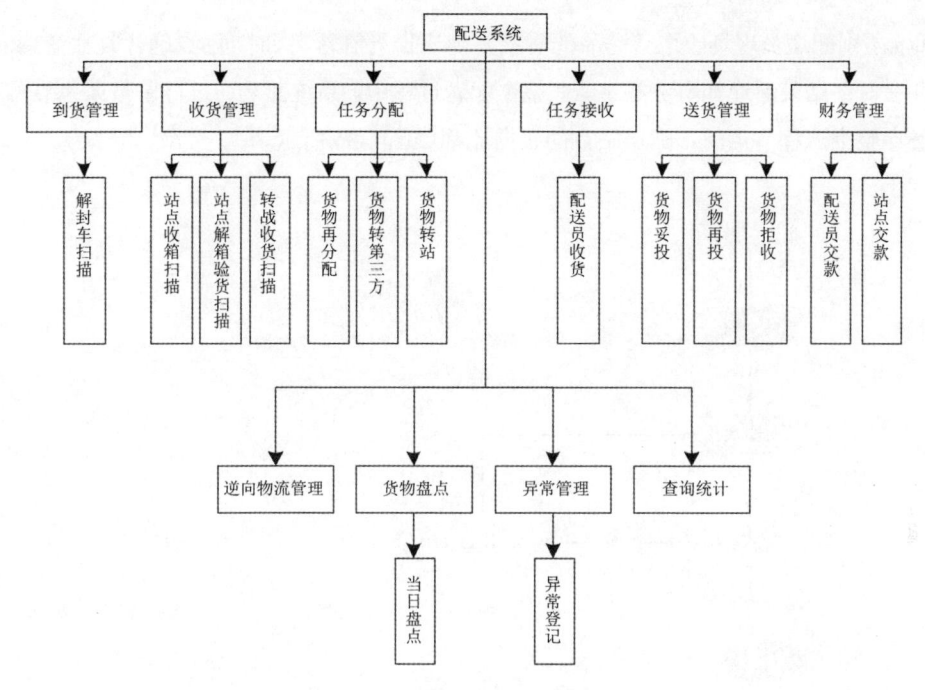

```
                          配送系统
   ┌────────┬────────┬────────┬────────┬────────┬────────┐
  到货管理  收货管理  任务分配  任务接收  送货管理  财务管理
   │        │        │        │        │        │
  解封    站点收   站点解  货物再  货物转  货物转  配送员  货物  货物  货物  配送员  站点
  车扫    箱扫描   箱验货  分配    第三方   站      收货    妥投  再投  拒收  交款    交款
  描               扫描/
                   转战收货
                   扫描
           ┌────────┬────────┬────────┐
       逆向物流管理  货物盘点  异常管理  查询统计
                     │        │
                    当日      异常
                    盘点      登记
```

图 4-35 配送系统的整体结构

　　整个配送系统的核心在于理解配送站点的流程，配送流程是系统逻辑诞生的业务领域。因此，产品经理在设计配送系统时，应先从站点流程入手，然后联想设计系统模块。本节对配送站点的流程进行详细讲解，同时对配送系统的核心产品进行解构。

1. 配送站点正向流程

　　配送站点正向流程主要包括站点按照仓库箱号进行收货、验货，配送人员根据订单号或包裹号将货物送至客户手中，并将货款送到站点，站点再将货款交到银行并通知财务签字等几个环节。其中，"验货"环节又称站点验货，即查看货物是否与箱号中包含的货物存在差异，如果二者之间存在差异，则将其退回并在调整后再次送至站点。如果验货无误，则配送员通过 PDA 手持终端获取任务，并送货至客户手中。如果发生拒收，或由于某种原因没有送到客户手中，则配送员会将货物送回站点，并等待再次投递。而"再次投递"工作存在两种方式，配送员可以选择将货物返回站点或返回库房。

　　如果客户正常收货，则配送人员会将收货信息发送给站点。如果是货到付款的商品，则配送员现场收取该商品的货款并确认收货信息。同时，站点确认收款信息，并在对账结束后通知财务签字。在整个配送过程中，系统都是通过订单号或包裹号贯穿整个流程节点的。配送站点的正向流程如图 4-36 所示。

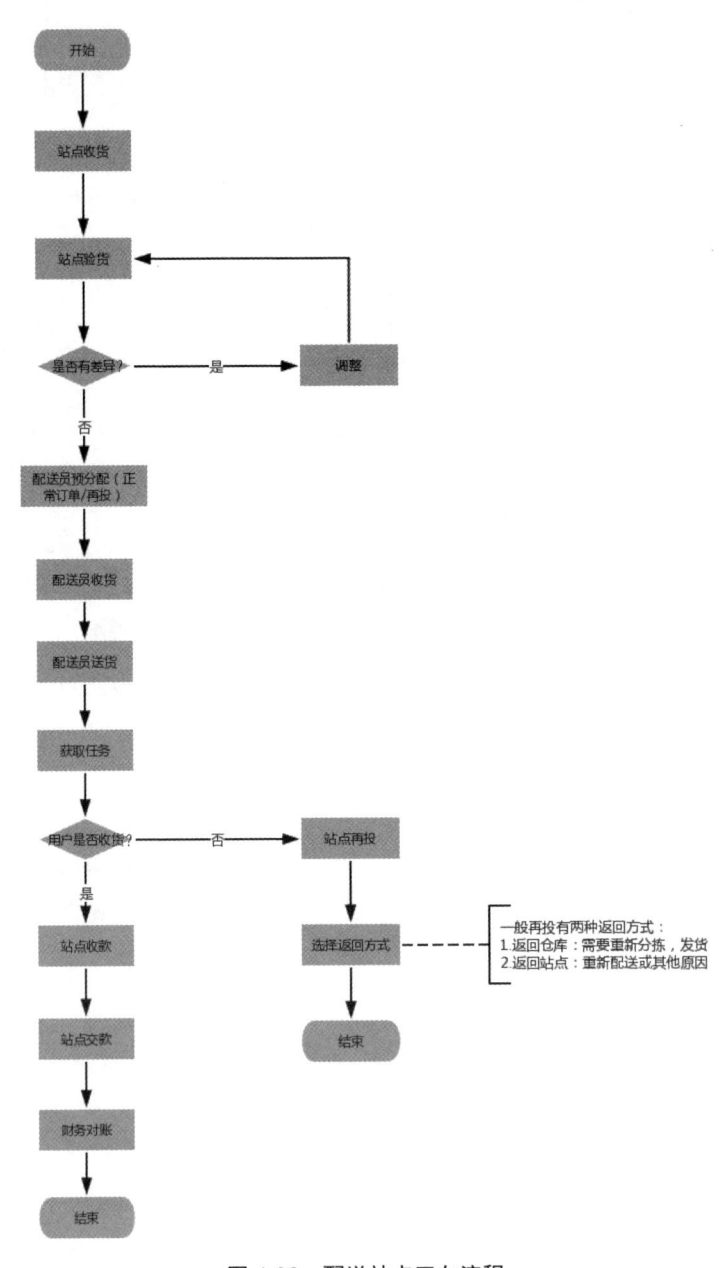

图 4-36　配送站点正向流程

2. 配送站点反向流程

配送站点反向流程主要通过货物箱号贯穿整个流程。在配送站点反向流程中，首先配送员根据物品选择退货方式（半退或全退），然后根据物品选择退货原因（客户原因、商品破损、取消订单等），并将退货物品装箱，记录箱号，最后根据箱号、订单号或包裹号贯穿整个配送站点反向流程，直到站点发货成功。

3. 配送系统解构

商品从货物分拣中心发出后，会经过运输环节，进入物流的末端配送站。在业务范畴内，需要满足所有配送站点对于物流信息系统处理的需求。因此，物流配送系统通常需要满足解封车扫描、解封车异常收货、验货扫描、验货异常、返调度入站、再投入站、拒收入站、货物出站、货物妥投、货物退货、货物拒收、逆向装箱、站点交接、第三方交接、返调度交接、站点封车、封车标签打印、配送员交款、站点交款等功能，可以说，配送系统需要涵盖站点配送业务的大部分场景。具体逻辑如下所述。

1）解封车操作

在物流行业中，车辆从分拣中心满载商品并准备进行配送时，都会进行封车操作。所谓"封车"，即在物流运输前交接完毕并确认可以运输的环节。而与"封车"对应的场景是"解封车"。

在封车时，首先，工作人员在 PDA 手持终端上创建封车任务，然后把商品搬运到车辆上。其次，工作人员在配送系统中确认输入封车号码并完成封车任务，此时整车的封车信息就可以作为之后配送站点验收的初始信息。最后，工作人员根据商品交接单核对系统封车号码，确认无误后，进行发车。

当商品从分拣中心运输到配送站时，就可以进行解封车操作了。在配送系统中，需要解封的车辆可以由工作人员扫描封车标签，并由配送系统自动记录解封车扫描时间，根据此时间可以确定货物到站点的时间。一般在配送系统中，"解封车扫描"操作只有站长或站长助理有权进行，操作界面如图 4-37 所示。

图 4-37 "解封车扫描"操作界面

在解封车操作中，工作人员在进行解封车扫描后，都会检查货物的详细情况，如图 4-38 所示。配送系统在明示"解封车货物详细"时，需要列出该封车标签所关联的所有箱号与包裹号，用于站点工作人员打印清单并进行核查。

图 4-38 "解封车货物明细"界面

2）站点收箱扫描

当完成解封车操作后，工作人员会将货物从车厢中卸载，此时即可进行收箱扫描操作，主要是为了确保预收货物与实收货物一致。在收箱扫描环节，配送系统可以根据批次号或封车号进行差异对比，以确保本次收货是针对当前批次进行的。工作人员每扫描完一个箱号或包裹号，配送系统就会生成一条扫描记录。当该批次（该车）货物全部扫描完成后，工作人员可以在配送系统上确认本批次货物收货完成，配送系统可以根据本批次收货记录与系统中的批次货物进行比对，并列出差异报表。"站点收箱扫描"界面如图 4-39 所示。

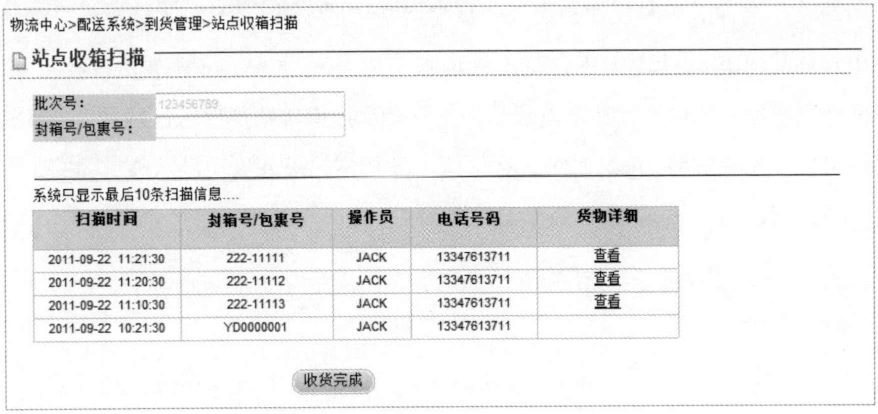

```
物流中心>配送系统>到货管理>站点收箱扫描
站点收箱扫描
批次号：        123456789
封箱号/包裹号：

系统只显示最后10条扫描信息...
扫描时间              封箱号/包裹号   操作员   电话号码       货物详细
2011-09-22 11:21:30   222-11111      JACK    13347613711    查看
2011-09-22 11:20:30   222-11112      JACK    13347613711    查看
2011-09-22 11:10:30   222-11113      JACK    13347613711    查看
2011-09-22 10:21:30   YD0000001      JACK    13347613711
                         收货完成
```

图 4-39 "站点收箱扫描"界面

3) 站点解箱验货扫描

当完成收箱扫描操作后，工作人员需要对装箱的货物进行拆箱并逐件扫描验货，以确保箱内货物与系统记录保持一致。在配送系统操作上，工作人员需要扫描箱号，以确保本次解箱验货是针对此箱内货物进行的，配送系统可以根据箱号进行货物查询并与实物扫描结果进行差异对比。在扫描完"箱号"后，配送系统会自动对应"包裹号"，并提示工作人员扫描对应包裹号。工作人员每扫描完一个包裹号，配送系统就会生成一条扫描记录。在全部解箱完成后，配送系统可根据解箱记录与配送系统中的该批次货物进行比对，并列出差异报表。站点解箱验货扫描记录表如图 4-40 所示。

字段项	说明
扫描时间	扫描包裹的时间
箱号	解箱验货的具体箱号
包裹号	箱内单件包裹的包裹号
操作员	进行验货扫描时的操作员
电话号码	进行验货扫描时的操作员的联系电话
包裹状态	包裹扫描时，确定的状态：正常或异常
异常原因	包裹扫描时，如果是异常情况，显示异常原因

图 4-40 站点解箱验货扫描记录表

4）转站收货扫描

商品在进行配送时往往会通过各级配送站层层下发，所以"转站"是配送业务中常见的环节。当货物从某配送站转送到某站点时，该站点就需要进行收箱操作。在配送系统中，可以进行转站收货扫描，并提示扫描转站货物的包裹号。工作人员每扫描完一个包裹号，配送系统就会生成一条扫描记录并自动显示该货物的始发站点。"转站收货扫描"界面如图 4-41 所示。

图 4-41 "转站收货扫描"界面

5）配送员预分配

当货物到达目标站点后，就需要分配配送员了。在配送系统中，配送员是如何被选中的呢？首先，在配送系统中，订单类型分为正常订单、取件单、再投订单。根据前文所述场景，配送系统除了支持普通订单的预分配功能，还支持取件单和再投订单的"配送员预分配"功能，界面如图 4-42 所示。其次，对于配送员来说，配送系统可以进行编号扫描和录入分配。最后，配送系统汇总显示每个配送员的"货物总数"，并分类型显示每种订单类型的总数，通过单击相应的数字可以查看详细货物清单，如图 4-43 所示。

6）配送员收货

我们在日常生活中经常使用配送公司进行快递收发，但是，在配送员上门收货时，配送系统中发生了什么事情呢？当配送员收货时，会通过 PDA 手持终端通知配送系统，配送系统在收到配送员已收货的消息后，会进行收货操作。配送员可以对包裹进行逐件扫描，每扫描一件货物，配送系统就会生成一条收货扫描记录。由于配送系统已对货物进行了配送员预分配,因此配送系统能够计算出该配送员应收货物的总件数,并在扫描时展现已扫描件数以供后续核对,"配送员收货"界面如图 4-44 所示。当收货完成后,配送系统就可以将本次收货数据和预分配结果进行比对,产生收货差异清单,界面如图 4-45 所示。

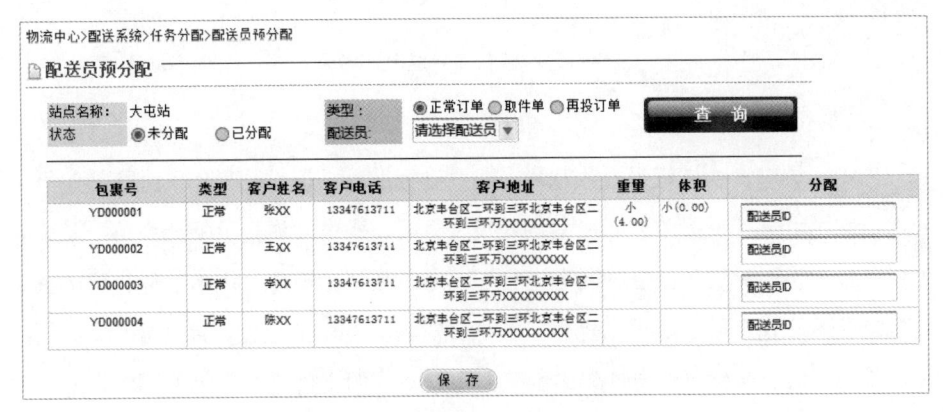

图 4-42 "配送员预分配"界面

配送员编号	配送员姓名	货物总数	正常订单	取件单	再投订单
000001	张XX	12	8	2	2
000002	王XX	16	15	1	0
000003	李XX	11	9	0	2
000004	陈XX	10	10	0	0

图 4-43 详细货物清单

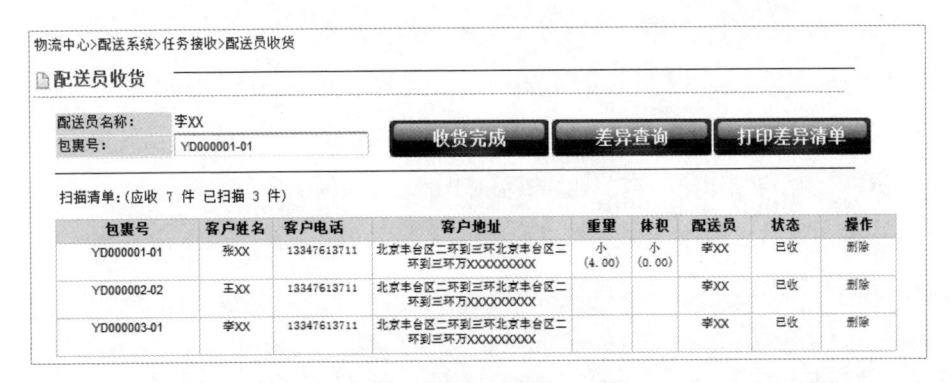

图 4-44 "配送员收货"界面

收货差异清单:(应收 7 件 已扫描 3 件 还剩余 4 件)							
包裹号	客户姓名	客户电话	客户地址	重量	体积	配送员	状态
YD000004-01	张XX	13347613711	北京丰台区二环到三环北京丰台区二环到三环万XXXXXXXXX	小(4.00)	小(0.00)	辛XX	未收
YD000005-01	王XX	13347613711	北京丰台区二环到三环北京丰台区二环到三环万XXXXXXXXX			辛XX	未收
YD000006-01	李XX	13347613711	北京丰台区二环到三环北京丰台区二环到三环万XXXXXXXXX			辛XX	未收
YD000006-02	李XX	13347613711	北京丰台区二环到三环北京丰台区二环到三环万XXXXXXXXX			辛XX	未收

图 4-45 "收货差异清单"界面

7）站点妥投收款

当配送员对货物进行妥投收款后，即可进行站点妥投收款操作，而且需要每个配送员回站点进行妥投收款。在站点妥投收款时，操作人员登录配送系统，系统即可自动显示当前配送员姓名，同时进行运单号扫描。在扫描完运单号后，配送系统会自动显示应收金额，然后由操作人员选择支付方式，如现金、POS 刷卡、支票、在线支付、混合支付等。同时配送系统会根据不同的支付方式显示不同的内容。比如，如果用户选择的支付方式为现金或 POS 机刷卡，则可以输入实收金额与备注；如果用户选择的支付方式为混合支付方式，则可以针对现金、POS 机刷卡、支票 3 种方式进行混合支付，其中支票方式需要输入开票日期、支票抬头、支票号等。在确认收款完成后，配送系统会呈现支付清单，由操作人员进行再次确认。当操作人员确认收款无误，即可提交本次收款操作，执行收款完结操作。"站点妥投收款"界面如图 4-46 所示。

8）货物再投

如果配送员将货物送到客户处，但是客户不在，或者客户要求改天配送，则需要配送员将货物返回站点并等待货物再投。在配送系统中，货物再投是指可进行站点货物再次投递的操作。首先，操作人员需要扫描运单号，系统会自动显示客户姓名、货物金额、客户电话、客户地址等信息。配送系统提供了两种再投类型，即"返调度"与"返站点"。操作人员可以选择再投原因，输入备注信息，并在确认后完成"货物再投"操作。"货物再投"界面如图 4-47 所示。

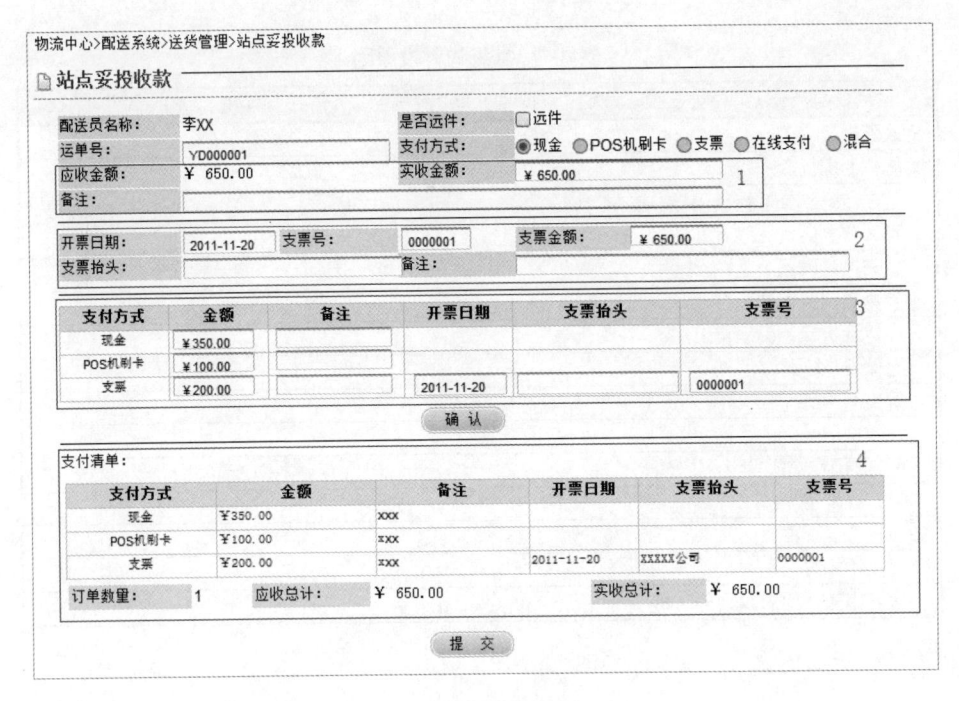

图 4-46 "站点妥投收款"界面

图 4-47 "货物再投"界面

常见的再投原因与大部分常见场景息息相关,如表 4-1 所示。

表 4-1　常见的再投原因

再 投 原 因
改配送员
客户要求周六送货
客户自己到分站提货
等客户电话，另约时间送货
客户电话联系不上
货物送到，客户不在
司机到货晚，远程货无法送
仓储发货延时
等支票入账
超本站配送范围
配送原因
客户改地址
少发票、附件
货物不相符
客户出差，要求改天再送货

9）货物拒收

当配送员将货物送到客户处并发生拒收时，需要进行货物拒收操作。在配送系统中，配送员需要在扫描完物流单号后，根据系统显示的客户姓名、货物金额、客户电话、客户地址等信息输入或选择退货信息，并关联退货原因，从而完成货物拒收操作，"货物拒收"界面如图 4-48 所示。

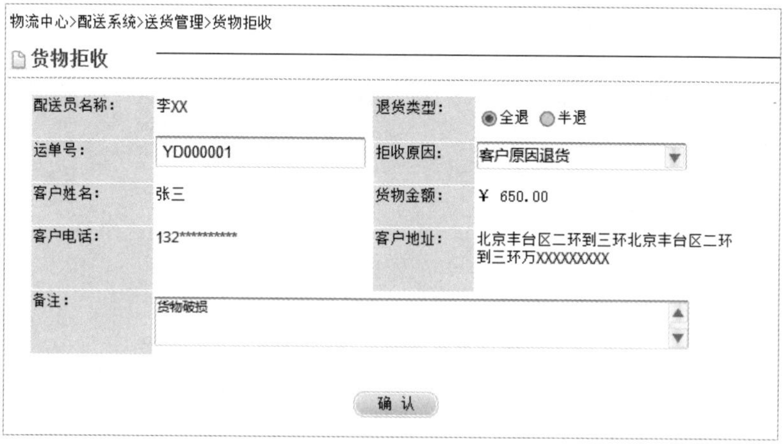

图 4-48　"货物拒收"界面

4.5 支付清结算系统

4.5.1 概述

根据前文所述,电商无非是通过信息流、物流、资金流来体现商品的交易。如果说商品、订单、促销等都是从信息流的角度来阐述电商,而供应链是从物流的角度来阐述电商,那么支付系统就是从资金流的角度来阐述电商的业务。可以说,任何电商的本质都是经营活动,而经营活动离不开支付、结算等经济行为。换句话说,无论电商平台做什么或者怎么做,其本质都是在做交易,就会包含支付、结算等交易活动。流畅的支付清结算系统能够保证电商平台和商家双方资金流通的效率,具有至关重要的作用,那么,本节就从支付清结算系统这个独特的角度来阐述电商的业务。

支付清结算涉及3个概念,即支付、清分、结算。这3个概念是整个支付清结算系统的3个大的模块,各自承担着不同的功能。在了解支付结清算系统之前,我们还需要对业务进行全面了解才能更好地掌握系统设计。电商行业的支付经历了从线下汇款发展到银行卡支付,再到如今的支付宝、微信,甚至各种金融衍生产品的时代,可谓非常丰富。然而,这些各种各样的支付方式其实都是建立在整个银行金融体系之上的。所以,在进行支付清结算系统设计之前,产品经理有必要了解一下业务的基本概念和行业发展。

4.5.2 交易的历史

1. "交易"的由来

我们经常在电商平台购物,可能会非常清楚购买商品的每一个环节,但是对于交易和支付的相关概念却不一定能够解释清楚,这是因为这些概念是支撑交易的基本经济行为,很多核心知识属于经济学和金融学的业务范畴。在此仅做简单背景知识介绍:所谓"经济",就是人们使有限的资源发挥最大的效益,以满足人们的需求。在现实生活中,资源稀缺往往是常态,人们的需求经常得不到满足。因此,人们通过收集资源、生产商品,并且采用交换的方式来满足自己的各种需求。在这个交换的过程中,物权在人与人之间发生了转移,从而产生了交易。比如,在原始社会阶段，人们的生产工具比较落后且单一，往往通过以物易物的方式进行"交易"。随着货币的出现，人们开始使用货币来代替物品进行交易，而货币在这时就充当了一般等价物，承载了商品交换的价值。后来，货币发展为以金、银、铜、铁等稀有金属为代表，并继续发展为现代社会的信用货币。在原始的交易场景中，交易双方采取"一手交钱一手交货"的交易方式。在这个交易的过程中，双方采用物物交换或现金等价物交换来完成物权的转移，而这对于交易双方来说，也就是债权和债务关系的清偿，即产生了"支付"。也就是说，"支付"的目的是让交易双方的物权发生转移，同时清偿双方的债权和债务关系。而"支付"的工具就是我们所说的货币。

随着社会和科技的进步，生产力获得了大幅提升，人们有了大量的剩余产品，这时就出现了储蓄的有关概念。在经济学的相关书籍里，关于储蓄和银行的关系是这样描述的：当产生剩余产品后，银行随之诞生，人们把剩余产品存进银行，就形成了储蓄。银行可以通过吸收储蓄和放贷的方式进行盈利，它的产生对原始的交易过程产生了重要影响：交易双方不需要面对面就可以进行实时交易了。交易双方可以通过银行的中介作用，建立一种"信用"关系。这种信用交易促使人们的交易场景进入了一个金融时代。在"信用"这个大背景下，交易双方可以通过银行来清偿债权和债务关系。银行可以帮助交易双方建立各自的账户，通过对资金的吸收和转移功能，对交易双方的债权和债务行为进行记录并计算出交易各方所属的资金账目。这里，银行就是交易支付的执行机构的典型代表，支付机构在交易过程中起到了至关重要的作用。下面我们来了解一下支付机构的发展对支付行为所带来的影响。

2. 支付机构的发展

彻底了解一个事情的最好办法就是了解它的历史演进过程。前文描述了支付机构产生的背景，然而从历史的角度来看，支付机构并没有前文描述的这么简单。我们通过支付机构的发展历程来看支付体系：人类的经济交易行为发展到一定阶段，就会带来商品和资金的流动需求。在货币还是"金本位"或"银本位"时，一个人携带大量金银会很不方便。因此，就出现了专门提供资金流动服务的机构，比如，我国历史上出现的"票号"，就是比较原始的支付机构。简单来说，票号所支持的业务就是异地汇款：商人们可以将银子存进票号，然后凭借票号所出具的汇票在其他地方的分号兑换同等数额的银子，同时，票号内部会进行账务记录，即"记账"，并且在某个时间点，票号内部总号和分号之间会进行账户结算。在账户结算后，就会造成实际银子的重新分配，在途的银子会通过镖局进行押运。

随着银行的诞生，票号的异地汇款业务逐渐被银行取代。同时，在不同银行之间进行资金流动的壁垒逐渐被打通，比如，用户可以凭借 A 银行的票据在 B 银行提取资金，同样，用户也可以凭借 B 银行的票据在 A 银行提取资金。在用户每次提取资金时，各个银行都会记账，最终在某个时间点，各个银行会进行清算。这个过程用专业的话来说就是银行之间的"同业头寸"清算业务。为了能让"同业头寸"清算在各个银行之间有保障，逐渐产生了保证金制度，简单来说，就是银行之间互相开通账户，并且在账户内互相存储一部分保证金，这就是我们常听到的"备付金制度"。至此，银行之间的清算关系就形成了，如图 4-49 所示。

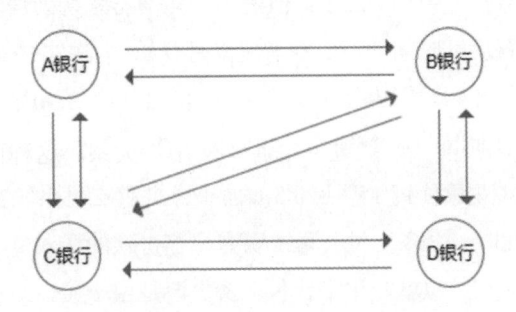

图 4-49　银行之间的清算关系

当中央银行（简称"央行"）出现后，形成了以央行为中心的中央银行职能体系，由央行为商业银行进行统一清算。为了保障跨行结算的顺利进行，央行要求所有商业银行"自成联行系统，跨行直接通汇，相互发报移卡，及时清算资金"。于是，各个商业银行的总部和分行在自己的联行系统内部自行解决清算业务，而跨行清算业务则交由央行来进行。这一时期就是 20 世纪 90 年代初期，各个银行之间的票据往来都是依托邮电局进行传递的，这个时期也被称为"手工联行时期"。

随着央行的职能不断提升，央行逐渐成为全国商业银行的清算中心。为了减小各个银行之间债权债务关系的复杂度，我国于 20 世纪 90 年代成立了中国人民银行清算中心，包括国家金融清算总中心（NPC）和城市处理中心（CCPC）。在这个阶段，各个商业银行通过直接连接到各个城市的中国人民银行清算中心，也就是

CCPC，再由 CCPC 连接到总行，也就是 NPC。这样一来，也就标志着跨行汇款电子化时代的开始。

随后，由于信息技术的高速发展，商业银行和总行内部系统逐渐成熟，资金流动电子化效率也得到了全面提升，于是，央行诞生了现代化支付体系，即大小额实时支付系统，包括大额实时支付系统（HVPS）和小额批量支付系统（BEPS）。大额实时支付系统一般用于处理同城和异地的商业银行跨行之间，以及行内一定金额以上的大额贷记业务；而小额批量支付系统用来处理同城和异地纸凭证截留的借记支付业务，以及每笔金额在 5 万元以下的小额贷记支付业务。举个例子：某用户在中国工商银行（简称"工行"）开户，然后通过工行付款，这时如果要进行收款的账户也是工行的，则可以直接使用银行的本行直联系统进行内部转账；如果涉及跨行转账业务，则工行会通过大小额实时支付系统进行付款转账。我们注意到，大额实时支付系统，虽然有"实时"二字，但是到账时间与系统处理能力有关，并且大额实时支付系统是有运行时间的。从 2018 年 1 月开始，大额实时支付系统实行 5×21 小时运行模式，业务开始时间由每个法定工作日（T 日）8:30 调整为前一日（T-1 日）23:30，业务截止时间（清算窗口开启时间）由每个法定工作日 17:00 调整为 17:15，清算窗口时间调整为 17:15 至 20:30。而小额批量支付系统实行 7×24 小时"全时"运行模式。而此时，很多支付公司发现客户有付款的场景需求，于是支付公司就通过银行获得了接口，也就产生了代付业务。但是由于接口对接的效率太低，代付业务受到了一定程度的阻碍。

随着互联网在中国的高速发展，央行推出了第二代支付系统，即超级网银。至此，银行的跨行资金流动业务就可以满足不同时间、不同客户的各种需求。同时，超级网银可以帮助支付公司以低成本接入各家银行系统，所以在这个业务架构基础上，支付公司的代付业务理论上可以做到全国性商业银行实时到账且无退票了。从此，第三方支付公司得到迅速发展，就出现了我们常见到的手机网银、POS 机等支付工具。2002 年，中国银联成立，然后随着网上购物行为的日益频繁，央行又牵头成立了网联，并根据监管要求，将所有第三方支付统一接入网联，而银联则是国内唯一的银行卡清算机构。直到今天，支付领域仍然在不断发生变化，比如，目前流行的"断直连"，是指第三方支付公司可以切断之前直连银行的模式，接入银联或网联。总之，我国支付业务的发展对在线支付有着深远的影响，比如，在监管之前，在线支付机构无须牌照即可进行在线支付，但是发展到如今，只有持有支付金融牌照的公司才可以进行在线支付，否则就是"二清"的违法行为。因此，从电商的角度来看，我们所谈的支付业务大多属于基于金融牌照的第三方支付行为，是一种担保交易。

4.5.3 支付清结算系统设计

前文介绍了交易的历史，从中可以看出，在互联网没有出现时，如果我们需要支付一笔钱给其他人，则只能通过面对面的方式进行支付。随着银行的发展，在交易过程中出现了汇票、支票等业务。当发展到互联网时代时，电子支付随之产生，于是就有了支付清结算系统。我们日常接触到的支付清结算系统有很多业务，比如，担保交易、即时到账交易、充值等。而在电商业务中，最重要的就是担保交易。

支付清结算系统往往是平台的核心系统，与资金高度相关，往往其安全性、逻辑性会很高，而且对外保密性也很高。因此，在外界看来，支付清结算系统往往蒙着一层神秘的面纱，那么这层神秘面纱下的支付清结算系统是怎样的呢？我们抛开个性因素，单独拆分整个支付清结算系统来看，其分层如图 4-50 所示。从资金流转的角度来看，应用层是围绕交易系统组成的交易核心，主要面向商家进行支付交易流程的管理。在应用层进行交易后，即可进入服务层，服务层包含了支付清结算系统的众多核心业务，如支付服务、清算对账、账户体系、会计核算等。

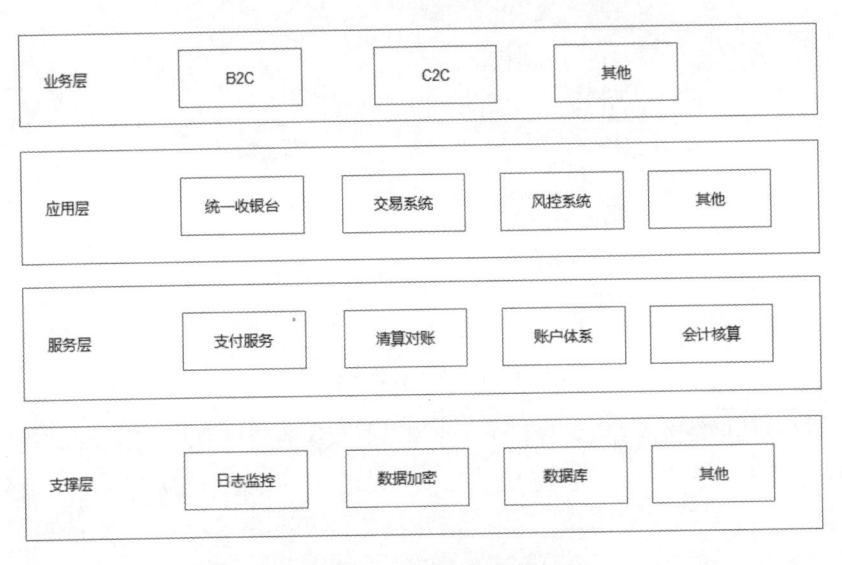

业务层	B2C	C2C	其他	
应用层	统一收银台	交易系统	风控系统	其他
服务层	支付服务	清算对账	账户体系	会计核算
支撑层	日志监控	数据加密	数据库	其他

图 4-50 支付清结算系统分层

1. 收银台

现在支付宝、微信等支付方式的发展越来越快,成为主流的支付方式,同时,电商也因在线支付的交易便利性而快速发展。所以,现在的电商平台基本都将支付宝、微信等支付方式集中在收银台,我们常常称之为"统一收银台"。与我们在线下逛超市类似,在最后结账时,我们会在收银员处统一支付,收银台就是用户进行资金交易的场所。从产品设计的角度来说,因为不同业务对支付方式的需求不同,而支付平台作为业务中台,不可能耦合太多业务,所以要抽象出统一的收银台。收银台其实相当于一个对外的界面,会将复杂的支付流程隐藏在页面之下。比如,收银台与后台交互,或者收银台与支付核心系统交互,其实用户都是看不到的,用户所能看到的仅仅是选择可用支付方式而已。京东收银台如图 4-51 所示。

图 4-51 京东收银台图例

在神秘的面纱之下,收银台这个支付清结算系统的门户都做了哪些工作呢?从宏观角度来看,当用户进行在线支付时,从发起支付请求到收银成功的基本流程如下所述。

第 4 章　支撑系统心法

（1）商家系统生成订单，通过调取支付接口生成支付单号并发送支付请求到支付交易网关。

（2）支付清结算系统做鉴权、交易有效性检查，并在风控后返回支付单号。

（3）系统根据用户业务场景展示收银台。

（4）用户在收银台选择支付方式。

（5）用户确认支付。

（6）支付成功，返回异步消息。

如果仅仅需要了解业务的概况，则上述流程基本完整，但是如果需要设计支付清结算系统，则最好进行更为详细的了解，这就需要涉及第 2 章所讲述的时序图，通过时序图了解系统层面的逻辑是设计支付清结算系统的最佳途径。收银台相当于一个电商平台支付的第一站，类似于"门户"。门户的后端是复杂的底层逻辑交互，前端是展示给用户的简单界面，我们通过支付清结算系统的时序图来看整个系统的交互逻辑，如图 4-52 所示。

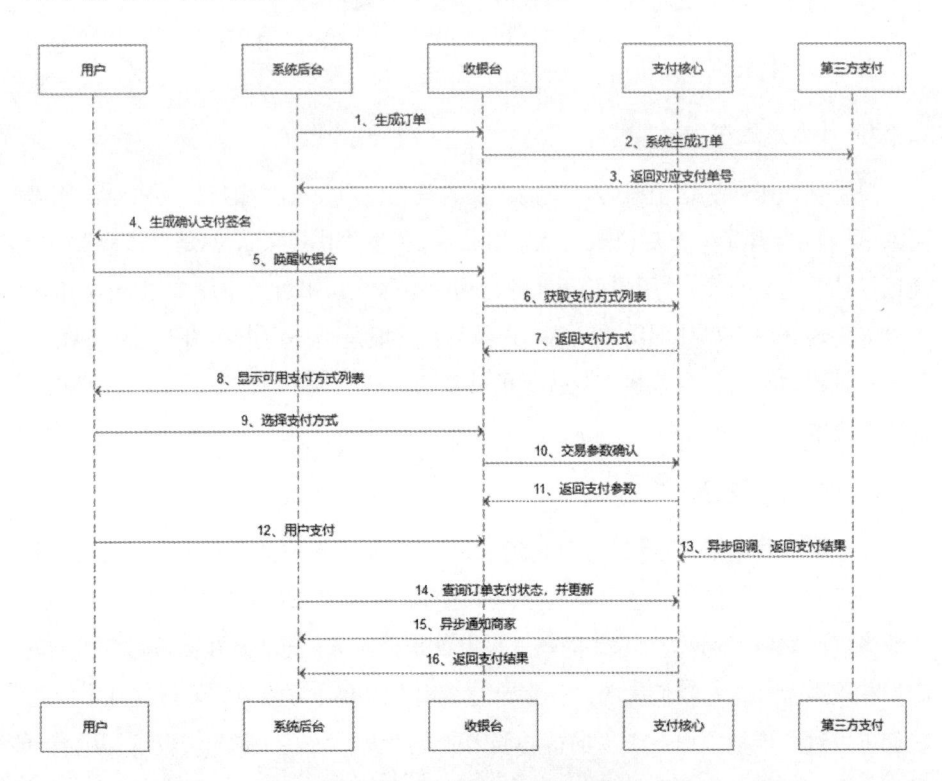

图 4-52　支付清结算系统时序图

一般来说，收银台的产品经理在评估收银台产品的核心指标时会用"单次支付成功率"来体现，即单次支付成功率 = 支付成功的支付单数 / 发起支付的支付单数。例如，用户 A 在某网站下订单购买商品 B，运费为 x 元，订单总额为 y 元，订单号为 O1234。在进行在线支付时，用户 A 先选择使用微信支付，发现余额不足，然后在取消支付后，使用支付宝付款成功。则产品数据为：单次支付成功率 = 1 / 2 = 50%；整体支付成功率 = 1 / 1 = 100%。而决定支付成功率的因素包括用户的购买意愿、通道的服务质量、支付的流程设计等。因此，收银台虽然有很多逻辑和系统后台相关，但是前端产品经理也往往会在分析流量漏斗时，对收银台进行分析。具体来说，一个电商平台的收银台往往会对不同业务场景的样式进行处理，以提高用户的体验和购买意愿；还会对某个支付渠道采取禁用/屏蔽/展示的策略，比如，京东、淘宝等平台常常会在收银台推荐自己的金融支付产品，这就是一种支付路由策略。此外，还有对新旧版本、不同的操作系统的兼容；对风控黑名单（设备/人/IP 等）的处理；对新用户或优质客户等进行身份处理；对连续支付失败的召回处理等都是收银台为了提升支付成功率所采取的手段，在此不再赘述。

2. 账户体系

1）什么是账户

要了解"账户"这个概念，我们需要清楚"用户"与"账户"的关系。比如，商家 A 在工行开了一个对公账户 X，那么 A 就是"用户"，X 就是"账户"。我们通过标准的定义来看："用户"即业务行为的主体，从平台的角度来划分，"用户"可以分为内部用户和外部用户两种，内部用户一般是指公司内部的不同业务线，外部客户是指与平台发生直接交易关系的外部公司或个人；"账户"即资金或资金信息流存放的载体。

2）账户体系模型

在业务的发展中，业务模式总是越来越丰富，从而造成业务复杂度呈直线上升，随着业务的增加，我们的客户类型会越来越多，资金收入也会越来越复杂，但是无论业务层面如何变化，从"钱"的角度来审视平台业务，无非是在回答这几个问题：我们在跟谁做生意？我们卖的是什么？怎么卖？怎么计算收益？通过这几个问题，我们可以进一步抽象出：交易的核心要素就是"人""钱""货"。那么，从会计的思维来看，无非就是交易方、资金方、资产方。简单来说，就是"交易双方通过资金交易了资产,导致双方资金和资产账户产生了变动"。由此就产生了账户体系,即客户、用户、账户组成的"三户模型"。"三户模型"是目前比较广泛地表达"客户"和"账户"之间关系的领域模型,其公开的参考资料较多,在此不再赘述,读者只需要了解以下核心要义即可。

(1)客户是指一个自然人或一个公司机构等社会实体。而用户是指开通了某个服务或签署了某个协议的"客户",比如,一个商家自身就是一个"客户",当他入驻京东或天猫后,会签署入驻协议并开通相关服务,他就成了平台的一个"用户"。

(2)用户与账户是一对多的关系;但是一个账户只能属于一个用户。

(3)一个客户可以开通多个服务,也就是一个客户对应多个用户,但是一个用户只能属于一个客户。

(4)用户可以是企业,也可以是个人。当客户开通业务,成为平台用户后,即可开通账户。

总的来说,账户体系是底层系统的核心之一,如果没有统一的账户体系,则当业务变得多样时,就可能会出现由于每个业务拥有一套账号,各自为政,不能实现互通,导致账目混乱的情况。举个简单的例子,假设在某电商平台,商家开通账号入驻,同时使用担保交易方式进行交易,平台会抽取相应佣金。那么,该电商平台的外部用户就是商家,商家进行入驻即开通一个外部账户——商家结算账户。而电商平台内部根据业务将账户抽象划分为"平台收入账户""担保账户""优惠券成本账户"等,其划分原则就是收支分离,业务穷举,没有交集。账户体系模型如图4-53所示。

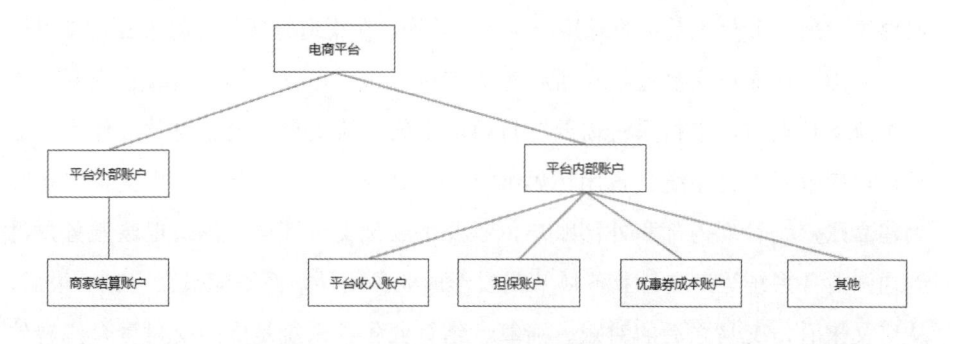

图 4-53 账户体系模型

其中，账户体系中的客户和用户之间的类图模型如图4-54所示。

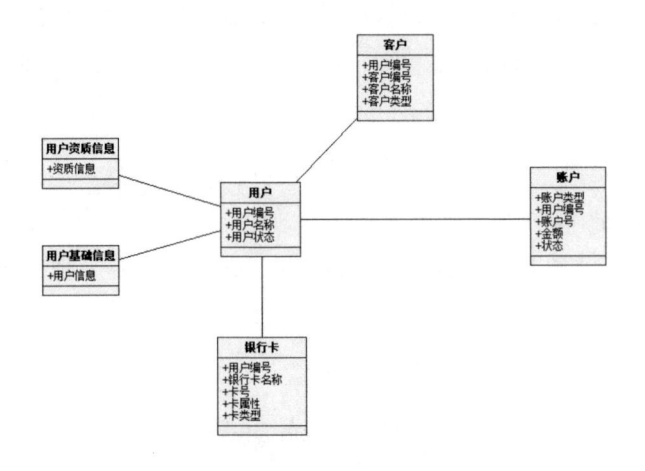

图4-54 类图模型

3. 支付系统

一直以来，无论电商还是社交，都绕不开支付系统的话题。每个业务所需要的支付系统都不一样，这是因为业务专业度有深有浅。从产品边界来看，一个狭义的支付系统应提供支付渠道管理、支付网关、基本支付/退款/转账能力、支付记录/明细及其相关的监控运维功能。而所谓的账务清算、对账、账户体系、风控体系、现金流量管理等功能，可以纳入业务领域的清结算系统中，也就是我们所说的广义"支付系统"。一个支付系统在设计层面需要具备如下所述的核心能力。首先，支付系统应该具备良好的可拓展性，支付系统作为底层的支撑系统，面对的是业务体系，核心目标是支撑业务。因此，在设计支付系统时需要考量如何提供未来多个业务系统的对接和支持。其次，在渠道方面，目前第三方支付已经成为用户在支付交易过程中所熟悉的支付渠道，还有银行、网联、银联等均为主流支付渠道，支付系统需要支持市面上的主流支付渠道。另外，作为产品经理，应该对支付系统具备闭环思维，也就是说，从商户开户、提交资料备案到建立账户、管理内部和外部账户，以及生成预支付订单、提供退款服务，再到通知业务系统等，支付业务环节需要形成业务闭环，而不能孤立存在。最后，从广义来看，交易之后的对账、清算、结算业务子系统是保障支付资金流转的核心模块。

第 4 章 支撑系统心法

通常在设计支付系统时，产品经理需要从支付系统本身的产品边界和系统架构入手去思考。首先，我们要清楚支付系统的产品边界是什么。支付系统主要是将支付核心系统与更底层的清分、结算、会计等系统协同一致，让支付与清分、结算等业务解耦，从而减少各自系统的复杂度。其次，支付系统需要稳定，其定位是为各类业务提供基础的支付和清分、结算系列产品。最后，在实际场景中，从通用性的角度来看，支付系统的基本架构如图 4-55 所示。

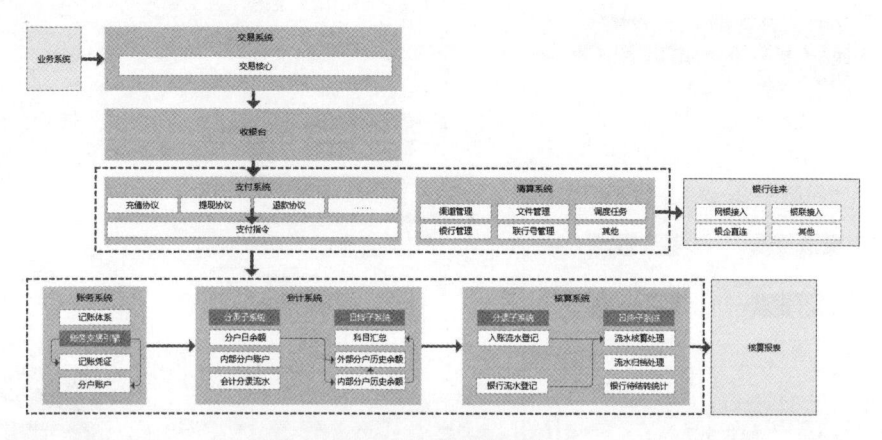

图 4-55 支付系统基本架构

该架构图描述了支付系统的整体架构，可以看到，如果从"钱"的视角来看业务，资金流是按照以下规则运转的。

（1）用户通过支付接口进入收银台。收银台进行订单收单工作，即进行支付处理。

（2）在支付成功后，支付系统异步进行清分和结算处理。在清分和结算系统中，按照业务的口径进行逻辑设计，比如，在电商业务中有担保交易原则，这就要求支付系统先进行资金代收，并在代收的同时进行清分工作，直到进入结算时间（如确认收货后 7 天）后，再将结算数据推入结算系统进行结算工作。

（3）在支付成功后，账务系统会进行单边记账，然后会计系统会进行会计复试记账。

在系统架构中，我们可以看到支付系统的宏观业务流转过程。如果要对架构进行深入研究，我们可以从微观层面来审视支付业务流。在日常的支付场景中，如"网购""发红包""提现"等，在用户发起这些支付行为后，支付请求会到达支付网关，由支付网关进行鉴权、验证、风控等操作，然后下发至相应的支付系统。此时，用户到达收银台页面，由支付路由模块经过判断给出支付方式排序列表，由用户选择支付方式后确认支付，然后对接银行或第三方支付机构的支付接口。支付系统的核心流程如图 4-56 所示。

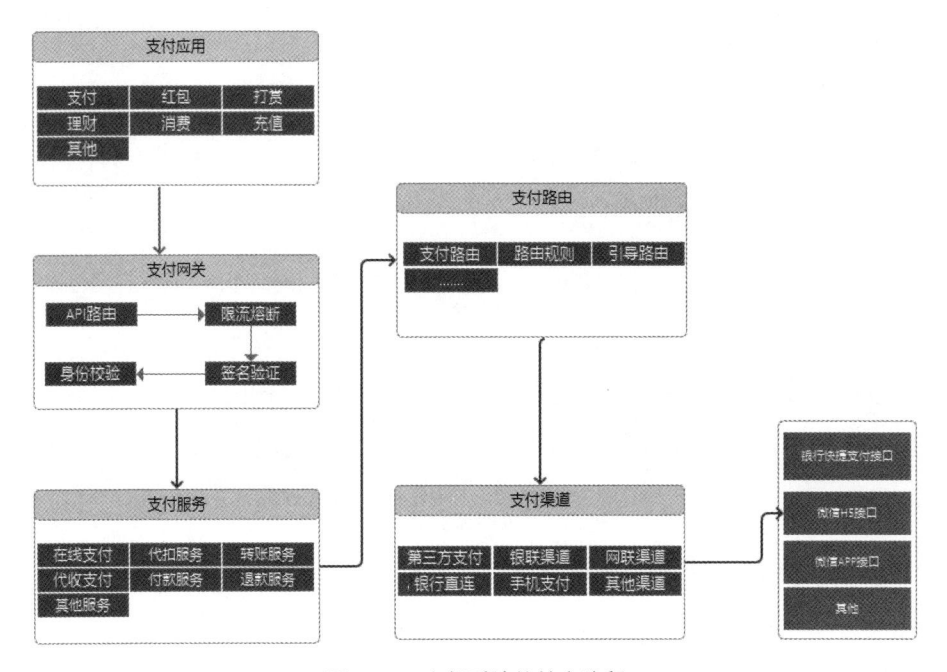

图 4-56　支付系统的核心流程

4. 支付网关

支付网关这个模块是随着电子支付的发展而诞生的。电子支付的迅速发展使得线上支付业务不仅需要支持各种银行，同时还要支持大家熟悉的微信、支付宝等第三方支付机构。所以，为了保证数据能够统一处理，以及对安全防范的需求，就诞生了支付网关。所谓支付网关，就是承接支付请求的第一道"门"，相当于关卡。这道"关卡"承担起了承接业务支付请求的责任。外部业务系统提供了各类业务接口，如快捷支付接口、退款接口等。而内部业务系统可以将业务的支付请求分发到对应的渠道模块上，生成相应的支付订单。可以说，支付网关是支付系统的核心功能之一。

支付网关常见于交易平台类产品中,其设计相当于接口中心。在支付网关的设计中,核心在于对接口的设计,包括制定接口的信息承接规则、接口的处理逻辑和响应方式等。比如,在电商平台检验商户账户基本配置信息、订单详情信息、订单金额信息等的合法性后,网关会为商户订单创建预支付单,并返回支付所需的参数。当支付动作完成时,支付系统会通过支付网关异步通知交易系统,并且为了不造成丢单,这里会一直请求交易系统的状态值,直至成功为止,而交易系统在收到通知后会更改订单状态。

在支付网关中,产品经理需要根据支付系统自身的能力和业务特点进行抽象,从而定义各个接口的逻辑,这里需要注意的是,接口最好是原子性的,不要有业务的耦合,否则,很有可能会对财务数据造成影响。比如,在电商的担保交易场景中,业务会先进行担保交易,再进行结算,所以,产品经理需要将担保交易和结算场景剥离,分别设计。

在接口的设计中,核心就是对业务的抽象和定义,比如,担保交易接口的核心功能为:在用户下单并付款完成购买后,将担保交易货款放入平台账户,等待清算指令。而结算接口的核心功能为:在用户完成担保交易且收到货物(或者过了七天无理由退货期)后,调用该接口进行货款结算。

5. 支付路由

在用户进行支付时,往往会在收银台选择多种支付方式,当用户选择某个支付方式后,针对该支付方式,系统如何选择其背后的支付渠道呢?这就需要支付路由来进行选择,一般来说,选择支付路由的依据主要包括以下几个方面。

(1)成本费用。每个支付渠道都是有成本的,如手续费等,在业务量增加的同时,渠道的成本费用也会增加,所以如何选择最低成本的渠道就是支付路由需要考虑的事情。

(2)可用渠道。当我们选择了某个支付方式后,系统需要知道该支付方式有哪些渠道是支持的,并需要在这些支持的渠道中选择。在选择可用渠道时,除了考虑可选渠道,还需要进行排查,去掉不稳定的渠道,从而保障支付方式能够顺利完成支付。

（3）限制要求。验证渠道的限制，如支付额度限制等。

（4）卡类型。选择可用卡类型，如信用卡、银行卡等。

总之，支付路由也是支付系统的核心之一，如果说支付网关是"关卡"，那么支付路由就是"交通指挥"，它负责交易机制的衔接。支付路由管理的核心功能就是以收益、用户体验为主，保障成本、收益和支付成功率，实现在支付环节的利益最大化，如图 4-57 所示。简单来说，支付路由就是让支付系统选择正确的渠道来做正确的事情。

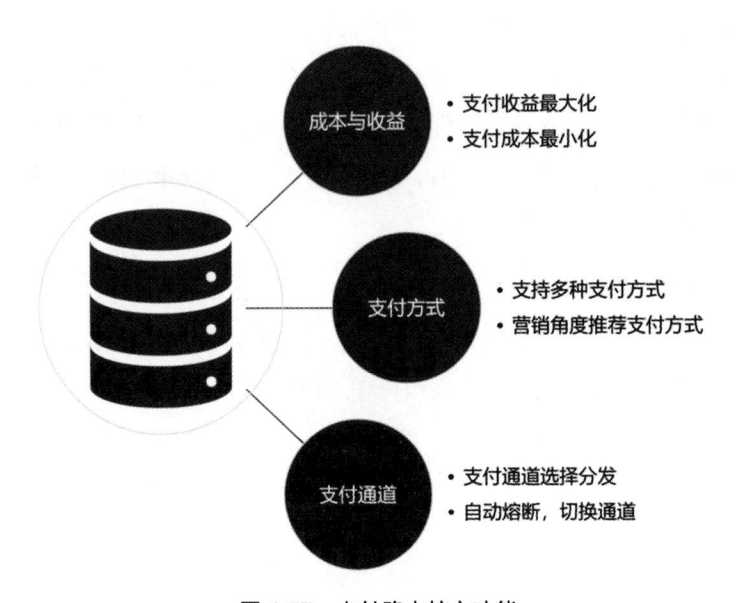

图 4-57 支付路由核心功能

从产品设计层面来说，支付路由的核心组成模块就是引导路由模块、交易路由模块和规则模块。一般来说，支付路由可以放在支付网关中，成为支付网关的一部分。但是，随着微服务的兴起和松耦合的需求发展，目前将支付路由作为独立的服务来维护部署是一种常态。产品经理可以根据平台业务对支付路由进行配置。

引导路由模块一般作用于收银台。在收银台呈现支付方式时，可以通过引导路由模块来判定哪个支付方式应该排在前面，或者在某个场景下应该提供哪些支付方式等。可以说，引导路由模块可以根据支付应用、商户等信息来决定收银台的样式。

交易路由模块一般作用于支付通道，可以通过监控支付通道的健康度、费率、优惠信息等来选择对应的支付通道，真正起到了"路由器"的作用。比如，某个银行的支付通道给出了营销信息——新绑卡打折，那么在引导路由模块对收银台进行支付应用展现后，如果判断用户是新绑卡用户，则交易路由模块可以选择该渠道进行继续支付，用户可以享受优惠信息。

规则模块一般用来配置业务规则，比如，是否增加渠道优惠的权重？是否一切以支付成功率为前提来增加可用性权重？一般来说，常见的规则有费率、营销策略、渠道限制、渠道类型、卡类型等相关规则。

6. 支付渠道

我们在前文"支付路由"中提到了最终支付的路径：支付渠道。那么，如何精准定义支付渠道呢？支付渠道，顾名思义就是支付行为的通道。对于电商平台来说，支付渠道是提供给用户完成交易的最终支付和资金流转的载体。一般来说，现在的电商平台往往都对接多个支付渠道。

目前，在支付系统产品设计中，常见的主流支付渠道包括第三方支付、银联、网联、银行、手机支付等。支付渠道的工作主要包含几个部分：首先，在实际落地中，主要工作就是进行渠道的接入；其次，在接入渠道之前，我们要梳理清楚自己平台的支付业务逻辑和全流程，然后看渠道公司的支付业务是否匹配；最后，渠道的手续费、分账账期（比如，是 T+1 还是 T+N）、技术稳定性和公司背景等方面都可以体现支付公司的具体实力，这些在对接前期都需要明确，以免对后续业务产生不利影响。

7. 支付协议

所谓支付协议，就是支付过程中应该遵循的履约流程。通俗来说，就是支付过程对支付服务的封装，其中包括支付过程中的核心要素，如产品编码、支付编码、支付处理流程、收付款信息、渠道信息等。

以常见的收单场景为例，当业务系统开通支付权限后，相当于和支付系统"签署"了一份支付协议。而且在完成开通的同时，支付系统中的支付编码与交易系统中的业务产品编码就形成了对应关系，比如，业务系统支持担保交易和即时到账交易两种业务产品，则两种业务产品编码分别对应一个支付编码。

当交易系统进行收单交易时，往往先通过支付系统（有的产品也设计一个支付前置系统，专门处理业务请求），根据产品编码和支付编码生成一个支付请求，再通过交易系统和支付协议生成一个付款订单。然后支付系统将付款订单转化为支付指令去调用下游系统。

8. 支付指令

支付指令相当于触发支付系统的命令，支付指令通过激活支付协议、业务订单等流程，结合支付订单的支付类型、支付方式、支付产品编号等参数信息去调用相关支付服务。支付指令与工单类似，是支付业务流转的核心要素。例如，一个用户在电商平台进行交易时，平台会提供担保交易。首先，交易系统会生成一个担保交易的订单。其次，在调用支付系统时，支付系统会先检查支付协议，并判断该业务方是否具备收单支付的权利，再根据支付协议生成一个支付订单。最后，在生成支付订单后，基于此订单形成一个支付指令，该支付指令会根据支付类型的定义来调用相关服务，比如，先调用清算指令对外收钱，并在用户支付成功后，再生成账务指令调用账务服务进行内部账户入账。

9. 会计核心

会计是经济管理的重要组成部分，它是以货币计量为基本形式，对会计主体（企业、事业、机关、团体等单位）的经济活动进行核算和监督的一种管理活动。会计对象是指会计核算和监督的内容（会计并不能核算和监督再生产过程中的全部经济活动，而只能核算和监督再生产过程中可以用货币表现的相关内容）。上述对会计对象的描述比较抽象，为了便于会计确认、计量、记录和报告，必须按照经济业务在不同方面的影响将会计对象分为具体的类别，这就形成了会计要素（对会计对象的基本分类）。会计要素可以分为资产、负债、所有者权益、损益（包括收入、费用）、利润5个类别。会计恒等式：资产=负债+所有者权益；利润=收入-费用。会计科目：对会计对象也就是会计要素进行第二层次的划分，即对会计要素的具体内容进行科学的分类，如表4-2所示。

表 4-2　会计科目类别和科目名称

科 目 类 别	科 目 名 称
资产类	*银行存款 *预付账款 *库存商品 *发出商品 *应收账款
负债类	*应付账款 *预收账款 *应交税费
所有者权益类	*本年利润 *利润分配 *股本
损益类（收入）	*主营业务收入 *其他业务收入 *营外收入
损益类（费用）	*主营业务成本 *其他业务成本 *营销费用

会计分录，又称为"记账公式"，是根据复式记账原理的要求，针对每笔业务列出相应的双方账户及其金额的一种记录。一般来说，任意会计分录在本质上就是两个或多个账户之间的转账。当前账户的余额方向是位于借方还是贷方，必须与簿记标志一致。对于余额减少的账户应校验其余额是否足够。这里又引申出了"账户"的概念。账户是用来记录会计科目所反映的经济业务内容的工具，是根据会计科目来开设的。账户以会计科目作为它的名称，同时又具备一定的格式，即结构。会计科目是对会计对象的具体内容进行的分类，但它只有分类的名称而没有一定的格式，而且不能把发生的经济业务连续、系统地记录下来。利用账户来记账，有利于分门别类、连续系统地记录和反映各项经济业务，以及由此而引起的有关会计要素的具体内容的增减变化及其结果。在日常生活中，银行卡/定期存单/支付宝余额/微信零钱等都是账户，账户包含账户余额和收支明细。在设计支付系统时，账户的基本要素包括以下内容。

（1）主体/账户名称/账号/余额。

（2）总账会计科目/明细账会计科目/余额方向。

（3）权限控制。

（4）额度控制。

（5）收支明细要素。

（6）账户/记账日期/交易类型/发生额/余额。

（7）账户操作：开户/销户/冻结/解冻。

10. 单边记账法与复式记账法

单边记账法与复式记账法是会计记账的两种方法。从财务会计的角度来看，所有交易的经济活动在本质上都有记账的动作，比如，今天我在商场购买了一件衣服，花了100元，可以直接记录花销100元，然后我又购买了一部手机，花了2000元，可以直接记录花销2000元，然后我收到了一个红包，收入200元，可以直接记录收入200元……以此类推。也就是说，一种业务只记一行，这就叫作"单边记账法"。但是，单边记账法有一定的缺陷，它不能完全反映经济主体的所有事情，比如，衣服是使用现金进行购买的，手机是使用信用卡进行购买的，那么对于经济主体的资产来说，现金和信用卡并不一样。现金是我们当前实际拥有的资产，而信用卡所花费的是我们未来的资产，属于负债。因此，单边记账法的优势在于能够快速记录交易细节，但难以反映经济活动的全部细节。所以，如果想要掌握一次交易活动的来龙去脉，则需要记录两个方面的内容：我们获得了什么商品？为了获得这个商品我们失去了什么？

复式记账法的优点：（1）由于每一项经济业务都会在两个或两个以上相关互联的账户中进行记录，这样在将全部经济业务计入各个相关账户后，通过账户记录不仅可以清晰地反映每一项经济业务的来龙去脉，而且通过全部经济业务的记录还能够全面、系统地了解经济活动的全过程和结果，为经济管理提供所需的信息；（2）由于每一项经济业务在发生后都会以相等的金额在相关账户中进行记录，因此可以根据这些记录进行试算平衡，以检查账户记录是否正确。全部账户借方本期发生额合计=全部账户贷方本期发生额合计；全部账户借方期末余额合计=全部账户贷方期末余额合计。借方和贷方科目区分如图4-58所示。

借方	贷方
1.资产的增加	1.资产的减少
2.负债的减少	2.负债的增加
3.权益的减少	3.权益的增加
4.收入的减少	4.收入的增加
5.费用的增加	5.费用的减少

图 4-58　借方和贷方科目区分

会计账户的记账流程设计如图 4-59 所示。

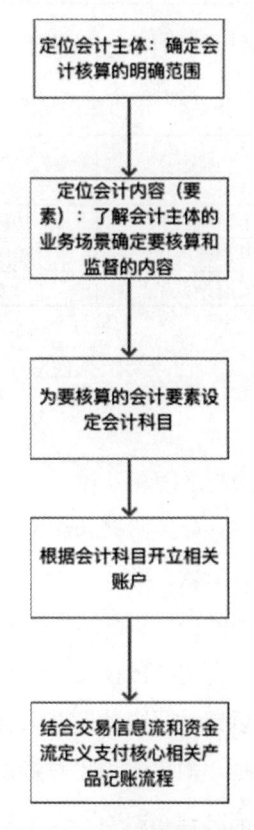

图 4-59　记账流程设计

我们通过一个简单的例子来看交易活动中会计系统和账户系统工作的不同：假设用户 A 通过微信充值 1000 元，微信会收取手续费 0.6%，并由平台承担手续费。那么会计系统和账户系统都做了什么工作呢？

在会计系统中，会计复式记账规则如表 4-3 所示。

表 4-3　会计复式记账规则

触发时机	借方	贷方	薄记
用户 A 通过微信发起充值，支付成功	渠道待清算-微信 1000 元（共同类-余额在借方）	用户 A 账户余额 1000 元（负债类）	借贷双方涉及等式两边账户，并且在余额方向上同时增加
渠道对账完毕，需要将渠道待清算清分	渠道手续费-微信 6 元 渠道存款-微信 994 元	渠道待清算-微信 1000 元（共同类-余额在借方）	借贷双方都是等式左边的账户，并且在余额方向上增减

而平台侧，也即账户系统只需要对账户做流水单边记账即可，如表 4-4 所示。

表 4-4　流水单边记账

日期	凭证号	账户	交易类型	发生额	余额
20181012	0001	用户 A 账户余额	充值	1000 元	1000 元
20181013	0002	微信渠道待清算	转出	6 元	994 元
20181013	0003	微信渠道待清算	转出	994 元	0 元
20181013	0004	微信渠道存款	转入	994 元	994 元

11. 对账系统

（1）什么是对账？

对账，顾名思义就是通过账户之间相互核对并对差错进行处理，保证业务交易资金记录与实际资金正确无误，并最终归档和编制报表。电商系统的交易数据比较复杂，各种交易类型分为支付、退款、确认收货、分账、商户间转账等。每种交易都涉及资金流的变动、账户金额的变化。在制作财务相关资金报表时，任何一笔交易与渠道对账单状态不一致，都会使整体报表产生数据错误。因此，为了确保数据的真实与准确性。对账系统可以帮助平台的运营人员进行对账工作，并找出差异、提供轧账等，从而进行差错处理。简单来说，对账系统的核心目标包括以下内容。

- 核对本系统与支付渠道的数据和资金。
- 保证各系统间交易状态、交易资金的一致性。

第4章 支撑系统心法

- 包含对账和后续的差错处理流程。

对账涉及支付系统与业务系统之间的对账称为业务对账或流水对账；支付渠道清算系统、账务系统和会计系统之间的对账称为内部钩稽；支付账务系统和银行渠道之间的对账称为资金对账。在设计对账系统时，常见的对账要素包括记账日期、交易类型、支付流水号、渠道流水号、金额、币种、手续费等。

（2）对账系统设计。

作为一个对账系统，要实现的基本功能包括以下内容。

①配置对账任务功能：根据需要配置不同的涉及"业务方""业务类型"等内容的对账任务，如图4-60所示。

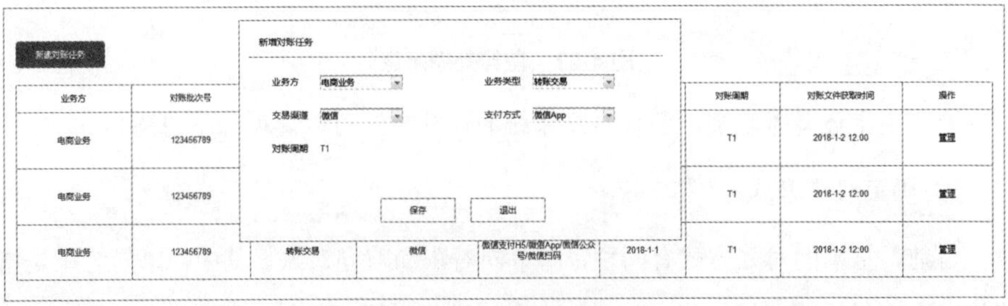

图4-60 对账任务配置

②对账功能：按对账周期（目前按日），在每次执行各类对账任务时，生成对账报表、展示对账差异明细，如图4-61所示。

交易类型	清算日期	对账批次号	渠道商户号	总笔数	总金额	对账文件总数	对账文件总金额	差异笔数	差异金额	对账任务状态	对账结果	对账完成时间	对账耗时
购物车担保交易确认	2018-1-1	123456	111222333	1000	999999	3000	999900	1	99	已完成	存在差异	2018-1-30	5分钟
购物车担保交易支付	2018-1-1	123456	111222334	1000	999999	3000	999900	1	99	未开始	等待对账	2018-1-30	5分钟
转账交易	2018-1-1	123456	111222335	1000	999999	3000	999900	1	99	已完成	已对平	2018-1-30	5分钟

图4-61 对账差异明细示例

③差异处理功能：提供相关对账差异的一些差异处理功能，比如，补单查询、退票查询、手工轧差等，如图4-62所示。

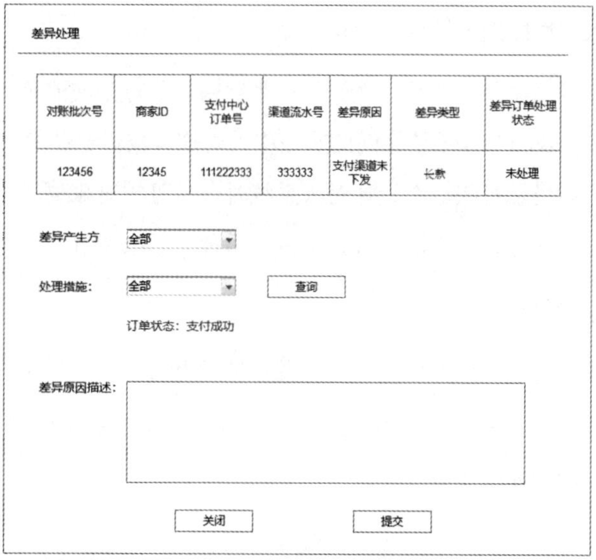

差异处理						
对账批次号	商家ID	支付中心订单号	渠道流水号	差异原因	差异类型	差异订单处理状态
123456	12345	111222333	333333	支付渠道未下发	长款	未处理

差异产生方：全部

处理措施：全部　　查询

订单状态：支付成功

差异原因描述：

关闭　　提交

图 4-62　差异处理示意

要实现上述基本功能，整体对账系统的设计方法可以遵循如下思路。

① 确定对账方式。

目前，基本的对账方式有两种，即单向对账和双向对账。其中，单向对账是指将第三方支付机构或银行流水与自己的系统进行对账，防止出现漏单问题的对账方式；而双向对账是指将两个交易系统间的流水进行双向核对，如电商交易系统与支付系统，基于电商数据进行匹配对账一次，并基于支付系统对账文件匹配对账一次，检测长款或短款问题的对账方式。

② 获取渠道方对账文件数据。

在确定对账方式后，就需要获取渠道方的对账文件，并将账单中渠道结算记录导入到系统中。一般来说，获取对账文件普遍使用 FTP 下载的方式，即通过基于 FTP 的文件下载接口下载对账单，并将其解析为标准化的对账文件后入库。这里需要注意的是，在进行下载时，不同支付渠道的对账单的生成时间不同，比如，银联渠道的对账单在每日 9:00 提供，而微信、支付宝渠道的对账单在每日 10:00 提供。

在完成对账单下载后，需要将对账单中的信息整理为可供账务核心处理的渠道侧流水，在对账时，渠道侧流水需要包含交易时间、交易渠道、渠道流水号、商户订单号等信息。因为不同的支付渠道，其对账单中的字段略有不同，因此需要我们将其处理成标准化的统一对账流水文件，即对账文件。

③ 电商侧核对账单数据。

在对账时，一般都是通过商务订单号和渠道流水号将系统中的本地流水和渠道流水进行比对，并在商户订单号和渠道订单号一致的情况下，分别对交易时间、金额、手续费等核心字段进行比对。对账流程如图 4-63 所示。

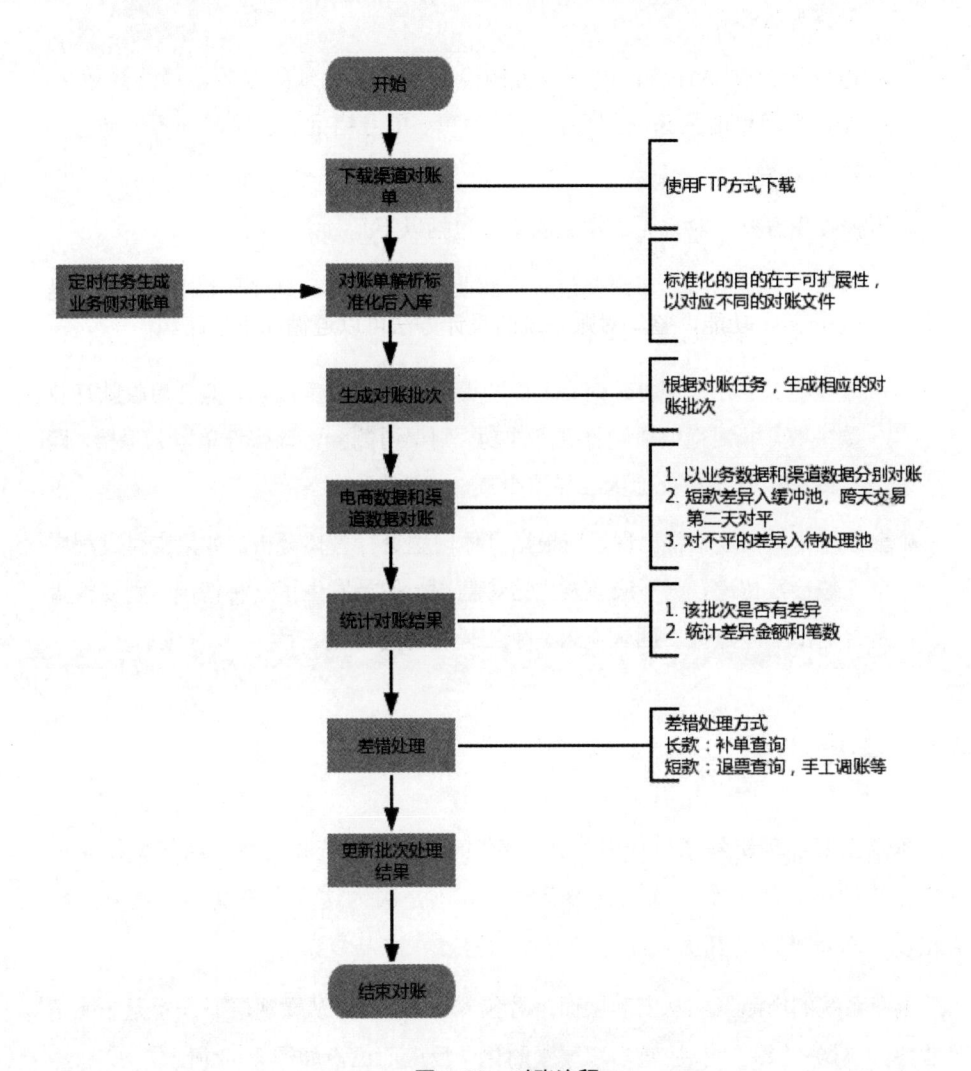

图 4-63 对账流程

④差异类型与原因。

在对账过程中,需要核对账户的信息流(渠道账)和资金流(资金账)。首先,需要确认账户的信息流无误。其次,需要核对账户的资金流。这就需要我们在交易时进行流水对账。在对账中常见的收款信息流差异如下所述。

- 长款:对方有,我方无。常见的原因包括以下几种。

  ➢ 渠道未下发:渠道侧认为交易成功,但没有给电商业务侧返回成功的结果,最终导致多账。

  ➢ 电商无此交易订单:电商业务侧没有渠道侧记录的订单,最终导致多账。原因可能为系统层面出问题掉单、单号错乱、系统时间不一致(如跨天)等。

- 短款:我方有,对方无。常见的原因包括以下几种。

  ➢ 对账文件无订单:渠道侧没有电商业务侧的订单,最终导致少账,一般是跨天交易导致两边时间不一致。

  ➢ 发生退票:在提现打款时,之前的渠道侧返回打款成功,但之后收款行收款失败,即银行渠道侧打款不成功,则渠道侧会将该张订单置为退票,即打款失败状态。此原因会导致少账。

- 金额差错:一般不常出现,应根据具体问题进行具体分析。如果支付过程完全依赖参数传递,则不应该发生这种情况。如果发生了这种情况,则要检查是否是由于浮点数、四舍五入、手工操作等导致的。

4.6 本章小结

本章主要梳理讲解了供应链系统、WMS、物流系统和支付清结算系统4个支撑系统的核心。之所以称为支撑系统,并不是因为这几个产品不够重要。恰恰相反,本章涉及的几大系统可谓专业门槛高,产品复杂。

电商系统的产品虽然从宏观层面来看包罗万象,但是从微观层面来看无非就是"业务""财务结算""供应链"三要素的化学反应而已,如图4-64所示。

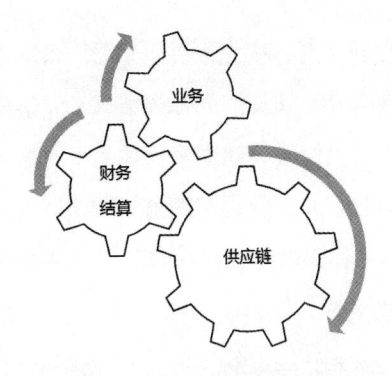

图 4-62　电商系统的三要素

在日常工作中，我们经常能接触到的是最顶层的业务系统。然而，产品"深水区"却是财务结算、供应链两大板块，如果财务结算系统缺失，电商的资金血液就会中断；如果供应链系统缺失，平台就无法完成货品的流转。因此，本章将供应链系统、WMS、物流系统和支付清结算系统归为支撑系统。

财务清结算系统背后是金融学和会计基础等理论，而供应链系统背后蕴藏着供应链理论、运筹学等理论，就如同法度规范一样支撑着系统的平稳运行。因此，这部分支撑系统也呼应了本章开始所引用的《孙子兵法》中的"法"。用兵者要知法，从经营管理的角度来看，就是要规划设计企业的组织运作方式和资金周转规则等，这些都需要在业务开展前确定。

在本章中，我们了解了 WMS 的几大模块，如出入库、库内操作等。由于 WMS 和仓储模式高度相关，因此产品经理只有在清楚其核心逻辑后，根据自身业务模式做出调整，才是最适合自己的产品设计方案。而由于目前中国物流行业已经成型，基本上不可能有公司会重新自建物流系统，因此有兴趣的产品经理对该部分仅做了解即可。

而对于支付清结算系统来说，该部分是最独特的板块，建议产品经理自学基础会计学、货币金融学等教材，并在这些元知识的基础上对支付清结算系统有较好的认识。这部分从交易的历史入手，将支付系统进行解剖，阐述一笔交易分别经过支付网关、支付路由、支付渠道等，最终根据支付协议产生支付的行为。在支付完成后，因为资金涉及多个关联方，如商家、平台、用户等，所以进入了清结算领域。

清结算系统分为清分和结算，从业务层面来看，系统在设计之初就需要确定口径，比如，确定什么时候清分，以及什么时候结算。清结算系统遵循的是收支分离的原则，在该原则基础上，我们需要建立账户体系、对账系统等，通过清结算系统保障每一笔流水都是正确的，并以此为基础给商家进行结算。同时，我们还需要考虑内部财务体系，对于财务体系的唯一产出物——财务报表，需要清结算系统中的"会计核心"部分提供数据源。

总之，支撑系统是电商产品经理的"内功"，越深厚越好。只有"内功"深厚，"招式"才能千变万化。当我们对支撑系统的几大板块了然于胸时，就会发现其实任何电商业务的本质都离不开本章的几个部分，即供应链系统、WMS、物流系统和支付清结算系统。这时，我们才能真正做到"看山是山，看水是水；看山不是山，看水不是水；看山又是山，看水又是水"的境界。

第 5 章
产品经理为将之路

5.1 概述

俗话说:"千军易得,一将难求。"产品经理这个岗位从诞生到成熟,如今已成为互联网行业里引人注目的岗位之一,在互联网这个充满了创新和变化的行业中,涌现出了很多耀眼的产品"将星"。正如《孙子兵法》中所述:"将者,智、信、仁、勇、严也。"作者把为将之道的标准概括为五条:"智"就是智谋,"信"就是忠诚,"仁"就是仁爱,"勇"就是勇敢,"严"就是严明。实际上,《孙子兵法》对于如何成为一个优秀的将领提出了一个标准化的模型,并根据不同的视角,描述了优秀将领应该具备的基本素质。而产品经理作为互联网行业重要的岗位,承担着创造产品、引领业务的职责,就像战场上的将军一样,需要对局势"洞若观火",需要对团队进行指挥安排,还需要做好协同配合工作。因此,产品经理是一个对综合素质要求极高的岗位。那么，如何才能成为一个优秀的产品经理呢？目前，市场上对产品经理的定义和理解非常多，其中不乏名家之言，笔者在此不妄下定义，而是通过自身工作经历和日常反思来总结对自己有帮助和提升的方法，以供读者参考借鉴。

根据目前行业对于产品经理的素质模型来说，产品经理应该具备的基本素质为：懂体验，是用户体验专家；懂业务，是业务专家，对业务逻辑了如指掌；懂产品，是产品专家；懂技术，是技术专家，具备系统思维；懂架构，是领域专家，了解架构业务；懂运营，是运营专家，因为所有好的产品都是运营出来的；懂管理，是管理专家，能够把握目标、沟通协作，并且执行力强。上述技能是每个产品经理努力的方向，但是，完全掌握上述技能是需要时间和技巧的，本章不介绍宏观概念，只是从实际落地层面阐述产品经理应该具备的一些底层方法和技巧。

成为优秀的产品经理，固然需要实现上述懂产品、懂技术、懂运营、懂管理、懂架构等目标，但是上述技能只是产品经理晋级的结果而非过程，如果想要达到这样的层级，则产品经理需要持续不断地学习和练习。在学习的过程中，如果能掌握一定的底层方法，则可以达到事半功倍的效果。那么，从思考、工作、沟通等层面来看，产品经理需要掌握结构化思考方法。

5.2 结构化思考方法

5.2.1 什么是问题

我们每天都在面对各种各样的问题，有简单的，有复杂的。那么到底什么是问题？所谓"问题"，就是事实情况和理想之间的差距。如果不搞懂"问题"，则不会知道目标所在。我们在平时的产品工作中，绝大部分的任务就是处理来自各方的问题，然而，笔者见过很多产品经理在没有弄清楚问题的条件下就开始从解决方案入手，或者错把他人针对问题提出的建议当作问题来解决。简单来说，就是产品经理把表面现象当作问题本质去解决，没有触达问题本质，这样的话，其给出的解决方案往往会有很大偏差。那么，应该如何区分表面现象和问题本质呢？目前，最常用的方法就是结构化思考。

5.2.2 什么是结构化思考

结构化思考可以说是产品经理最应该掌握的一种思考技巧。结构化思维的网络定义为：结构化思维是指一个人在面对工作任务或难题时能从多个侧面进行思考，深刻分析导致问题出现的原因，系统制定行动方案，并采取恰当的手段使工作得以高效率开展，最后取得高绩效的思维方式。所以，简单来说，结构化思考就是通过"由总到分"的方式，先框架后细节地分析和表达问题，最终确定和聚焦问题的核心部分。结构化思考可以快速定位影响问题的核心变量，对提升解决问题的速度有很大帮助。总的来说，结构化思考是从宏观到微观的思维方式，强调整体的逻辑和结构，通过逻辑的完整性来确保结论的严谨性。同时，结构化思考也强调先定义问题，再区分问题和解决方案，找到真正的核心本质，然后通过对问题的构成元素进行合理划分，厘清重点目标，循序渐进地解决问题。

5.2.3 如何进行结构化思考

简单来说，结构化思考就是将问题进行抽象提炼的一种方法，可以用于解决工作和生活中的大部分问题。前文从直观概念对"结构化思维"进行了阐述，为了更好地明确概念，我们对常见的思维方式进行对比。在日常工作生活中，通常按照经验和直观感觉来分析和处理问题，这种浅层的思维方式被称为惯性思维；还有一些人喜欢通过问题的一些特殊属性进行点状思考，这种发散的思维方式被称为发散思维；另外，很多理工科背景的人强调通过推理和逻辑分析来推导事情的结论，这种思维方式被称为逻辑思维。在此，可以将上述思维方式称为思考的第一层级。这个层级的思维方式比较容易，但是解决问题的效率却不高：惯性思维往往从表象出发，很难触及问题的本质，解决不了真正的问题；发散思维虽然涉及的问题方向较多，但是也是"蜻蜓点水"，没有真正地解决问题；逻辑思维看起来是正确的，但是往往缺少系统性，问题解决得不全面。所以，我们提倡的结构化思维就是在明确问题的定义的基础上，以假设为前提，强调快速、系统地解决问题。总的来说，结构化思考首先需要对问题的定义进行明确，厘清定义，避免概念模糊；然后对问题的原因进行假设，确定前提条件；再依次对问题进行分解，确定影响问题的元素，并将这些元素分类；最后对非关键环节进行过滤，着重分析核心环节。下面我们来看结构化思考的各个阶段。

5.2.4 明确定义，识别问题

我们在前文对问题进行了定义，如果找不到真正的问题所在，就会失去准确的目标，后续的解决方案也无从谈起。所以，只有真正明白了问题所在，才能确定解决问题的目标，进而找到解决方案。那么，如何准确识别问题呢？实际上，问题来源于预期和现实之间的差异，我们解决问题的过程也就是弥补这个差异的过程。但是在工作和生活中，问题的本质往往隐藏得比较深，我们常常会把问题表象和解决手段当作问题去处理。比如，用户想要一匹跑得快的马，而福特发明了汽车。这里"想要一匹跑得快的马"是用户提出的需求，而预期与现实的问题是交通工具的便捷与提速，最后福特所发明的汽车是解决方案。所以，我们在面对各种各样的问题时，需要进行深度分析，比如，解决的问题到底是什么？问题是否是表面所表达的意思？问题的本质是否被掩盖在表象之下？

那么，如何才能准确分析问题呢？对于"问题"的思考，核心是要判断哪些是事实，哪些是观点。比如，天下雨了，所以路会很滑。在这句话中，"天下雨了"就是事实，而"路很滑"就是观点。事实和观点之间的联系就是我们所说的逻辑关系，逻辑关系中有关联也有悖论，这一点需要进行批判性思考，在此不再赘述。在明确问题中的事实和观点后，我们要找到产生问题的差异。这时就需要将问题放在场景中进行对比，我们需要对比的是"预期目标"和"现状"之间的差异，所谓"预期目标"，就是用户期望达到的目标，这个目标往往是可衡量的，有明确数据的。而"现状"就是目前的状态，往往是多个角度、多个维度的。我们审视现状和预期目标时，如果能从多个视角来看待问题，则可以解决的问题会更全面。所以，在问题确认阶段，我们可以根据大量的事实构建出一个观点，并且通过预期目标和现状的对比，明确我们要追求的目标，这个目标一定是可衡量、可数据化的，比如，在"业绩差需要提升业绩"中，"业绩差"就是一个观点，那么我们要确定提升目标，就要知道"业绩差"中的"差"是如何衡量的，什么样的业绩可称为"差"。如果我们需要提升业绩，那么需要提升的业绩是多少？是100%还是200%？所以，如果没有可衡量的目标，则一切都是模糊的。

5.2.5 目标分解，场景归类

在确定目标之后，我们就要实现目标，就需要解决影响目标的元素，那么，如何找到与目标相关的元素呢？这就需要对目标进行层层分解，也就是从这个目标倒推应该做的工作或任务。在分解的过程中，需要遵循完全穷尽、MECE 的原则。所谓完全穷尽，就是各个方面都需要考虑，没有遗漏；所谓 MECE，就是分解的每个层次不能有交集，完全独立。例如，在做电商平台时，我们常常会关注成交额这个目标，那么针对成交额，我们可以对每个变量进行分解，支付成交额可以分解为"购买人数×客单价"，而购买人数和客单价可以继续进行分解，然后在分解的基础上可以再依次进行分解，最终在目标被多次解构后，可以得到更细的指标元素，如图 5-1 所示。

购买人数 × 客单价 = 支付成交额

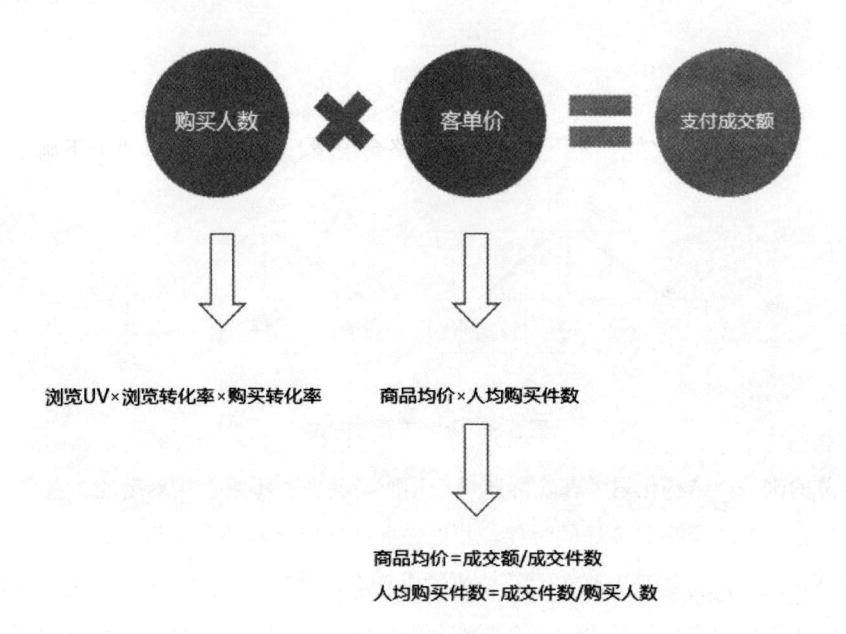

浏览UV×浏览转化率×购买转化率　　商品均价×人均购买件数

商品均价=成交额/成交件数
人均购买件数=成交件数/购买人数

图 5-1　目标解构过程

在得到最细的指标元素后，我们再根据场景，自下而上地将所得到的与业务目标相关的指标元素进行归类，如图 5-2 所示。

浏览UV × 浏览转化率 × 购买转化率 × 客单价 = 支付成交额

图 5-2　指标归类

其中,"浏览 UV"与流量渠道有关;"浏览转化率"与用户购买路径有关;"购买转化率"与平台选品有关:"客单价"与品牌定位有关。所以,在通过目标解构后,根据自下而上的方式进行归类,可以精准地找到对应场景的指标元素。这种思想称为金字塔思考方式,如图 5-3 所示。

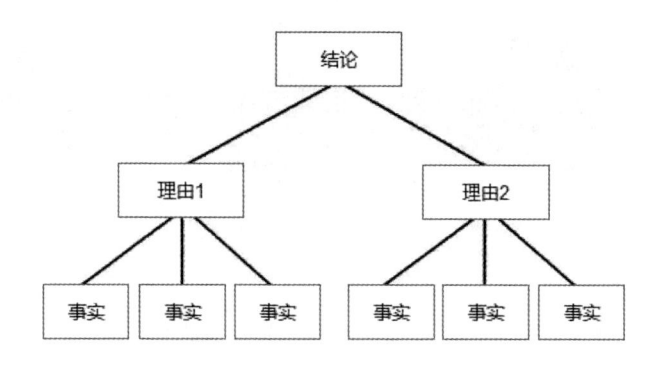

图 5-3　金字塔思考方式

总的来说,结构化思考在实际落地应用时,其实并不是直接套用的,它是一种思考体系。在如今信息爆炸的时代,我们在做决策时所面临的问题就是信息过载,所谓信息过载,就是我们要在大量无关的信息中,找到真正解决问题的关键所在。这就需要我们辨别出信息中的核心要素,然后针对核心要素来处理所面临的问题。结构化思考的落地可以通过以下方法来进行。

首先,必须要有批判性思维,通过批判性思维可以厘清问题的脉络和要点。比如,我们常见到的一种信息:"大部分人都喜欢……"这个信息中有很多值得继续深挖的内容:比如,"大部分"到底是占比多少?样本量是多少?抽取样本的群体是什么?统计时间维度是什么?所以,采用批判性思维的核心在于,我们需要先确定得到的信息是否是某个人的观点。如果得到的信息是某个人的观点,则我们需要继续关注以下几点:(1)这个观点的论据到底是什么?(2)支撑观点的论据是否有数据和事实证明?(3)数据和事实之间是否有足够强的逻辑论证关系?如果上述问题都可以得到明确答案,则我们可以说这个观点本身是可靠的。否则,就需要持怀疑态度来审视该观点。因此,批判性思维是产品经理独立思考的基础。

当我们确定信息中的观点之后,就需要将无关信息或者不重要的信息剥离或屏蔽,我们称之为信息降噪。简单来说,就是通过归纳和整理的方法将信息归类,然后重新梳理信息之间的逻辑关系。在信息的归纳整理过程中,就需要用到前文提到的结构化思考,在进行结构化思考时,一般可以通过特殊情况归纳出普适性的规律,或者从一般规律中提炼出特定的结论。前者就是"归纳法",后者则是"演绎法"。简单来说,归纳法是通过归纳总结各个特殊事物的共性特点来推导出该类事物的一般特征。通过寻找共性的方法,能够有效减少信息的干扰,是一种将复杂问题变成简单问题的有效方法,比如,第 2 章介绍了商品的各种属性,通过衣服的各种颜色抽象出了"颜色"的共同销售属性;通过衣服的尺寸大小抽象出了"尺码"的共同销售属性。再比如,我们通过对各种交易事件进行归纳,可以在系统层面把所有订单交易事件归纳到一起,就有了正向交易订单和负向交易订单,再对这两者进行归纳,就形成了交易中心。因此,系统中的各个"中心"或"模块"的核心就是将共性的处理方式进行归纳汇总,找到其业务的共性所在,然后进行产品化的结果。而演绎法是由普遍的理论知识来认识个体或特殊现象的方法,其最经典的案例是"三段论",比如:所有的偶蹄目动物都是脊椎动物,牛是偶蹄目动物;所以牛都是脊椎动物。其中,大前提是"所有的偶蹄目动物都是脊椎动物";小前提是"牛是偶蹄目动物";最后得出的结论是"牛都是脊椎动物"。需要注意的是,大前提应当是经受普遍认可的规律、公理或客观事实,而小前提应当包含在大前提中,不然结论就可能存在偏差。无论是归纳还是演绎,在汇总和分解时,都需要遵循 MECE 原则。MECE 是麦肯锡很经典的一种划分方法,如果我们的思考元素之间有交集,或者没有穷尽所有的情况,则所得出来的结论就不可靠,也就是会有没有考虑到的场景出现。这就是我们说的"黑天鹅事件",一旦有一起这样的事件发生,之前的结论就会被推翻。

5.2.6 结构化表达输出

在产品经理的核心技能中，除了逻辑严谨的思考，表达沟通也是很重要的一层，有的产品经理思考得很全面，但是在表达沟通时却逻辑混乱，这样一来，产品经理的工作效果就会大打折扣，那么我们在完成逻辑严密的结构化思考之后，该如何进行有效的输出和沟通呢？

从信息到结论需要经过层层思考的过程，但是所表达出来的结果应该是一个完全相反的过程。在产品经理和其他人进行沟通时，要有同理心，别人一般是不清楚，也不愿意了解整个事情的思考过程的。因此，对外输出应该先说结论，否则别人很难明白你想表达的内容究竟是什么。这里我们介绍几个对外表达的原则。

1. 论证类比原则

"论"是指结论，就是上文所说的总起。"证"是指证明，就是客观事实和数据需要对上层结论进行证明，而反过来每个结论都需要对下层的子结论或客观事实、数据进行概括。

"类"是指归类分组，每一个要点最好保持在同一个类别的范畴中，可以按照形式、逻辑或结果进行分类。"比"是指在逻辑上应该是层层递进的关系，子结论与结论之间要有严密的逻辑关系。

2. 总-分-总原则

"总"就是上文中的结论，先讲述一个结论吸引对方的注意力，再利用论据证明所得到的结论，并以客观事实和数据做支撑，最后回顾该结论，加深整体的印象。

3. 一二三原则

在一般情况下，人们会记住一二三，却记不住四五六，所以最好能将要点控制在 3 个左右。这就需要在论证类比的"类"和"比"上重点分析，既要横向分类合理，又要纵向逻辑严密。

5.3 产品经理的能力模型

前文阐述了如何通过问题来确定目标，并在确定目标后，进行逐层分解来确定清晰、可评估、可衡量的元素。那么，接下来就是执行阶段了，执行往往是通过一定的方法或途径实现的。这个过程体现的是产品经理的工作能力的强弱，因为执行结果的好坏，取决于产品经理的六方面的工作能力，即靠谱的能力、职业化的能力、协作的能力、组织领导的能力、协同资源的能力、和吸引合作的能力。

5.3.1 靠谱的能力

所谓靠谱，就是"凡事有交代，件件有着落，事事有回音"。对于产品经理来说，靠谱性即稳定性。也就是说，在工作环境中，产品经理需要稳定输出自己的能力，让协作伙伴知道自己的能力边界和行动进度。这一点应该是职场的入门要求。只要能达到这一要求，就算是一个合格的职场人。

5.3.2 职业化的能力

在日常工作中，我们需要和同事、客户、用户、供应商、技术等不同的人进行交流和沟通。在职场中的协作对象，因为其学识、性格、生长环境等因素，导致每个人的认知是不同的，所以其对待事情会有很大的不确定性。另外，不同的行业，特别是互联网行业，其职场环境随着技术的迭代变化得非常快，这就要求产品经理作为一个职场人，在面对不同的环境、不同类型的人时，可以有很强的适应性。比如，当技术部门对产品部门不配合，或者客户的投诉纷至沓来时，这些事情是否会对产品经理造成打击？产品经理如何才能做到从容应对各种突发事件？这就需要产品经理在心态上具备足够的适应度，首先能够做到心态平和，其次能够用职业化的眼光来审视问题，比如，面对不同角色的人对产品的责难或挑剔，产品经理应该做到用职业的心态来面对，而不是认为这是对个人的攻击，这样才能做到职业化。因此，职业化是产品经理正确面对环境、面对突发情况的基本心态，只有真正成为一个职业化的产品经理，才能具备"空杯心态"。

5.3.3 协作的能力

现如今的企业，分工越来越细，越来越趋向于专业化。特别是在互联网行业中，企业组织的管理模式往往都是网状结构，网络化的组织不仅包含直接相关团队之间的合作，还包含其他间接合作团队之间的协同。简单来说，现在的企业组织模式对产品经理的协作能力要求逐渐提高。可以说，与传统组织模式相比，现在的互联网行业的协作元素进一步增加，产品经理不仅要适应环境和人，还要与其他人进行高效协作，这就要求其具备良好的协作能力。那什么是良好的协作能力呢？除了我们上文讲述的靠谱的能力和职业化的能力，还应当让合作伙伴具有"安全感"。比如，将一件事情交由产品经理去完成，除了最基本的及时反馈，事情能否顺利进行还需要产品经理不断尝试和穷尽各种解决方案，努力达成团队目标，即使事情暂时没有很好的解决办法，也应该有备选方案可以支撑。总之，在将事情交给产品经理后，可以有保障，可以让协作团队放心。这种能力就是把一个复杂事情，包括各种不确定性和风险，封装起来，用一个简单、稳定的方式对外输出结果。这种能力就叫作优秀的协作能力，也是管理团队的基础。

5.3.4 团队组织的能力

产品经理常常被形容为"产品的创造者"，甚至被称为"CEO"。虽然可能有些夸张，但是反映了产品经理的主导作用。要想实现产品顺利上线的目标，就需要各方、各人员协同配合进行工作，形成团队，而团队的主导就是产品经理。那么，这时产品经理的团队组织能力就显得尤为重要。一个团队的工作成效与产品经理的目标感、团队掌控力是密不可分的。

（1）目标感。一个人做事情很简单，按照计划去做就行。但随着协作人员的增加，就会出现问题：每个人的想法都不一样，想要让不同的人和你完成一个共同的目标，会变得异常困难。主要原因在于大家的想法认识、对事情的态度、角度和利益都不一样。所以，很多人对具体目标的评估思路不是很了解，这时产品经理必须与团队人员沟通，让他们想法和目标与自己保持一致，并让大家充分理解目标和现状，这样才能更好地配合彼此完成工作。

（2）团队掌控力。为了达到目标，产品经理在这个过程中还需要掌控一定的节奏进行落地执行。在实际工作中，资源往往是稀缺的，这就意味着要实现目标所需要的资源是不足的，所以就有了时间上的要求和轻重缓急的安排，这就是节奏，比如，哪个地方是关键控制点？什么时候需要投入最密集的资源？哪个体验是绝对不能放过的？有了这些判断就有了节奏感。只有具备这种节奏感，产品经理才具备带领团队的基础技能。

除此之外，团队执行的难度与目标的清晰度、完整度息息相关，如前文所述，根据问题分析出来的本质，其实都是非常明确的目标，但如果目标都是主观性的泛泛而谈，那么此时目标就变得非常模糊了。比如，"业务要有所增长"，到底什么标准才算是增长？有没有数量来衡量？如果这些都不明确，则团队的人员是不可能对这个目标达成一致的。在一个好的团队中，不同的人的能力是有明显区分的，有的人说什么就做什么，不说就不做；有的人需要一定空间就可以做得很好；还有的人有自己的想法，可以主动做事。在面对不同类型的团队伙伴时，产品经理需要对目标和团队有深刻的理解，能够做到"用人所长，避人所短"，从而客观合理地安排工作。

5.3.5 风险预见的能力

所谓"预见性"，就是要求产品经理做到"做一步，看两步"，其目的在于保证产品的正确交付。对于产品的开发来说，团队协作是产品诞生的核心保障。但是，一个产品是否能够满足用户需求？产品和预期是否相符？产品在上线后是否有隐患？这些问题都需要产品经理依靠自己优秀的预见能力来进行判断、修正和风险预估。一个产品在上线前，产品逻辑、设计方案、研发技术、测试用例甚至人员安排、工作时间等问题都是变量，会直接或间接影响产品最终的质量，所以产品经理既需要跨越时间、空间的边界对产品的当前情况进行判断，同时，也需要在各个维度上对未来的变量变化做出预估。因此，优秀的产品经理既需要有足够的经验和判断力来把握当前问题，又需要吸收来自各方的反馈意见并自己做出判断，以此来保障产品的顺利交付和健康运转。

5.4 本章小结

本章作为全书的收尾，是笔者在经过多年工作后所总结的心得。本章从思维和做事方式两方面进行阐述,其中关于思维的理论基础来自"金字塔原理"。这种思维如果能够在实际落地中融会贯通,可谓无往不利。我们在工作和生活中,其实一直都是在遇见问题并解决问题,而解决问题的最好的思维方式就是将复杂的问题简单化,将问题的不确定性收敛到最小范围,然后各个击破,这种思维应当是产品经理在学习和解决问题过程中最应该具备的。

另外,笔者认为,"将之道"即个人修炼之道。虽然"不想当将军的士兵不是好士兵",但是想成为将军必须要先当好士兵。而从基础工作开始,让上级认可,让同事放心,让下属跟随,这是"产品经理为将之路"的基础。本章通过5个方面,对产品经理的能力进行了分层概述。

目前,市面上关于如何做好产品经理的文章和书籍非常多。本书的核心在于介绍产品,而非产品经理的方法论,因此,本书对产品经理的方法论不做过多阐述,一方面是因为笔者自己也在"上下求索"中,个人能力和资历不足以给他人说教;另一方面是因为产品经理的"天梯"从来都不是只有一种。因此,在经过深思熟虑后,笔者仅仅选出两个有代表性的思考结果独立成章,以供读者朋友参考。

后记

保持情怀 敬畏业务 继续上路

　　本书的写作过程是一个让我欣喜的过程。欣喜的原因有几个方面：首先，我通过对产品历程的总结和回顾开启了尘封已久的回忆，加固了自身的知识体系；本书的写作过程让我能够认认真真地重新审视我的经历和经验。产品经理是个重视细节的岗位，很多事情需要不断重复才能印象深刻。在写作过程中，我突然觉得自己相当于快速地重新做了一个电商产品，而且各种逻辑细节不断重新出现，使得这个产品更加具象了，内心的成就感不可名状。我相信这些产品的点点滴滴已经融入我的血液，永远不会被忘记。

　　其次，本书的初衷是为了产品经理建立电商产品的思维，以及理解中台和后台的落地细节，也算是为互联网行业做出一些微不足道的贡献。但是，这个过程意外地让我体会到了写作的乐趣，在现在这个多元化的社会中，无疑算是激发了自己又一个技能。同时也让我深刻地体会了学习的最高境界，即"以教为学"。也就是说，自己掌握是一回事，如果能分享给他人，又是另外一回事。这为我今后的自学之路找到了另外一个绝佳的路径，让自己成为一个利他利己的学习促进者。

　　再次，不可否认的是，写书是个艰辛的过程，需要极度自律、极度坚持，特别是需要平衡工作和家庭之间，事业和生活之间的关系。但我认为这个过程是对自己的一种修炼，修炼了我对时间的管理，对目标的达成，以及对吃苦耐劳等特质的培养。正是因为选择了这种修炼方式，我对自己要求非常严苛：白天拒绝开车只坐地铁，并利用坐地铁的时间来读书和做计划；在工作时间，精神高度集中地处理工作；每天的膳食多素少肉，保持营养均衡；每天健身一小时，保持精力旺盛；晚上写作到凌晨三点，甚至有时会到凌晨四五点……然而在成书之后，回顾自身，我切实感受到了再次的成长，不仅让我的视野得到了极大拓展，也让我的精神变得无比充实，同时也养成了抓紧一切时间提升自己的习惯。这段经历让我相信今后任何困难都是可以战胜的，也让我继续成长为一个内心无比强大的人。

在成书之后，我认识了很多优秀的作者朋友，正所谓"鸟随鸾凤飞腾远，人伴贤良品自高"。在和他们的交流沟通中，我无时无刻不在反思自身，吸收经验，同时也遇到越来越多相见恨晚的知己，让自己的未来更加可期！

总之，所有这一切的美好，都让我相信本书是我人生中最美的"邂逅"。它带着我"邂逅"了过去的自己，"邂逅"了成长后的自己，也"邂逅"了良师益友，让我不断学习，不断提升，继续奋斗，继续我人生的绚丽突围！

最后，再次感谢！

感谢帮助我不断成长的老师：真格基金的戴雨森先生、京东的辛利军先生等。

感谢为本书提供建议的朋友们，他们是蔡学镛老师，《增长黑客》的作者范冰先生，《产品经理修炼之道》的作者费杰先生，《B端产品经理必修课》的作者李宽先生，《数据产品经理修炼手册》的作者梁旭鹏先生，知名产品自媒体人、畅销书《产品经理必懂的技术那点事儿》的作者唐韧先生，《产品觉醒》的作者李泽澄（判官）先生，《京东店铺装修一本通》作者吴金志先生等。

感谢电子工业出版社的张彦红先生以及各位编辑们，因为你们的辛苦工作，本书才得以顺利出版。

感谢我的同事们对我无限的支持和包容，让我觉得永远不会独行！

感谢创业路上的竞争对手们，正因为和你们的正面作战，我才能变得更加坚强。

感谢我的父母和家人。因为"家和万事兴"，在此借用一句歌词"你是我迷路时远处的那盏灯"。

程亮

互联网时代，科技商业大书！

Broadview
www.broadview.com.cn

《阿里巴巴与四十大道》（珍藏版）

获奖图书全新升级
一本影响百万人的优秀企业文化经典著作

阿里巴巴资深专家、当当网影响力作家赵先超力作！

读懂阿里巴巴，读懂中国互联网

百度推广——搜索营销新视角
作者：百度营销研究院
ISBN 978-7-121-30311-1

阿里三板斧
作者：茅庐学堂
ISBN 978-7-121-35174-7

腾讯产业森林——AI时代的创业密码
作者：腾讯研究院 腾讯开放平台
ISBN 978-7-121-32890-9

运营之光 2.0
作者：黄有璨
ISBN 978-7-121-31154-3

人工智能产品经理——AI时代PM修炼手册
作者：张竞宇
ISBN 978-7-121-33914-1

人人都是产品经理 2.0
作者：苏杰
ISBN 978-7-121-31140-6

京东数据化运营实战宝典
作者：骆晓鹏 林培雨
ISBN 978-7-121-36611-6

淘宝天猫店是如何运营的——网店从0到千万实操手册
作者：贾真
ISBN 978-7-121-31376-9

亚马逊跨境电商运营宝典
作者：老魏
ISBN 978-7-121-34285-1

电子工业出版社
PUBLISHING HOUSE OF ELECTRONICS INDUSTRY
http://www.phei.com.cn

钉钉　　微信

科技商业类书稿写作咨询，
请联系010-88254045，
邮箱：zhanghong@phei.com.cn

反侵权盗版声明

电子工业出版社依法对本作品享有专有出版权。任何未经权利人书面许可，复制、销售或通过信息网络传播本作品的行为；歪曲、篡改、剽窃本作品的行为，均违反《中华人民共和国著作权法》，其行为人应承担相应的民事责任和行政责任，构成犯罪的，将被依法追究刑事责任。

为了维护市场秩序，保护权利人的合法权益，我社将依法查处和打击侵权盗版的单位和个人。欢迎社会各界人士积极举报侵权盗版行为，本社将奖励举报有功人员，并保证举报人的信息不被泄露。

举报电话：（010）88254396；（010）88258888

传　　真：（010）88254397

E-mail：dbqq@phei.com.cn

通信地址：北京市万寿路173信箱　电子工业出版社总编办公室

邮　　编：100036